1984·上海

长宁法院少年法庭

口述历史

中国少年司法长宁法院求索之路

孙培江 主编

王飞 副主编

上海人民出版社

编委会

沈建坤　黄　洋
柏传祥　彭小萍

序

历史是一门科学，历史是不能简单重复的。上海市长宁区人民法院在少年法庭成立四十周年之际，组织出版《口述历史——中国少年司法长宁法院求索之路》的口述实录，为我们提供丰富、多面、直观的第一手宝贵资料，对了解、研究中国少年司法制度的历史，承续和发扬改革、创新、发展的精神与经验，有重要的现实意义。

少年儿童是祖国的未来，是民族的希望。习近平总书记强调："全社会都要了解少年儿童、尊重少年儿童、关心少年儿童、服务少年儿童，为少年儿童提供良好社会环境。"

在党的领导下，人民法院重视未成年人司法保护工作，关心未成年人健康成长。党的十一届三中全会以后，在改革开放的新形势下，社会的发展和社会安全综合治理不断出现新的问题，未成年人权益保护和预防减少未成年人犯罪提上了党和国家的议事日程。

1984 年 10 月，上海市长宁区人民法院克服认识上和工作上的矛盾、困难和风险，理论联系实际，敢为天下先，创建了新中国第一个少年法庭，坚定、智慧地跨出中国少年司法改革创新之路的时代性一步。针对未成年人的特殊性开展具有中国特色的"寓教于审，审教结合"的少年刑事案件审判活动，教育、感化、挽救了一批失足未成年人，取得了显著的社会效果。

少年司法是向以成人为法律主体的传统法学理论的挑战。新中国第一个少年法庭的诞生，开中国法院为未成年人这一特殊法律主体建立特殊法庭进行特殊审理之先河。在中央的肯定和支持下，地方各方支持、配合下，不仅法院系统推广，还推动中国少年司法极具特色的未成年人检察工作创新和机构建立，进一步扩展到少年警务、少年监狱的改革，接着"政法一条龙""社会一条龙"……从实践改革创新到理论研讨提升，从个别探索到多面开花，从经验总结到立法推进突破，其规模、力度、影响都是世界少年司法历史上没有过的。四十年来，上海市长宁区人民法院不忘初心、开拓创新，不断超越自己，为探索具有时代特征、中国特色的少年司法制度积累了宝贵经验，成为我国少年司法制度中与时俱进的一面红旗，受到党和国家以及社会的高度肯定。

进入新时代，上海市长宁区人民法院始终牢记党的根本宗旨，坚持以人民为中心，走中国特色社会主义法治道路。在中国少年法庭之路上，尽管面临各种不确定、难预料的曲折困难，上海市长宁区人民法院"道不变、志不改"，在人大、政府、社会组织和上级法院的关心支持下，所办案件取得了良好的政治效果、法律效果和社会效果，赢得了人民群众的信赖，先后荣获"全国未成年人思想道德建设工作先进单位""全国法院先进集体""全国维护妇女儿童权益先进集体""全国少年法庭工作先进集体""人民法院少年法庭工作先进集体"等荣誉称号，多篇案例入选最高人民法院公报、最高人民法院未成年人权益司法保护典型案例。这些成绩来之不易，凝聚着几代少年审判法官的不懈努力，值得我们铭记和学习。上海市长宁区人民法院少年法庭载入了中国少年司法发展的史册。

继往开来，我们期望上海市长宁区人民法院高起点再启征程，在组织机构建设、扩展公益诉讼、加强未成年人案件审理、全方位保护未成年人、深化保障中国式现代化长治久安的审教结合少年审判新模式探索等方面，再登新高，创造新的辉煌。

四十年来，我国少年司法和未成年人保护组织机构发展迅速，队伍逐渐壮大，实践创新探索与理论研究推动立法的进步、科学化、体系化。同时，未成年人的司法保护在新时代也面临着许多新情况、新问题，面临进一步提升的时代要求，任重道远。中国少年司法人要有国际视野，克服艰难险阻、发扬敢争第一的勇气和精神，为中国式现代化作出新贡献。

《口述历史——中国少年司法长宁法院求索之路》一书，承续和发扬坚持党的领导、理论联系实际、改革创新的精神，以少年法庭创建、发展的四十年历程为主题，通过少年审判发展亲历者的亲口讲述，对少年法庭建设、少年审判制度改革及其今后的发展方向，进行工作的回顾、经验的总结、理性的思考和积极的展望。全书分少年法庭、人权保障、司法保护三大部分，贯穿最有利于未成年人原则、特殊优先保护的理念，追求青少年健康成长的目标、中国式现代化无比光明灿烂的前景。相信本书对读者有多方面的启示和参考价值，关心和从事青少年工作的人，尤其是少年司法实务工作者和理论研究者，不仅可以接触到亲历者提供的丰富的历史资料，还可以学习到为事业、理想奋斗的精神和开拓创新的思路、方法。

最后，向投身于少年审判工作并为之付出辛劳的全体法官和工作人员表示深深的敬意！向为本书出版付出辛勤劳动的朋友致谢！

徐建

二〇二四年国庆

目　录

第一部分

少年法庭——人民法院的金字招牌
在改革的浪潮中创立

1

四十年前，一棵法治的幼苗在上海市长宁区破土而出：上海市长宁区人民法院（以下简称"长宁法院"）针对未成年犯的生理、心理特点和审判未成年犯的特殊性，在刑事审判庭内设立"少年犯合议庭"，集中审理未成年犯的刑事案件。消息传出后，引起了党和国家以及全社会的高度关注。如今，当年的亲历者对长宁法院少年法庭建立的酝酿过程仍记忆犹新，向我们娓娓道来。

　　1988 年 5 月，最高人民法院在上海召开全国法院审理未成年人刑事案件经验交流会，明确提出"成立少年法庭是刑事审判制度的一项改革，有条件的法院可以推广"。此后，少年法庭在全国各地纷纷建立。借此东风，长宁法院于同年 7 月成立独立建制的少年刑事审判庭。2015 年，人民法院司法体制改革开始。在内设机构改革中，长宁法院少年审判庭因其编制继续保留，未成年人司法保护有了长足发展。

　　这是一项功在当代、利在千秋的伟业。为此，最高人民法院多次召开座谈会、中外少年司法论坛和有关国际研讨会，邀请长宁法院派员参加，从而促进了少年法庭健康发展。联合国有关机构官员、一些国家与我国其他地区的法官和学者曾多次到长宁法院考察，认为少年法庭的设立是符合国际法人权保护和最有利于未成年人原则精神的，还认为长宁区创办的"为孩子父母学校"是一所挽回家庭幸福的学校。2017 年 7 月，长宁法院少年审判庭被共青团中央命名为"全国预防青少年犯罪研究基地"。"少年法庭"也成为人民法院的一张亮丽名片、一块金字招牌。

握紧接力棒、当好传承人，
不断擦亮少年法庭金字招牌

访谈时间： 2023 年 12 月 29 日

访谈人物： 孙培江，上海市长宁区人民法院党组书记、院长。

访谈人： 2024 年，是新中国少年法庭成立四十周年。"创新"是贯穿这四十年的一个关键词，您怎么评价长宁法院少年法庭四十年的创新之路？

孙培江： 回首既往，新中国第一个少年法庭在上海长宁区诞生，四十年来，长宁法院少年法庭的发展，离不开一个个目标的指引，见证着四十年时间的力量，传承着一代又一代少年审判法官的努力。

少年审判工作被誉为"特殊的希望工程"，而长宁法院在少年审判探索创新方面可谓"敢为天下先"。

一是我们具有"走在前"的勇气。1984年，长宁法院创建了新中国第一个"少年犯合议庭"。20世纪80年代初，在我国一些经济发达地区，未成年人犯罪案件占刑事案件总数达6%—7%，并呈低龄化趋势，还出现了因犯罪心理未得到有效矫治而重新犯罪的情形，这引起了党和国家还有全社会的高度重视。在这一时代背景下，长宁法院本着"对于青少年犯罪，不能只注重打击，还是要教育挽救"的想法，先行先试，在区别对待少年犯和成年犯方面作出了大胆的尝试。二是我们具有"向前走"的毅力。未成年人保护是一项事关千家万户的社会综合治理工作，需要整个社会进行努力，更需要秉持信念，久久为功，这就需要历届党组及少年审判队伍的持续重视、持续用力和持续变革。回首四十年，我们欣喜地看到，在刑事审判方面，长宁法院秉承坚持"教育、感化、挽救"的六字方针和"教育为主、惩罚为辅"的原则。结合未成年人犯罪的偶发性及未成年罪犯具有较强可塑性的特点，我们培育出了"五个注重"制度（阅卷时注重搞清未成年人犯罪的具体原因、发问时注重启发疏导、审理时注重选择"感化点"、判决时注重实效、判后注重回访考察）、法庭教育制度、轻罪封存制度等。这些在20世纪八九十年代已经开始探索的工作机制，均已在近些年被最新刑事诉讼法等吸纳推广。在民事审判方面，我们积极开展未成年人与家事案件综合审判改革，关注孩子们的成长和发展，亦率先探索出了第三人财产监管、公职监护、强制亲职教育等工作机制。总体而言，我们既坚持在刑事案件审判中教育、感化、挽救失足未成年人，保护未成年被害人的合法权益，又坚持在民事审判中跨前一步，关注未成年人身心健康，善于发现苗头性倾向性问题，及时化解、消除可能滋生未成年人违法犯罪行为的各种消极因素，做好未成年人权益保护和犯罪预防工作。

访谈人：四十年风雨兼程，在您看来，新时代少年审判和少年法庭成立之初的少年审判有什么区别？

孙培江：区别主要有三个方面。

一是更加重视。党的十八大以来，以习近平同志为核心的党中央更加关心少年儿童的健康成长，习近平总书记多次对关心关爱少年儿童作出重要指示批示。习近平总书记指出："全社会都要关心少年儿童成长，支持少年儿童工作。对损害少年儿童权益、破坏少年儿童身心健康的言行，要坚决防止和依法打击。"这为新时代未成年人保护工作提供了根本遵循。新一届最高人民法院党组，特别是张军院长高度重视少年审判工作，他指出，"要高度重视未成年人司法保护工作，推动少年审判理念现代化，久久为功抓实抓好少年审判的各项工作"，为人民法院少年司法工作指明了努力方向。上海市高级人民法院贾宇院长来长宁法院调研时，指出"保护孩子的工作，怎么努力都不为过"。

二是更加全面。从设立少年法庭之初的以刑事司法为主，发展到今天的覆盖了民事、家事、行政案件中对涉及未成年人利益的全方位司法保护。

三是更加完善。从相对单一的司法保护，辐射到综合运用社会观护、心理疏导、司法救助、诉讼教育引导等全方位的保护，形成了司法保护、家庭保护、学校保护、社会保护、网络保护、政府保护相融合的六大保护机制。

访谈人： 我们注意到，长宁法院多项未成年人保护工作都走在全国前列，尤其在联动未成年人保护相关职能部门和群团组织上更是颇有建树。那么，长宁法院是为什么会想到以"司法＋"融合保护的理念，调动各方力量为未成年人利益最大化所用的呢？

孙培江： "司法＋"是主动延伸司法职能，满足社会发展需要的重要体现。早在 20 世纪 90 年代，长宁法院就率先培育出了"政法一条龙、社会一条龙"的综合治理理念，这给"司法＋"未成年人融合保护体系的构建提供了坚实的实践基础。

2021 年施行的《未成年人保护法》以"六大保护"为架构织密未成年人保护网。2023 年，最高人民法院也明确提出未成年人司法首先是保护性司法的理念，要求将最有利于未成年人原则和特殊、优先、双向、全面保护的理念贯彻到所有的涉少案件审判中、贯穿在每一个涉少案件办理的全过程，在各审判领域全面保护好未成年人。张军院长对人民法院的少年审判工作也提出了新要求，要加强依法积极履职，积极联动作为，把未成年人司法保护融入其他五大保护。

这些都给我们启发，只有将司法保护融入家庭保护、学校保护、社会保护、网络保护和政府保护，以司法保护助推"六大保护"融通发力，走向综合司法保护，才能真正实现未成年人利益最大化。

访谈人： 长宁法院"司法＋"未成年人融合保护体系的架构如

何，司法保护是如何与其他保护融合发力的？

孙培江： 长宁法院总结过往成功经验，坚持主动作为，强化"司法＋"对未成年人保护的赋能作用，打造新时代背景下的"司法＋"未成年人融合保护体系。

在"司法＋政府"方面，我们在长宁区委、区委政法委的领导和支持下，与政府相关职能部门紧密合作，以双方或多方合作协议促推形成未成年人保护合力。我们与区教育局、区检察院等会签《长宁区关于加强专门教育工作的实施方案（试行）》，确保行为偏差未成年人"一个都不掉队"地接受高质量矫治教育，帮助他们重启人生；与区体育局等会签《关于未成年人游泳培训行业与场所管理的实施意见》，协同加强校外体育培训监管；召开"长宁区公职监护队伍组建调研会""长宁区公职监护制度构建研讨会"，并与区妇联、区司法局以及各街镇、居委会会签《长宁区公职监护制度实施细则（试行）》，以联动机制为源动力，激活公职监护制度，填补困境儿童和老年人的监护空白；与区公安局、区检察院、区妇联等联合会签《人身安全保护令工作合作备忘录》，切实加强未成年人人身安全保护；以上海首个"法院＋公证＋民政""党建＋业务"融合模式达成合作机制，共建全周期家事法律服务链。

在"司法＋家庭"方面，我们通过抓实家庭教育指导和个案宣教工作，助力发挥家庭保护基础作用。打造长宁区家庭教育促进"1+3+1"综合网络，以"为孩子父母学校"为主体、以"心畅宁"心理咨询室和家庭教育云端培训平台为重要抓手，以街道社区"彩虹桥"法官工作室、长宁未成年人保护工作站以及妇联家庭教育指

导室为基层触点；与区妇联共同举办第 63 期"为孩子父母学校"办学活动，部分离婚案件当事人等全程参与活动并聆听讲座；与区妇联联合制作了家庭教育指导短视频，以长宁法院审理的上海市首例适用家庭教育指导令案件为原型，展示了长宁法院依法开展家庭教育指导、督促失职监护人"依法带娃"的过程及成果；设置"青梓荟"探望监督人场所，以 1 个实体探望监督人场所、3 支探望监督人队伍、5 项配套工作机制，助力发挥家庭保护基础作用。

在"司法＋学校"方面，我们加强院校合作，督促强化学校保护阵地作用。长宁法院积极延伸审判职能，常态化开展青少年法治宣传，设置趣味盎然的法治课程，持续开展法治夏令营、法院公众开放日青少年专场、模拟法庭、校园法治巡回讲座、开学第一课、宪法宣传周送法进校园等系列活动，先后两次实现法治宣传进国际学校。协同辖区有关单位，率先整合法治副校长、法治辅导员团队，覆盖辖区 19 所中小学；与华东政法大学附属中学启动"菁菁领航行

动"，签署《青少年法治教育共建协议书》；召开"以法为名 守护未来 司法护航新时代新少年——涉少刑事警示案例"新闻发布会，聚焦少年审判特色延伸工作，提示有关主体关注未成年人保护，加强未成年人犯罪预防和保护的源头治理。

在"司法＋社会"方面，我们积极强化与未成年人保护群团组织的合作，加强审判延伸，将个案办理成果转化为社会治理效果，实现"办理一案、治理一片"，为未成年人健康成长营造良好的社会环境。联合各方力量，组建工作专班，对涉诉困境儿童开展跟踪关护，构建了困境儿童司法联动关护机制；以"彩虹桥"法官工作室为圆心，联合共建"家中心"合作机制，开展更具针对性的涉少家事普法宣传、家庭教育指导、法律咨询等工作，帮助提升社区工作人员发现、识别、化解家庭纠纷的能力。

在"司法＋网络"方面，我们通过司法统计白皮书、司法建议和警示案例，推动净化未成年人所处的网络环境。针对数字时代下未成年人保护的新情况、新问题，延伸前端保护，督促互联网企业依法经营，加强未成年人保护；发布典型案例、制作未成年人网络安全提示手册，并在微信公众号不定期推送；发布《未成年人涉网络案件审判白皮书（2018—2022）》，坚持社会共治，延伸少年审判职能并提出综合治理建议，为未成年人营造安全、绿色、健康的网络环境。

访谈人：我国的司法文明状况报告以及国务院新闻办公室的白皮书，都重点关注未成年人保护。"少年审判在司法改革中只能加强、不能削弱，只能前进、不能后退，这个总的方针不能动摇"，可以看到，少年审判工作在我国司法体系中愈加重要。那么，就少年审判未来发展方向，您有何想法？

孙培江：少年审判改革，功在当代、利在千秋。随着经济社会的快速发展以及互联网技术的日新月异，未成年人犯罪惩戒和预防工作面临许多新的问题。对未成年人犯罪，如何继续坚持"教育、感化、挽救"的方针，对主观恶性大、手段残忍、屡教不改的依法惩处，做到"宽容但不纵容"，同时又做好新时代的未成年人司法保护工作，人民法院一直在追寻更好的方式。

长宁法院始终坚持以习近平新时代中国特色社会主义思想为指导，深入贯彻习近平法治思想，认真贯彻习近平总书记关于少年儿童工作重要指示批示精神，以勇立潮头的决心和勇气，举全院之力不断加强少年法庭工作，持续深化少年法庭改革，依法公正审理各类涉未成年人案件，推动未成年人司法保护工作迈入新的发展阶段。

我们将坚持未成年人综合保护，将未成年人司法的刑事保护、民事保护、行政保护放在同等重要的地位，在继续做好涉未成年人刑事审判工作的同时，更多关注涉未成年人民事纠纷反映出的未成年人成长环境漏洞，继续做好、做实未成年人司法保护的"抓前端、治未病"工作，全方位保护未成年人合法权益。

我们将继续发挥人民法院在未成年人保护工作方面的优势，在依法办案、做实公正与效率的基础上，往前走、往深想，深入发掘案件反映出来的家庭教育、学校教育、社会治理等方面存在的深层次问题，更加积极努力地整合立法、司法、执法和社会资源，弥补家庭保护、学校保护、社会保护等保护不到位的问题。不断深化"司法+""为孩子父母学校""青梓荟"等品牌建设，注重典型案例、司法建议和白皮书的运用，及时就未成年人犯罪预防、新兴业态管理、社会治理体系完善等提出决策参考、司法建议，推动未成年人保护工作的源头治理、综合治理，做到审理一案，治理一片。

我们将以更宽广的视野、更高超的智慧、更长远的眼光，站在更高的起点上统筹规划，进一步加强与有关部门、社会组织和团体的合作，实现资源信息互通共享，工作机制互联互动，共同推动工作，实现双赢多赢共赢，为少年审判创新、改革、发展提供更多路径和可能，为未成年人的茁壮成长撑起一片蓝天。

见证少年法庭从"雏苗"到"参天大树"

访谈时间： 2023 年 5 月 12 日

访谈人物： 丁年保，原上海市长宁区人大常委会副主任。曾任上海市长宁区人民法院党组书记、院长。

访谈人： 我们知道，您曾担任长宁法院分管少年审判工作的副院长，后又任长宁法院党组书记、院长，长宁法院的少年审判工作在历任领导和广大干警的努力下，从"初创"走向"成熟"。可否请您介绍一下，您是如何与少年审判工作结缘的？

丁年保： 我是 1982 年从部队转业到法院工作的，几年后，又调至虹桥街道工作了两年。1987 年底，根据组织安排，我回到长宁法院担任副院长，分管刑事审判和少年刑事审判工作，一直到 1996 年，组织上先后安排我到区司法局、区公安分局工作。1997 年，我又被调回长宁法院，先是担任党组副书记、副院长，后任党组书记、院长。回想自己的法院工作经历，我和少年法庭、少年审判工作接触最多、最集中的时段，就是作为副院长分管少年审判工作的那段时光。

访谈人：请问在您分管少年审判工作之前，您对少年法庭的印象是什么？和您曾分管过的其他工作相比，少年审判工作有没有什么特别之处？

丁年保：少年法庭的成立在当时是我们院里的一件大事，因为青少年是我们国家的未来、民族的希望，从这个角度来讲，少年审判工作是非常重要的。而在那个时期的司法环境和社会氛围下做成这件事，可以说又是非常不容易的。

当时，青少年犯罪问题很突出，犯罪率较高且手段成人化，引起了党和国家以及全社会的高度重视。而且按照当时的裁判口径，这些孩子会受到很重的处罚，这不仅影响到孩子本人的一生，还要牵涉到孩子的父母、长辈及其亲朋好友，从长远来看，也不利于社会的稳定。那时候我们长宁法院的一些资深法官，对我国刑法的基本理论和政策理解很深，对我们党的青少年政策把握得很准，认为这些未成年被告人大多主观恶性不深，可塑性较大，对他们不能一罚了之，而是要尽力挽救他们，把他们改造成为"新人"，使他们从对社会有害的人，变成对社会有益的人。于是法官们开始探索"寓教于审"，在审判的过程中，对孩子们进行教育、感化、挽救。

少年犯合议庭的胡惠乾法官，是第一个"吃螃蟹"的人，这很不容易。因为当时还有一些不同的观点，认为这是"慈善庭"，不符合从重从快"严打"方针，在政法系统兄弟单位中也有类似的看法。面对压力和不同意见，当时的院领导们给予少年法庭的工作大力支持，大家认为对于失足青少年还是要"拉一把"，拉上来一个人，不仅挽救了他的一生，还挽救了他的整个家庭，这也就从根本上减少了青少年犯罪对社会的危害，这是利国利民的大事。

后来，少年犯合议庭经过一段时间的实践后，作了经验总结，形成了一些材料，引起了华东政法学院（今华东政法大学，以下简称"华政"）徐建教授和肖建国教授的重视，他们在此基础上提炼形成了一些总结性文章，发表在《中国法制报》《中国青少年犯罪》等报纸杂志上。很快，《人民日报》及其海外版也相继转载。这引起了最高人民法院的重视，当时最高人民法院负责研究刑事法律政策的同志们敏锐地意识到这是一个新生事物，于是就向时任最高人民法院院长郑天翔、副院长任建新等领导作了报告，郑院长把相关材料批转给了任副院长，任副院长作了批示，要求上海法院总结好经验。这就有了长宁法院当时分管少年审判的李成仁副院长以及左燕、张正富等法官专程到北京去汇报少年审判工作的事。长宁法院的少年法庭就这样如幼苗破土而出。

回顾少年法庭从初生到立足的这段历史，可以感受到，少年法庭工作特别需要有站在保障国家长治久安的高度考虑问题的眼界，特别考验我们对法律和政策的把握能力以及敢为天下先的勇气与担当。

访谈人：您刚才提到了徐建教授和肖建国教授，作为长宁法院少年法庭的"老朋友"，他们在长宁法院少年法庭的发展史上想必也留下了浓墨重彩的一笔，能否谈一下你与这两位教授在工作中交往的故事呢？

丁年保：徐教授和肖教授在少年司法这一领域可以说就是我们的老师。我们都知道，长宁法院的少年法庭成立时，距离世界上第一个少年法庭——美国伊利诺伊州少年法庭成立已经有八十多年了，而且当时在世界范围内少年司法制度已经普遍基本形成了，但是在我们这里还是一件伴随着改革开放而诞生的新生事物。幸好华政和我们长宁法院在同一个区，院、校关系源远流长，院里的许多老领导、老前辈还是华政的毕业生，华政也将长宁法院作为一个教学基地。我们遇到疑难复杂案件，也经常向华政的专家学者们请教。

当时，围绕少年法庭的建设和发展问题，我们经常邀请徐教授和肖教授来"传经送宝"，时间长了，我和他俩也就熟了，成了老朋友。两位老师在少年司法制度方面知识渊博，理论功底深厚，信息面广，对长宁法院的少年审判工作倾注了很多心血。可以说，长宁法院的少年审判理论与实践的探索，得到了两位老师的大力指导和帮助。记得肖建国老师当时编过一本书，叫《中国少年法概论》，我们从中学到了很多国内外少年司法制度的知识。两位老师还经常为我们少年法庭的疑难复杂案件"坐堂会诊"、深度参与少年法庭的机制创新和总结。所以，长宁法院少年法庭工作的成长与进步和他们的奉献是分不开的。

访谈人：您刚才提到，长宁法院少年法庭的生根和发芽，离不开最高人民法院的大力支持。可否分享一下您作为分管这项工作的院领导，就少年司法工作向最高人民法院汇报时的故事？

丁年保：长宁法院少年法庭是新中国第一家少年法庭，最高人民法院对此予以高度评价，并十分关注长宁法院少年法庭工作的进展情况。记得长宁法院曹加雄院长1987年出席全国法院工作会议期间，最高人民法院林准副院长专门约见他，听取了相关汇报。此后，我也因分管此项工作有幸多次向最高人民法院汇报工作。

印象深刻的是在1990年的8月下旬，我们上海政法系统一行12人前往北京最高人民法院汇报少年司法工作，这12人中除了我们长宁法院的同志以外，还有长宁区公安局、检察院、司法局的同志，以及上海市高级人民法院研究室的杨传书。此行我们除了赴最高人民法院汇报工作外，还在北京和天津学习兄弟法院少年司法工作的经验，就是在此期间，我见到了最高人民法院的林准副院长。

林准副院长平易近人，一见面就热情地招呼我们，像是熟人、老朋友一般，当时的情景至今历历在目，使人倍感亲切、非常感动。

林副院长不仅认真地听取了我们的汇报，还给我们讲了他之所以重视少年法庭工作的一段渊源。他说，前几年，也就是改革开放之初，他到泰国去访问，泰国的法官介绍了该国少年司法制度的情况，对他触动很大，因为当时我们在这方面的工作差距很大。回国后不久，他就听说长宁法院在少年法庭工作上有比较好的实践，就非常关注，这才有了后来时任最高人民法院院长郑天翔、副院长任建新先后作出的指示和批示，可以说，长宁法院少年法庭能从一棵稚嫩的幼苗茁壮成长起来，是和林准副院长等最高人民法院领导们的高度重视和全力支持分不开的。

那次拜访，还有一件事令我们喜出望外，没想到林准副院长会给我们的少年法庭题词："韶华不为少年留，化作春泥更护花。"他还当场作了解释，勉励我们要把自己的青春年华奉献给青少年，特别是挽救罪错青少年的这项工作，将少年审判工作当作终身事业去做。

谈到我们少年司法"教育、感化、挽救"的方针，林副院长还很动情地说，如果一个少年十五六岁、十六七岁就是一个犯罪分子，倘若到监狱里又染上恶习，刑满以后他很有可能再次危害社会。如此恶性循环，他就可能会危害社会一辈子。而如果我们拉他一把，把他教育好，使他成为新人，他就会对我们的法官、公安干警和检察官产生敬意，还会对我们党、对我们社会心怀感激：是社会挽救了我，是国家挽救了我，我以后要为社会、为国家作贡献，这样"一正一反"，你们就能理解到少年司法制度的重要性。他还讲到，挽救一个罪错少年，他的爸爸妈妈会感恩，他的爷爷奶奶、外公外婆等亲属都会感受到党的政策的温暖，就会衷心拥护我们的党。因此，要从巩固党的执政根基的角度来看待少年审判工作的意义。现在回想起来，林副院长是从"百年大计"的高度来谋划中国的少年审判事业，看待我们长宁法院少年法庭的深远意义。林副院长的这番话，我一直铭记在心，终身受益。

那一次汇报中，另一位令我印象深刻的就是现任最高人民法院院长张军，当时他是最高人民法院研究室刑事处处长，很年轻，我们这次北京之行就是他安排的。之前，我们和他素不相识，但他对长宁法院的少年审判工作非常重视。可以说，如果没有像张军院长这些同志对我们满腔热忱、倾力相助，好多事情是不会如此圆满的。

有些事至今记忆犹新。少年法庭成立十周年时，编写了一本书，《中国少年法庭之路》。对于这个书名，当时我们有点忐忑，是不是口气太大？后来，是林准副院长题写了书名，作了序，而且最高人民法院两位正院长、四位副院长还为这本书题了词。我们真的是感动不已。坦率地说，我们真没有想到会有这么多领导为这个书题词，我们当然也深深地体会到当时的最高人民法院领导对此倾注的热情。

1997 年《中华人民共和国刑法》作了较大篇幅的修订，我们想邀请时任最高人民法院研究室副主任张军来我院授课，因为他是中国人民大学刑法学硕士研究生，毕业后到最高人民法院工作，其间又到北京市海淀区人民法院挂过职，所以他不仅有渊博的法学理论基础，还有丰富的基层实践经验。而且他还是最高人民法院对新《刑法》修订后的司法解释的主要起草人。当时他欣然应允了。

授课那天，能容纳二百多人的长宁法院大法庭内，不仅座无虚席，而且还加了几十张凳子。听众除了长宁法院干警外，还有长宁区人大、政府、政协有关部门和"政法一条龙"和"社会一条龙"以及市高中院相关部门的同志。记得那一天讲课结束时全场人员起立，对他权威、精彩的演讲报以热烈的掌声。

访谈人：您曾长期分管长宁法院少年法庭，后又担任长宁法院的主要领导，可否结合您的工作经历，介绍一下长宁法院是如何从全院层面管理和保障少年审判工作的？

丁年保：少年法庭是我们长宁法院的特色，能数十年如一日地干、取得今天的成就，非常不易，这离不开上级法院、上级领导的关怀和各方面的支持。要谈长宁法院自身在少年审判的管理和保障上的经验，我个人认为离不开三个"重"。

首先是从思想上深刻认识少年审判工作的重大意义，长宁法院很重视对少年审判工作和理念的教育宣导，上至每一位院领导、下至每一位干警，都深刻理解少年审判对于党的执政基础的巩固、对于国家和社会的长治久安、对于每一个失足少年及其家庭的重大意义，都自觉珍惜和传承少年法庭的优良传统，下定决心把少年审判工作搞好，这是我们长宁的少年审判事业能一代接着一代干、一茬接着一茬传的根基。

其次是将少年审判工作摆在重要位置，始终把少年法庭工作列为本院的一类管理目标。就是从院一把手开始，到分管院长，再到全院各个部门，都重视支持少年审判工作，比如研究室总是把对少年法庭的跟踪调研作为重中之重。当然，少年审判工作不是单靠我们法院一家就能做好的，比如对失足未成年人的教育和矫治，要得到少管所以及相关派出所的支持，这需要和公安司法部门协调；又比如孩子回归社会后如何让学校接受他们继续就读、如何让用人单位接收他们而不至于流落社会，这就需要争取教育行政部门、有关企业、各街镇乃至相关居民委员会的支持，这么大的工作量，仅有少年法庭的努力是远远不够的。

最后是愿在资源投入上为少年审判工作"下重本"。我们依托第三方力量开展社会观护、和本区乃至外区的企事业单位合办缓刑考察基地等，这些工作都需要有人力和财力的支持，我们在这方面是尽力而为的。

访谈人： 在您任职期间，特别是分管少年法庭期间，对少年法庭法官执法办案工作的总体印象是什么？有令您印象特别深刻的人和事吗？

丁年保： 少年法庭，特别是少年法庭的法官们事业心特别强、责任感特别重、韧劲特别足，而且勇于创新，善作善成，许多同志都是不辞辛劳地忘我工作，给我留下非常深刻的印象。特别是左燕、孙洪娣、虞雅芬、陈建明等老法官爱岗敬业的精神和事迹，真该好好发扬光大。

比如失足少年的安置工作，这项工作尤其费神费力。那时候，对有过罪错的未成年人，还不是很宽容的。为了安置一名失足少年，我们的法官真是"踏破鞋底，磨破嘴皮"，"风里来、雨里去"地一次次到相关单位去商量，有些单位的同志很不理解地问"他是你什么人啊""这小孩是不是你家的亲戚"，我们的法官不得不反复解释：失足少年和我们法官根本没有任何个人关系，也没有什么人来托我们"走后门"，我们唯一的目的就是出于爱心，让他们在这个社会上有个安身之处，给他们希望，把他们从泥沼中拉出来走向新生。而如果他们回归社会后，感受到的都是冷漠和排斥，无路可走，那就又会沦落到不良环境中，结局可想而知。当时很多个案就是靠这样"磨破嘴皮"最终感动相关单位的。

可喜的是，大多数的孩子也很争气，有的在单位被评为先进工作者，还有的后来考上了职校和大学。当他们在长辈的陪同下给少年法庭的法官们报喜讯、送锦旗时，我们的法官们心里真的是比吃了蜜糖还要甜。

法官们除了能吃苦、任劳任怨外，还善于学习、勇于探索、勤于总结，比如，寓教于审、暂缓判决、建立考察基地及适当扩大收案范围等，都是在审判实践中逐步形成的。

访谈人：您在分管少年审判工作期间，遭遇的主要困难是什么，您又是如何克服这些困难的？

丁年保：要说困难，当然是有的。

首先是立法上空白较多。当时我们的少年司法制度和法律体系

还不健全，除了《刑法》和《刑事诉讼法》里几条原则性条文以外，从法律到司法解释，都存在很多空白。我们作为一家基层法院，既要做好少年审判的"实事"，把"教育、感化、挽救"的总方针贯彻到位，又要做到事事"于法有据"，这对我们的法律和政策素养是个很大的考验。

其次是在政法系统内部，相关部门及具体办案人员的认识和重视程度也不尽相同。比如，在构建未成年人司法保护"政法一条龙"机制的过程中，也曾遇到过困难和非议。当然随着形势的发展，由于各级领导的高度重视，长宁区在这方面的工作还是走在前列的。

最后是当时的社会氛围对少年司法工作还不大理解、不够支持。这些孩子的就读问题还比较好解决，而就业就困难得多了。

令人欣慰的是，虽然困难重重，但是长宁法院少年法庭工作还是取得了长足的进步。这些成果的取得，有赖于各级党委和政府、各上级法院的支持和指导。具体来讲：

一是各级党委政府的高度重视，促成了少年司法跨部门机制的构建。比如对罪错少年教育、感化的"政法一条龙"和"社会一条龙"，这"两条龙"横跨了公、检、法、司四家政法机关，还涉及区里多个委办局以及各街镇，有些工作还涉及市少管所等市级政法单位，这绝不是我们长宁法院单一力量力所能及的。

二是上级法院的大力支持和指导，为我们的很多工作提供了制度支撑。最高人民法院不仅多次召开全国范围内的会议，肯定、推广长宁法院成功经验，还把长宁法院和兄弟省市少年法庭行之有效的做法吸收到最高人民法院关于少年刑事审判的司法解释之中，使之成为我们办案的法律依据。上海市高级人民法院的领导也给了我们很大的支持，他们不仅多次到长宁法院听取汇报、现场指导，还专门委派研究室的杨传书，跟踪、调研、总结长宁法院少年审判工作的实践经验，而且专司"下情上达""上情下传"，对我们的帮助很大，至今难以忘怀。

访谈人：可否谈一谈您对于未来的长宁法院少年审判工作的期望？

丁年保：我已经退休十几年了，对当下的少年审判工作虽然关心，但不那么熟悉了。借此机会，我谈几点希望。

一是希望少年司法工作能在人文关怀和树德育人上多下些功夫。在当前市场经济条件下，有些青少年受"一切向钱看"的观念的危害很大，要针对未成年人的身心特点，加倍地重视对他们的人文关怀和教育培养，把"寓教于审""树德育人"放在更加突出的位置。

二是希望领导们能一如既往地继续高度重视少年法庭的工作。长宁法院少年法庭是新中国第一个少年法庭，这在全国乃至国际上都有一定的影响。这几十年来风雨兼程，很是不易。多少人为此呕心沥血。行百里者半九十，由衷希望曾荣获最高人民法院集体一等功嘉奖的长宁法院少年法庭能百尺竿头，更进一步。

访谈人：作为少年司法领域的"老前辈"，您对于少年法庭的新一代干警们有什么嘱咐吗？

丁年保：我只能算是个"过来人"，谈点希望吧。

青年干警是少年法庭的新鲜血液，更是少年法庭的未来。少年审判工作今后的发展寄托在各位的身上。我希望你们能保持和发扬我们长宁法院历代少年法庭干警身上的那股精气神，特别是对未成年人审判工作高度的使命感责任感、对于未成年人及其家庭的仁心与爱心以及善于创新、勇于担当的开拓者精神，继续倾注满腔热忱尽力挽救那些曾经迷途的"羔羊"。你们朝气蓬勃，有良好的法学素养，希望你们既谦虚谨慎、善于学习，包括学习借鉴国内外的好做法、好经验，又勇于实践、善于总结，不断为长宁法院少年法庭增光添彩。

访谈人：长宁法院少年法庭即将迎来成立四十周年，作为曾为长宁法院少年法庭的发展作出过贡献的老领导，您对长宁法院的少年法庭有什么祝福吗？

丁年保： 看到长宁法院少年法庭持续走在全国少年法庭最前列，不断地为新时代中国少年司法事业的发展贡献新的"长宁智慧"，我感到很高兴，也为自己曾分管过此项工作，并为少年法庭的建设作过一些努力而庆幸。希望长宁法院少年法庭能顺应形势发展的需要，继续努力、不断探索、不负韶华、不辱使命、不负盛名，能顺应当前社会的发展，创造更多、更好的机制创新成果，为新时代中国少年司法制度的进一步健全和完善作出应有的贡献。

对孩子的特殊、优先保护，始终是我的坚守

访谈时间： 2023 年 6 月 9 日

访谈人物： 秦明华，上海市青浦区人民检察院党组书记、代理检察长。曾任上海市第一中级人民法院未成年人案件综合审判庭庭长，上海市长宁区人民法院党组成员、副院长。

访谈人： 您是何时进入长宁法院少年法庭工作的？是什么契机让您选择进入少年法庭呢？

秦明华： 我从 2006 年开始与少年法庭结缘，当时我在上海市第一中级人民法院刑事审判第二庭工作，最高人民法院下发了一个通知，在全国 17 个中级法院开展未成年人综合审判庭的试点工作，上海市第一中级人民法院是其中之一。院党组安排我负责少年法庭

筹建工作。2007年开始，我正式担任上海市第一中级人民法院少年法庭负责人，自此真正跟我们的少年法庭工作建立了深厚感情。2012年底我离开上海市第一中级人民法院，调任长宁法院副院长。至2017年底的五年间，我一直作为副院长分管少年法庭工作。我刚到长宁法院时，长宁法院的少年法庭工作已经走过二十七个年头。长宁法院少年法庭工作始终坚持最有利于未成年人原则，特别在刑事审判中，坚持"教育、感化、挽救"方针，在未成年人刑事审判工作中创设了很多少年审判工作机制。

访谈人：相比过去，现在您再回顾长宁法院少年法庭，有什么样的感受？少年法庭有什么大的变化吗？

秦明华：长宁法院少年法庭经过一代代少年审判工作者的探索，总结了少年法庭的五种精神。第一种是爱岗尽职的敬业精神，也就是对这一份少年法庭工作的投入，对这一份少年司法事业的认同。第二种是探索创新的开拓精神。开拓精神，是我们少年法庭从一开始直到现在始终坚持的一种精神。第三种是勤奋学习的专业精神。少年法庭工作的一个特点是涉及多学科。从最初的少年刑事审判工作，到现在未成年人综合审判工作，不仅只涉及刑事，还涉及民事，包括行政等。从事少年法庭工作，你得掌握社会学、青年心理学、教育学、家庭学、伦理学等多方面的学科知识。所以少年法庭工作者必须具备勤奋钻研的学习精神和专业精神。第四种是群策群力的团队精神。这一点也非常重要，因为少年法庭工作始终是以一个团队的工作形式呈现，它从来不是单打独斗的。不论是从法院，还是从法官个体，或是从开展每一项工作的角度，都需要注重加强组织性、联动性、团队性，形成共同智慧来推动少年法庭工作不断地向前发展。第五种是淡泊名利的奉献精神。少年法庭工作者必须有奉献意识，要为了未成年人的事业去全身心地投入，甚至要牺牲自己的业余时间、休息时间，要做一个"人"的工作。少年法庭工作起源于少年刑事审判工作，涉及挽救失足青少年，这种工作不是一朝一夕、靠只言片语就能完成的。做一个人的工作，把一个人的心给感化过来，需要不断去付出，就可能要牺牲自己的个人时间和个人利益，全身心去投入，所以淡泊名利的奉献精神是非常重要的。从我的内心来讲，我非常佩服老一代的少年法庭工作者，他们根据自己的工作经历，总结了少年法庭的五种精神。我在长宁法院分管少年法庭工作之后，正好经历了长宁法院少年法庭三十周年的大事件，我们布置了一个陈列室，就把少年法庭的五种精神作为第一个板块在陈列室当中展出。我认为五种精神放到现在也是不过时的，它的时代意义、时代性是从来没有被淹没过的。

访谈人：您在少年法庭抓了哪些主要工作？我们了解到当时有一些机制改革，如心理干预、困境儿童庇护、跨区阳光护送等工作，能否为我们详细讲讲具体情况？

秦明华：我到长宁法院工作时，长宁法院少年法庭已经总结了很多行之有效的工作制度和工作机制，我分管少年法庭工作第一要求，或者说对我自己设定的工作任务，就是怎样把这些行之有效的工作制度和工作机制继续传承，进一步健全完善。在刑事审判工作方面，长宁法院少年法庭之前已经探索出了一些工作机制，包括社会调查、圆桌法庭审理、合适成年人，这些制度在当时不仅为很多兄弟法院所借鉴，而且确实在少年司法实践当中发挥了它应有的作用，使一些未成年人通过行之有效的工作机制，能够认识到自己行为的违法性，从内心真正认罪、悔罪。在民事审判工作方面，我们进一步探索符合未成年人权益保护，适应未成年人身心特点的工作机制，或者说工作制度。

同时我们还进一步整合资源，在未成年的刑事审判中引入心理咨询，缓解未成年人紧张情绪，去疏导他们，打开他们的心结。我们与华东师范大学、长宁区妇联心理咨询协会，建立了比较良好的协作关系，在少年法庭设立了服务基地，并且有志愿者组成工作小组提供有效服务，实现了法院干警心理咨询发现问题、心理系的研究生判断研究问题、专业心理咨询师深度干预的"三结合"心理干预机制。在一些个案当中，通过我们三结合的心理干预机制的运用，也取得了比较好的效果。

"一路阳光护送"也是长宁法院少年法庭比较有特色的一项工作，这项工作的开展得益于区相关部门的支持，也得益于公检法三家司法机关之间联动工作的开展。从我们上海未成年人的违法犯罪情况特点来看，绝大多数都是一些外地籍未成年人，即三无对象、三无人员，一是父母不在身边，二是在上海没有固定的住所，三是身无分文，没有自己的财产、独立合法的收入来源。他们在刑满释放之后，要回到原籍，回到自己的家庭。经过改造教育的青少年回归社会之前，需要家庭的接纳，只有在原生家庭里，他才能感受到家庭给予的温暖，才能感受到社会对于他的关心，才能使他真正燃起生活的希望。回归社会之后，做一个对社会有用的人。那么我们怎样让他能够平平安安地回到原籍，重新回归家庭？我们联合区公安、检察，包括其他部门，共同推出了"一路阳光护送"，由司法机关或者政府部门出资为三无对象购买车票，甚至派相关人员来陪同陪护，将其安全送回原籍，交给父母或者送到当地青少年保护组织，与他们加强对接，取得了非常好的效果。

在开展少年法庭工作过程当中，我们还有一项比较有特色的工作，也是我觉得非常有意义的一项工作。就是我们一直在积极探索对困境儿童的保护。何谓困境儿童？有一些儿童离开了父母，离开了家庭的抚养，也没有得到正常的学习机会，过早地踏上了社会，在社会上交往不慎，踏上了违法犯罪的道路。加大对困境儿童的保护工作，充分体现了对未成年人特殊优先的保护原则，始终是长宁法院少年法庭工作当时的一个重点，我在想实际上也是我们当前的一项工作重点。长宁法院在 2013 年就积极推动诉讼中的困境儿童临时庇护制度的确立，我们积极与区民政部门沟通，取得他们的工作支持，积极推进相关政协提案的落实，与区民政局签订了关于成立诉讼困境儿童临时庇护所的协议，并且也针对一些具体个案来推进这一工作的开展，取得了积极良好的社会效果。

2014 年 3 月，在长宁法院的努力之下，区里一位全国人大代表朱国萍，将为解决困境儿童问题修法的议案带到全国人大，该议案获得了多名代表的联名，引起了比较好的社会反响。2014 年 9 月，长宁法院又联合上海市第一中级人民法院、上海政法学院，共同开

展了以对困境儿童权益保护的瓶颈与出路为主题的法官沙龙，有力推动了全社会对困境儿童开展保护的关注。2015年，我们在区委政法委的支持和协调之下，在一起监护人遗弃未成年人事件发生之后，进行了紧急干预，对一名儿童及时进行救助，将其送进了临时庇护所，及时关心，给他提供了生活物资和帮助，使他不至于流浪街头。政府和司法部门对这项工作的联动开展，说明我们全社会对困境儿童始终是高度关注，也是高度重视的。

访谈人：当时正值家事审判方式改革，您能够介绍一下当时您在主抓家事审判方式改革方面，有哪些具体措施呢？

秦明华：当时长宁法院在开展涉少刑事审判工作的基础上，同步开展了涉少民事审判以及涉少行政审判的工作。经过了这段时期的探索和发展，长宁法院又于2015年10月将涉未成年人的离婚纠纷案件从民庭分离出来，统一放到少年法庭集中审理。在审理这些案件的过程中，我们更加关注对未成年子女权益的最大化保护，也特别关注这些未成年人的身心健康，在最有利于未成年人原则的指导之下，我们在未成年人涉少的民事审判中作了很多有益探索，也形成了一些有效的工作机制和做法。

第一是开展庭前教育。我们把这项少年刑事审判工作中的制度引入民事审判中。刑事审判中教育的对象主要是被告人，也就是被追究刑事责任的青少年。但是涉少民事案件中，我们的教育对象是未成年子女的父母亲。从 2016 年 7 月开始，长宁法院在审理涉少离婚纠纷案件中，增设了庭前教育的环节，在开庭之前为当事人播放长宁法院与区妇联联合摄制的一部视频短片《离婚了，我们依然是最爱你的爸爸妈妈》。通过播放这部微电影，引导诉讼双方，也就是孩子的父亲和母亲，正确对待离婚诉讼。即使离婚了，也要为离婚之后孩子的抚养、教育、生活创设比较良好条件和环境，最大限度地降低离婚给孩子造成的创伤，不给他们留下心理阴影。

我们探索的第二个机制是加强隐私保护，也是从 2016 年 7 月开始，我们尝试在涉少离婚纠纷案件当中，推行不公开审理制度。众所周知，民事审判是以公开审理为原则，以不公开审理为例外的，但是在离婚案件当中，特别是在针对涉未成年人抚养问题案件的审理中，我们就向离婚诉讼双方当事人告知，他们依法享有不公开审理的权利，这样能够更好地保护离婚双方当事人以及未成年子女的隐私，避免对这些未成年子女造成二次伤害，这也是为了遵循最有利于未成年人原则。长宁法院少年法庭经过二十多年的探索和发展，在涉少刑事审判工作中形成了很多行之有效的工作制度和工作机制，这些都非常成熟。在涉少民事审判工作方面，作为一种新的审判方式或者审判模式，我们怎样借鉴涉少刑事审判的一些好的机制和做法，把它引入我们的涉少民事审判过程当中，实际上也是我们当时在积极思考、认真作为的。

除了刚才讲到的两个方面的机制和探索之外，还有一点我觉得也是非常有必要谈一谈的，就是在涉未成年抚养的离婚纠纷案件当中，我们根据具体情况来设置冷静期，让离婚双方的父母能够认认真真地冷静思考一下、反思一下自己的婚姻经历、当时的夫妻感情、各自对家庭的投入、对小孩的关心和关爱……通过自己在冷静期内一些行为上或者观念上的反省、检视，发现自身哪些地方做得不到位，或者存在一些言行不当，造成对方误解。特别是在对孩子的抚养问题上，是不是双方都全身心地投入？是否一方对小孩比较关心一些，一方更加关注工作，对小孩子的教育、学习可能就关心得比较少了？通过设置冷静期，让离婚诉讼的双方能够认真思考，慎重考虑婚姻和家庭问题，尽量拯救危机婚姻，挽回濒临破碎的家庭。对一个孩子来讲，总归是生活在原生的家庭，对他后期的身心发展以及对世界观、人生观、价值观的形成更有利，对他的健康成长更有利。

除此之外，我们还积极开展社会观护机制的探索。2011 年 9 月，长宁法院少年法庭在全市范围率先开展了未成年人的社会观护工作，通过委托青少年社工，对案件进行判前的调查和判后的观护。这项工作实际上也是借鉴了我们刑事审判，把刑事审判的社会调查工作引入我们的民事审判工作当中，取得了非常好的效果。我们邀请社

第一部分　少年法庭——人民法院的金字招牌在改革的浪潮中创立

会观护员参加庭审，虽然从诉讼法的规定来讲，这些人员不是法定的诉讼参与人，但是我们邀请他们参加，到庭之后讲一下他们在判前调查中开展的一些社会调查工作，获取的一些信息，对家庭的背景情况的了解等，在法庭上把它还原出来，一方面帮助我们法官更加理性地对案件作出一个裁断，另一方面对参与诉讼的双方也是一次很好的教育，帮助他们重新认识各自在家庭当中有没有尽到职责，有没有为未成年子女真正尽力，在抚养关心方面真正付出了多少。所以，我觉得这项工作也是起到了非常好的作用的。

访谈人： 少年法庭审理的案件有很多，不仅有刑事的，还有民事的、行政的，您是如何指导办理典型案例的呢？比如，异地社会调查、遗弃案例、虐待案例等。有没有什么共通或特别之处？

秦明华： 我想结合一个具体案例来谈一谈。我们在开展少年法庭工作中，确实接触了一两件比较极端的案件，但我们在开展未成年人审判工作时，从最有利于未成年人原则出发，始终坚持维护未成年人原生家庭的和谐稳定。

2015年我们受理了一起虐待刑事案件，一个单亲妈妈在上海租房独自抚养她的孩子，孩子当时在念初中，母亲对孩子寄予很高的期望，除了在学业上有要求之外，还给她报了很多的兴趣班，特别是有一个练习乐器的。小孩子可能在练习乐器的时候，偶尔有一两次练得有点累了，就稍微放松一下，但是妈妈就对她严格要求，尽管这种要求从我们的角度来讲，已经是非常严苛的标准了。母亲性子也比较急，有一次她一下脾气上来发火了，拿起鞋底就打孩子，用电话线来抽打孩子。从我们当时所看到的照片来讲，小孩子的背部伤痕累累，受到了比较重的伤害。在严寒的时候，母亲有时候还让她赤脚，不让她穿棉鞋等。追究这位母亲的刑事责任，我们认为一点都没问题，触犯法律底线的违法犯罪行为，是要付出代价的，要承担起相应的刑事责任。当时也有一种观点，认为是不是应该撤销这位母亲对小孩子的监护权。我们有不同的认识，我们征询过小孩子父亲的意见，因为小孩子父亲跟母亲离婚之后，他又组成了自己的家庭，也有自己的小孩，他不想自己的重组家庭发生新的一些变化，开始的时候有一些顾虑。所以一方面我们在刑事案件的办理中要准确地适用法律追究孩子母亲的刑事责任，另一方面对小孩子今后的抚养问题，也要妥善解决好。因为小孩本身是跟着母亲生活的，母亲一旦被追究刑事责任、被判处刑罚，会产生一系列问题：小孩子由谁来抚养？她的生活着落在哪里？她的教育谁来负责？当时我们积极与上海市妇联联系，通过上海市妇联与孩子父亲所在省份的妇联取得联系。两地妇联沟通联系对接好之后，我们法院的法官和检察院的检察官一起到他们原籍，跟当地妇联同志加强工作对接，同时也诚恳地、认真地做好孩子父亲的工作，让他能够接纳自己的孩子进入重新组成的家庭中生活。小孩子的父亲也是非常慎重，一方面表示自己愿意，另一方面也表示要再听一听他现在妻子的意见，他现在这位妻子非常大度，非常体贴，非常理解，愿意接纳这个孩子在自己的家庭当中生活。在我们开展了一系列工作之后，孩子最后和他父亲重新组成的家庭一起生活。经过半年，法官、检察官一起对孩子进行了家庭回访，孩子已经完全融入了新家庭，我们也觉得非常欣慰，我们的付出、努力也得到了回报，回报不是物质上的，而是精神上的。我们看到了孩子在新家庭当中得到了健康的、和谐的成长空间，我们觉得非常好。

访谈人：为了预防犯罪，你是如何抓好普法宣传的？比如普法创新，坚持夏令营法治宣传品牌，是怎样来搞出特色的？

秦明华：我们少年法庭工作的每一个法官，每一个少年法庭工作者，都有这样一种责任、义务，去结合我们自己的工作，为全社会积极开展普法宣传，加强对未成年人的保护。当时长宁法院少年法庭，在法治教育方面主要开展了以下两方面的工作。

第一，我们不断加强青少年法治教育服务基地的建设。长宁法院三楼有一个非常富有特色的少年法庭。这个少年法庭是一个圆桌法庭，圆桌法庭的布置跟我们一般的刑事法庭是完全不一样的。大家在法治电视剧当中肯定会经常看到法庭的布局，一般都是高高在上的审判台，然后两边是公诉台和辩护台。而我们的圆桌法庭，它是一个圆桌，法官、检察官，被提起诉讼的未成年被告人，未成年被告人的父母亲、其他法定监护人围坐于此。如果监护人因为在外地不能到上海来参加庭审，我们还可以指派合适成年人来参加。我们可以邀请一些教育工作者，或者说对未成年保护特别热心的社会人士来参与我们的法庭审理。这些人员全部是围坐在一起来参加庭审。庭审不仅是对案件事实的阐明，同时也是一次非常形象、生动的法治教育课。应该说对这些未成年人，包括对参与庭审的未成年人父母来讲，都是一次非常好的法治教育课。长宁法院少年法庭充分利用一些工作展板，将一些具体的典型案例制作成模板，设置在长宁法院少年圆桌法庭的周边，形成一个整体的法治教育片区。我们一般利用双休日，或者社会公众开放日、法治宣传教育日、宪法日，以及暑假，开展青少年法治教育活动，或者进校园、进社区，邀请一些非常关注青少年事业的老同志、社会人士、教育工作者一起来参与我们的活动。

第二个比较有特色的就是我们每年都举办青少年法治夏令营活动。举办青少年法治夏令营活动，一方面通过一些生动的法治教育课，展示我们法院的一些工作，跟青少年进行一些座谈；另一方面还制作一些青少年预防犯罪和自我保护的法治教育展板，定期在辖区的学校和街道社区进行流动展览。不仅得到了社区的支持，也得到了很多青少年家庭的欢迎。

访谈人： 对青少年的犯罪活动进行预防和处罚，不仅需要法院的支持，更多的是需要社会支持、家长的努力等，您对这方面有什么好的建议呢？

秦明华： 这个问题不是现在才开始提出来的，实际上在几十年前长宁法院少年法庭刚刚成立的时候，我们老一辈的少年法庭工作者就已经充分注意到了。所以他们通过早期的探索和实践，提出了在少年法庭工作中要有"两条龙"的建设。稍微用一两句话解释一下这两条龙，第一条龙就是"政法一条龙"，就是对刑事案件的办理，要加强与公安机关侦查、检察机关、法院，以及刑罚执行机关的工作联动，叫"政法一条龙"。还有一条龙叫"社会一条龙"。每一个青少年生活在社会上，是不可能与别人割裂的，也不可能与社会上的其他方面割裂。对青少年的关爱、对青少年的帮助，无论是他们的生活、学习，还是在其他方面，都需要得到充分的关注、高度的重视。这些工作的密切配合，需要得到社会各部门的共同努力，所以说这就是"社会一条龙"的建设，叫"社会一条龙"。"两条龙"的建设放在当前也是非常有意义的。我认为这"两条龙"的建设需要着力再进一步健全和完善，进一步激发出新时代的意义，注入新时代的元素。

访谈人：2024 年正值少年法庭成立四十周年，您的心情如何？对于少年法庭的未来您又有什么样的祝福呢？

秦明华：从事少年法庭工作，功在当代、利在千秋。作为曾经战斗在少年法庭工作战线上的一员，我为自己从事过这一份工作感到非常自豪，我也非常热爱这一份工作，这是一份心灵工程师的职业，是挽救一个人的心灵的职业，是挽救一个家庭的神圣职业。我们也知道一个社会是由一个个家庭组成，每个家庭也是由每个成员组成的。而家庭当中，从我们中国人的传统观念来讲，最关注的就是孩子，所以对孩子利益的最大化保护，对青少年权益的特殊保护、优先保护，始终是我们少年法庭重心，无论是以前、现在还是将来，都是我们要始终坚持的原则和精神，我们一定要坚守住。

长宁法院少年法庭即将要迎来成立四十周年的大事件，我祝福我曾经工作过的长宁法院，也非常希望长宁法院少年法庭工作百尺竿头，更进一步，能够在今后的工作当中，在党委领导下，取得更好的进步。

为了家庭，我们创办了"为孩子父母学校"

访谈时间： 2023 年 6 月 30 日

访谈人物： 金文强，曾任上海市长宁区人民法院副院长、党组成员。

访谈人： 三十五年前，长宁法院成立了"为孩子父母学校"，影响较大，反响较好，那时候您担任民事审判庭庭长，可否简要告诉我们当时的情况？

金文强： 为了更好地贯彻婚姻法、民事诉讼法等法律法规，保护妇女、少年儿童的合法权益，积极开展审理方式的改革，针对新形势下离婚案件出现的新情况、新问题、新特点，积极探索审理这类案件的新途径，开拓民事审判工作的新局面，长宁法院会同长宁区妇联、区民政局、区青少年保护办公室、区综合治理办公室、周家桥街道办事处等单位联合创办了上海市长宁区"为孩子父母学校"。参加学校学习的学员是有未成年子女的离婚诉讼当事人。在此期间，还建立了长宁区"为孩子父母学校"周家桥、武夷、新华、遵义四所分校和咨询部（站），录制了《别忘了孩子》艺术教育片。学校着眼于社会稳定，依靠社会力量，运用多种形式，融情、理、法于一体，对学员进行法制、伦理道德和心理教育，提高了当事人的法制观念、道德水平和心理素质。在开庭审理中，严格依法办事，贯彻着重调解原则，大胆增设了庭前教育阶段，发挥法制教育的说服力、感染力和召唤力，加快了办案速度，保证了办案质量，提高了办案效果，从而对帮助学员创造和睦的婚姻家庭关系，全面保护少年儿童的合法权益，提高审判职能，参加社会治安综合治理，促进两个文明建设，防止矛盾激化，维护社会稳定等方面，都起到了积极的作用。

访谈人： 据了解，当年，离婚案件始终是民事案件的大头，占 60% 左右。全国离婚案件数逐年上升，长宁区也一样。看了司法统计报表，以《婚姻法》颁布的 1980 年为例，当年长宁法院受理离婚案件 218 件，至 1990 年上升到 882 件，十年间增加了三倍多。怎么会出现这些情况的呢？

金文强： 改革开放使我国各方面发生了深刻变化，反映在婚姻家庭关系上，追求男女平等、婚姻自由、文明幸福的新型婚姻家庭关系已经基本形成。但同时，我们的审判工作还跟不上形势发展的需要，婚姻家庭领域的某些消极现象影响着婚姻家庭关系的健康发展，也影响着社会的稳定。主要反映在：一是一些人对社会主义婚姻自由缺乏正确认识，对待婚姻问题持极其轻率的态度；二是由于金钱至上和追求个人享乐思想日益侵入家庭生活，一部分人精神情趣低下，生活作风放荡，道德沦丧，置法律、道德、家庭于不顾，一味追求个人刺激，第三者插足导致离婚的比例不断增高，对社会主义婚姻家庭制度形成了冲击；三是因赌博、酗酒以及其他各种恶习而引起的婚姻纠纷，危及家庭稳定。离婚案件中的这些消极因素，在影响着婚姻关系稳定的同时，还使那些尚未成年的子女受到极大的伤害。有的夫妻因闹纠纷或离异，利己主义恶性膨胀，只图自己方便，不愿承担抚育子女的责任，甚至在离婚诉讼中干脆将幼儿弃于法院不顾；有的则在子女抚育费上斤斤计较；还有的当事人则将孩子视为私有财产，相互争孩子、藏孩子，甚至把孩子作为争夺财产和住房的筹码，使孩子不能正常学习和生活，伤害了孩子的幼小心灵。这些情况导致在那些单亲家庭中，不少孩子性格孤僻，行为怪异，有的甚至走上违法犯罪道路，在长宁区违法犯罪的少年中，父母离异、家庭结构破碎的占 30% 左右。离婚案件中的这些消极因素还危及社会的安定。一些离婚案件当事人不能正确处理婚姻家庭关系，他们中有的文化素质较低往往不能正确对待夫妻间的矛盾，情绪对立，脾气暴躁，态度蛮横，污言秽语，甚至拳脚相加，矛盾尖锐、因离婚案件而使矛盾趋于激化的占了相当比例。不仅当事人终日陷入烦恼之中，难以正常从事工作、学习及其他社会活动，严重影响社会的安定，也给人民法院的民事审判工作造成很大的压力。

记得当时离婚案件连年上升、审理难度增大，而民事审判力量却与之明显不相适应。审判任务与审判力量严重不足的矛盾现象，导致了民事存案居高不下，收结案不能进入良性循环状态，民事审判工作经常处于被动应付的局面，就案办案，就是其突出表现之一。如何提高办案效率、减少存案、使民事收结案进入良性循环、掌握民事审判工作的主动权，是我们长期以来思考的一个课题。

访谈人： 听您一说，我也感到家庭是社会的细胞。婚姻家庭问题实质上是社会问题，只有通过全社会共同努力，才能使婚姻关系得到健康发展。因此，你们决定和区妇联等有关单位联合创办长宁区"为孩子父母学校"，运用社会各方面的力量，在对那些离婚案件当事人进行教育的基础上，探索新的方式方法开展审判活动，使他们能够更加理智地对待和处理好婚姻家庭关系。你们在举办"为孩子父母学校"时有什么重点考虑的问题吗？

金文强： 当时我们考虑到的问题有很多，但主要是以下几个方面。

第一，着眼于审理方式改革。要提高办案的效率和质量，除了增加必要的审判力量外，更重要和关键的问题是要提高执法水平，探索审判方式的新路子。我们自贯彻实施民事诉讼法以来，审结了大量民事案件，取得了不少成绩，也积累了一定的经验。审判实践表明，从总体上说，我国的民事诉讼法是一部很好的基本法律。但是，从一定意义上说，法律总是滞后的，现行的民事诉讼法并不能包容和解决所有民事案件，尤其是离婚案件中出现的层出不穷的新情况和新问题。这就需要我们在这方面花力气、做文章、挖潜力，在不违背民事诉讼法立法精神的前提下，积极探索审理方式的改革，并在审判实践中，不断加以丰富发展，为日后立法机关修改和完善民事诉讼法提供过硬有力的立法事实依据。人民法院审理民事案件的基本做法是一案一审，对离婚案件的审理亦然。这种审理方式主要是根据民事案件当事人情况的差异、诉讼内容的不同等个案情况而设定的，对于查清个案的事实、正确适用法律、确认民事权利义务关系无疑是必要的。但是，民事案件，尤其是离婚案件，除上述个性问题外，还会从不同角度、不同侧面反映出诸如法制观念、道德水平和心理素质等共性问题。针对案件的个性和共性问题的特点，通过创办"为孩子父母学校"，采取集中教育（即增设庭前教育阶段）与个别开庭审理的方法来审理案件，分别解决其共性和个性问题，就有可能达到加快办案速度与提高办案效果的目的。此外，对于一部分比较简单、容易解决的离婚案件，适用简易程序进行审理，在程序上最大限度地予以简化，采取集体教育、个别开庭、着重调解进行处理。通过举办"为孩子父母学校"来解决一批相对来说不太复杂的离婚案件，这样做也是有利于贯彻方便审判、方便群众的"两便"原则，提高办案效率和办案质量的。

第二，着眼于发挥审判职能，积极参与社会治安综合治理，维护社会稳定。人民法院除了审判案件外，还必须用自己的全部活动教育公民自觉遵守宪法和法律，积极参与社会治安综合治理，维护社会稳定。我们在审理离婚案件时，通过举办"为孩子父母学校"，将审判工作与综合治理工作结合起来，将贯彻调解原则与依法判决结合起来，将处理案件与思想教育、促进社会主义精神文明建设、促进社会风气好转结合起来。在教育中运用多种形式，讲究实效，既进行具体生动的法制教育，又进行心理和伦理道德的教育；既告之以法、晓之以理，又动之以情；既有审判人员的教育，又有当事人的现身说法。达到既解决婚姻当事人的纷争，保护当事人的合法权益，及时调整他们之间的人身和财产关系，制裁违法行为，又扩大办案效果，教育广大公民，特别是当事人和参加学习的学员，树立正确的婚姻家庭观念，本着平等相待、民主协商、互敬互爱、尊老育幼、勤俭持家的原则，处理好各种家庭关系，促进家庭和睦，增进婚姻家庭的幸福美满，促进和巩固社会安定的目的。

第三，着眼于保护未成年子女的合法权益，促进下一代健康成长。少年儿童是国家和民族的未来。保护少年儿童的合法权益，不仅是社会主义家庭的功能，也是整个国家的重要任务。针对当时夫妻不和、父母离婚给未成年子女带来的不利影响，我们在举办"为孩子父母学校"时，突出"为了孩子，在离与不离的问题上，要慎重考虑，切莫轻率离婚，为了孩子，不管离婚与否都要切实担负起抚育子女的义务与责任"的办校宗旨，对于那些感情尚未彻底破裂的夫妻，请他们慎重选择，不要因父母的轻率而伤害了子女；对于那些感情确已破裂的夫妻，在文明离婚的同时，教育他们切实担负起对子女的抚育责任。

第四，着眼于综合社会力量，发挥群体效应，开拓民事审判工作的新局面。审理离婚案件，人民法院责无旁贷，义不容辞，但是许多离婚案件中，既有法律问题，又有思想道德问题和日常生活中的实际问题，光靠法院一家单枪匹马，孤军作战，并不能从根本上解决问题。同时，婚姻问题不仅仅是一家一户的小问题，而是关系到整个社会的大问题，既然是社会问题，就得靠社会各方面的力量一起来做工作。我们和长宁区妇联、区司法局、周家桥街道办事处等七个单位联合举办"为孩子父母学校"，就是为了发挥社会各方面的力量，拧成一股绳，群策群力，使审判工作能向前、向后、向外延伸，开创依靠社会力量审理离婚案件的新路子。

访谈人： 法院和区妇联等单位密切配合，创办"为孩子父母学校"办理一部分有未成年子女的离婚案件，我觉得这本身就是对民事审判方式方法进行改革和创新的一种大胆尝试和探索，整个办校与办案的实践活动，既贯彻了民事诉讼法等法律，又在一定程度上和范围内丰富与发展了民事诉讼制度的内容。这方面，您能再具体给我们说说吗？

金文强： 从民事诉讼制度角度看，这主要表现在：第一，增设庭前教育阶段。人民法院审理案件，尤其是审理离婚等民事案件，都要进行思想教育，而且要把思想教育贯穿于办案的全过程，这是由我国社会主义法治的性质决定的。长宁法院在全国率先建立的少年法庭为了更好地教育、挽救、感化未成年被告人，增设了庭审教育阶段，取得较好的效果，受到了最高人民法院的肯定并加以推广。为了更好地学习少年法庭这个比较成功的经验，吸取过去长宁法院在办理离婚等民事案件时对同一类型案件采取集中教育和分散开庭的行之有效的做法，解决离婚案件中一些具有共性的问题，探索民事审理方式的改革，我们通过举办"为孩子父母学校"，大胆增设了庭前教育阶段。"为孩子父母学校"在开学当天上午组织全体学员集中听课接受教育。上午集中上课，主要包括两个方面的教育，一是着重进行法制、心理、伦理道德教育；二是正确处理婚姻家庭关系的要求和技巧方法教育。在每期办学中，都安排以下教育内容：（1）学习动员。请区委或区政府领导讲话，要求学员端正态度，积极投入"为孩子父母学校"的学习，为了孩子的利益，正确处理好婚姻和子女抚育问题，尽到做父母的责任。（2）法治教育。请法院有比较丰富审判实践经验的同志讲课，结合典型案例，着重讲解《婚姻法》等法律法规中关于离婚、抚育子女、保护未成年人合法权益的规定，要求离婚当事人为了孩子，对离婚与否要慎重作出选择；为了孩子，不管离婚与否，都要切实承担起为人父母的责任。（3）心理、伦理、道德教育。按照周总理生前倡导的夫妻互爱、互敬、互勉、互慰、互让、互谅、互助、互学的原则，请区教育学院的专家、学者来校上课，运用教育学、心理学、伦理学、社会学的原理，教育他们在处理夫妻关系中要做到"三多三少"，即多一点自责，少一点指责；多一点宽容，少一点埋怨；多一点主动，少一点被动。对夫妻反目、家庭破碎的子女教育应遵循关于培养孩子生活自理和自我教育能力，培养孩子的责任感，扩大孩子的生活圈子，培养他们的社交能力等十条原则。（4）群众自我教育。通过已调解和好、离婚后复婚或依法判决离婚的原离婚案件当事人现身说法，离婚当事人未成年子女的童心呼唤，失足少年的强烈呼吁以及离婚当事人子女所在学校老师的发言，深深打动学员的心，促使他们认真思索。（5）咨询服务。开展义务法律、道德、心理咨询服务活动，让老师和学员直接对话，这样针对性强，气氛融洽，便于沟通思想、解决一些实际问题。（6）形象化教育。根据需要和可能，利用午休时间，组织学员观看有关抚育子女、保护未成年人合法权益和家庭伦理道德录像片，进行形象化教育，通过这种形式多样、内容丰富，告之以法、晓之以理、动之以情的向心合力教育，使在提高大多数学员法制观念、道德水平、心理素质等方面，能够取得一般学校和日常的审判活动所难以取得的奇特效果。由于庭前教育阶段是为"为孩子父母学校"当天下午的开庭审理服务的，因而实际上也可视作充分做好开庭前的准备工作。

第二，贯彻着重调解原则。着重调解是民事诉讼的基本原则之一，贯彻着重调解的原则必须坚持合法和自愿。首先是合法，1980年《婚姻法》第 25 条第 2 款规定：人民法院审理离婚案件，应当进行调解；如感情确已破裂，调解无效，应准予离婚。上述法律规定，既充分保障离婚自由，又坚决反对轻率离婚，准予离婚的标准只能是感情确已破裂；同时，又明确提出进行调解是法院审理离婚案件的必经程序，借以防止处理离婚诉讼中的任何轻率行为。对于虽有矛盾和裂痕但感情尚未破裂的夫妻关系，哪怕只有百分之一的希望，我们亦应作百分之百的努力，尽力促使其和好，使一批濒于破裂的家庭得到挽救。但是，对于那些名存实亡、如同陌路，甚至成为冤家对头、感情确已破裂的夫妻关系，也应做好准予离婚的判决工作，这既是我国婚姻法的基本原则之一，也是人类进步和文明的表现，有利于社会的稳定。对于上述指导思想和处理离婚案件的基本做法，我们将其贯穿在"为孩子父母学校"每一期中。具体表现为首先在"为孩子父母学校"在上课教育时反复阐明上述观点。同时，不仅有调解和好的离婚当事人谈切身体会，而且有判决离婚的当事人谈切身体会，从两个不同的侧面教育、启发、引导学员正确对待和妥善解决自己的离婚问题，做到该离则离，不该离的坚决不离。其次是自愿，在开庭审理中，在事实清楚、是非分明、当事人自愿的基础上，主持调解。"为孩子父母学校"在办校当天上午对学员进行集中上课、开展思想教育的基础上，下午趁热打铁，对一些离婚案件，依法开庭审理，邀请和依靠离婚案件双方当事人的单位和居委干部等各方面力量针对每个离婚案件的具体情况和双方当事人的思想实际，实施调解，启发引导学员加深理解和初步掌握上午听课的内容和基本观点，充分运用和发挥庭前教育阶段中思想教育的作用，以期取得更好的办案效果。对调解达成的协议，坚持做到双方当事人完全自愿，不搞任何强迫或变相强迫的错误做法；同时，坚持依法办事，严格掌握离与不离的标准。对调解不成的，依法进行判决。有人说，上午上课是辛勤耕耘，下午开庭是丰硕收获，我们认为这个比喻不仅符合实际情况，而且颇为恰当、得体。

第三，建立回访制度，为民、利民、便民。民事审判工作的指导思想和基本任务，就是要全心全意为人民服务，依法保护公民、法人和其他组织的合法权益。反映在程序上，"两便"原则是其基本原则之一。早在 20 世纪 50 年代，不少人民法院的审判人员在审结离婚案件后，往往采取对当事人进行回访的做法，取得过较好的效果。我院少年法庭建立后，为了促进少年犯改过自新，减少重新犯罪，对少年犯进行特殊保护，审判人员建立了回访考察制度。对正在少管所服刑和判处缓管免的少年犯及在其刑满释放后，都定期进行回访考察，取得了良好的效果，最高人民法院对此也给予充分肯定，并在《关于办理少年刑事案件的若干规定（试行）》中作了明确规定。为了借鉴、吸取 20 世纪 50 年代一些民事审判人员以及少年法庭的好的做法，"为孩子父母学校"建立了回访制度，抓好办校后的延伸工作，这是办好学校的重要一环。在"为孩子父母学校"每期结束后，由办校人员或审判人员对办校当天经开庭审理后不论以何种方式结案的离婚案件当事人进行回访。着重做好：（1）听取学员参加"为孩子父母学校"学习后的收获和提高，征求办好学校的意见和建议，获取信息反馈。（2）对调解和好和撤诉的当事人，着重了解夫妻关系的现状，尽力做好巩固和好工作，防止出现重复离婚诉讼，减少当事人讼累。（3）对调解或判决离婚的当事人，引导他们妥善地安排好子女的抚育问题，帮助其解决一些实际问题，方便群众，减少当事人往返奔走。（4）对于判决不准离婚的当事人，继续做好思想疏导工作，教育他们面对现实，稳定其情绪，防止矛盾激化。（5）对一些通过学习收获和提高确实较大的当事人，帮助他们总结提高。在条件成熟时，就可以请他们在以后的"为孩子父母学校"中现身说法，作为群众自我教育的老师，以起到我们一般审判人员所难以起到的作用。实践表明，建立回访制度，抓好办校后的延伸工作，并不是可有可无，而是十分重要的。通过我们热情、耐心、细致的工作，可以把党的温暖送给离婚当事人及其子女亲属等这一特殊部分的群众，对于我们进一步树立全心全意为人民服务的观念，改进审判作风，克服就案办案、孤立办案的倾向；提高办案质量、巩固办案效果，贯彻"两便"原则；减少离婚案件的重复发生，总结经验教训，密切与人民群众的联系；探索民事审判制度与方式方法的改革，扩大学校的社会影响等方面，都具有十分积极的意义。办校十期以来，我至今还记得我们共计回访了 1000 多人次，当事人对我们前去回访，反响良好。如经调解和好的应某某、包某某夫妇看到学校领导和审判人员前去回访，分外感动地说："你们作为区长、院长、妇联主任，工作很忙，想不到还会抽空来看我们，关心我们的家庭和孩子。没有'为孩子父母学校'，就没有我们家今天的幸福生活，我们真不知道该怎么感谢你们才好！"

访谈人：据了解，在"为孩子父母学校"一至十期办校过程中，开庭审理的 1182 件案件，除待判 38 件外，审结 1144 件，结案率为 96.78%。在审结的案件中，撤诉的 216 件，调解和好的 528 件，调解离婚的 278 件，判决离婚和判决不准离婚的 122 件，调解结案率为 70%，同法院日常的离婚诉讼的调解结案率 54% 相比，提高了 16 个百分点。实践证明，我们通过举办"为孩子父母学校"，探索离婚案件审理方式的改革，贯彻依法着重调解的原则，取得了较大的成功。您能否具体说说有哪些初步成效呢？

金文强："为孩子父母学校"举办以来取得的初步成效，可以概括为：第一，有利于帮助学员建立民主和睦的婚姻家庭关系。通过学校有针对性的思想教育工作，不少学员听课后，思想有了触动，心灵有了震动，感情有了波动，开始看到自己在如何做合格的父亲或母亲、丈夫或妻子问题上的不足，有了忏悔之心，在此基础上，下午就紧接着开庭审理，收到了明显的效果。原来夫妻间的感情裂痕得到了修复，挽救了一批濒临破裂的家庭，如张某某诉陈某某离婚一案，入学前，由于双方不能正确处理好家庭日常生活中的矛盾，无休止的争吵使夫妻感情出现了裂痕，曾三次向法院提起离婚。自从他们参加了"为孩子父母学校"第三期的学习后，再也坐不住了，双方感到并没有什么根本的利害冲突，而经常的争吵和接连的离婚诉讼，耗费了大量的精力，影响了身体、工作和孩子的健康成长。夫妻俩开始重新认识自己，检查了各自的不足，从互相指责到互相谅解，从互相埋怨到互相宽容。后经调解，这对曾一度视对方为"陌生人"的夫妻，现在却手挽手走出了学校的大门。后来我们在办学中邀请他们现身说法，他们激动地说："虽然我们的感情经历过坎坷和波折，但我们将在痛苦之后的欢乐中，争吵后的安定中，迷茫后的清醒中，伴随着对未来的憧憬和对孩子的爱，共度人生旅途。"他们的发言，发自内心，情真意切，深深打动着台下学员的心，引起了强烈的共鸣。

第二，有利于保护未成年子女的合法权益。"为孩子父母学校"针对父母离婚给未成年子女带来的不利影响，不是就事论事地将工作停留在离与不离的问题上，而是把"为孩子"贯穿在办校宗旨中，唤起那些提起离婚诉讼的夫妻双方的良知和责任心，引导他们自觉地、责无旁贷地承担对子女的抚养、教育责任，从而有利于未成年子女在宁静和谐的家庭环境中学习和生活，有利于保障他们的身心健康和茁壮成长。课堂上的讲课和发言，紧扣着学员的心弦，使他（她）们中不少人的双眼溢出了泪水。为了孩子，草率离婚的当事人撤回了起诉，他们说，"为了孩子的健康成长，我不想离婚了"。为了孩子，双方平心静气地签订了离婚协议书，落实了对孩子的抚育责任。为了孩子，原先为一点财产分割吵了数年之久的，现在都说了一句话：留给孩子吧……如我们在访问施某某和黄某某的十六岁女儿黄某时，她深有体会地说："原来父母吵吵闹闹，我得不到家庭的温暖、感到很苦闷，甚至有时我在学校上课时，还担心父母爆发'战争'，因而思想无法集中，学习成绩下降。父母参加'为孩子父母学校'学习后，现在已和好如初，他们都很疼爱我，我感到很开心，很幸福，学习成绩也上去了。"又如原告陶某某与被告章某因性格脾气不合，长期分居，夫妻感情确已破裂，双方也已认识到这种名存实亡的婚姻已没有必要凑合。但是，二人在小孩的抚育问题上意见存在分歧，长期"内战"不断。通过到学校上课，他们终于心平气和地坐在了一起，协商子女抚育的最佳方案，目的就是一个，将小孩安排好，使之健康地成长，从而比较顺利地解决了长期以来子女抚育的问题，并做到了好聚好散。

第三，有利于提高办案效率和办案质量。学员由于接受了学校有关的法律、政策和伦理道德教育，从中受到了感染和启迪、增强了法制观念，对自身的离婚诉讼又作了慎重考虑和选择。再加之审判人员跟踪工作，消除了障碍，从而使一些久拖不决或比较棘手的离婚案，在办校以后的较短时间里能比较顺利地解决。不少审判人员说，通过办校，审理这些离婚案件，时间之短、效率之高、效果之好，在以往办案中是少见的。有这样一个案例：原告曾因被告长期脾气暴躁、经常争吵等原因，向法院提起诉讼。法院经过多次谈话和开庭审理，均由于被告脾气古怪和心里有"气"未能奏效，并使正常的谈话和开庭也无法进行下去。学校第六期开办后，原、被告作为离婚诉讼当事人参加了学习，老师的说理、当事人的现身说法、法官的法制教育，三管齐下使被告火气消了，并认识到自己的不足和错误，在当天开庭审理中表示愿意改正，从而得到了原告的谅解，夫妻重归于好。该案的承办人深有体会地说："这对中年夫妻离婚案件，以前调解工作难做，精力花了不少，问题却还是解决不了。经过学校多渠道、多角度、多侧面、多层次的教育、感化，情况便完全不一样了。长期解决不了的棘手问题竟在一天里得到如此圆满的解决，工作量大为减少，效率大为提高。"

"为孩子父母学校"不仅实现了办案效率的提高，而且办案质量也是比较好的。就具体的每一个案件看，自学校举办以来，重复的离婚诉讼大大减少，婚姻稳定性有了提高；就办案延伸的社会效果看，学校集情、理、法于一体，为那些"离婚盲"从法与情两方面提供了学习的机会，既保证了公正司法，同时又产生了比较好的社会效果。正如一些当事人所说："学校"是医院，"老师"是医生，我们是"求医者"。通过上课，医治了我们法律和道德上的"病患"，受益匪浅。一些当事人所在单位的工会组织和有关部门领导则表示："学校"是一帖感化剂，使那些草率离婚的当事人从中受到感化，使他们能冷静地思考一下是否一定要离，从而创造了调和的氛围，弥合已产生裂痕的夫妻关系；"学校"是一帖缓冲剂，使那些矛盾达到白热化程度的当事人从中受到启发，使他们认识到不顾一切地"乱来"，人情、道德、法律、社会都不允许，进而缓和了矛盾，防止事态的激化；"学校"是一帖清醒剂，使那些遗弃孩子或者抢夺孩子的当事人从中受到教育，使他们感觉到过去的错误做法于情不合、于法不符，从而明确了履行抚养、教育子女的责任。

第四，有利于促进精神文明建设和社会安定。这方面，我们可以从当事人入学前后的对比中寻找答案。入学前，有的为离婚诉讼闹得不可开交，甚至在来学校的路上还在唇枪舌剑；入学后，他们既不吵又不闹，各自检查自己的缺点，并重新认识对方的优点，握手言和，重归于好。入学前，有的为一点财产或既得利益争论不休，各不相让；入学后，他们为了孩子做到主动谦让，照顾抚育孩子的一方。入学前，有的双方矛盾趋于激化，甚至扬言要自杀或杀人；入学后，他们能理智地对待，对"死亡的婚姻"做到文明地分手。所有这些变化，恰恰反映了学校动之以情、晓之以理、告之以法的授课所产生的积极效应。一位已调解离婚的当事人给我们写来了一封情真意切而富有哲理的信。信中写道："承蒙你们为尽量维持我的婚姻所做的大量工作。虽然没有达到预期的希望，但是对你们的努力我仍然表示谢意。名存实亡的婚姻不仅不能给人们带来幸福，相反只能带来痛苦。而维持这种凑合的、勉强的婚姻有什么意义？因误会而结合，因了解而分手，我认为不全是坏事，而是一种好事。社会上需要像你们那样默默无闻而辛勤工作的人，人们是不会忘记你们的。我要将你们的崇高精神带到今后的人生道路中去，带到学习和工作中去，以便取得更大的进步！"

访谈人："为孩子父母学校"创办以来，不仅得到当事人首肯，也得到社会普遍赞同，是这样吗？

金文强：是的。当时《解放日报》《中国妇女》《爱情、婚姻与家庭》等报纸杂志以及上海电视台、上海人民广播电台等相继作了报道和播放。通过新闻媒介的传递和当事人的自我介绍，这所学校已在社会上引起了较大的反响。虹口区上海组合件厂有两名职工闹离婚，经该厂工会多次调解无效，该厂要求让这两名职工进校接受教育。中共江苏省溧水县委宣传部来函称："在我们这样一个贫困的小县，离婚案件日趋增多，已在一定程度上影响到社会的安定。为此，希望能得到一份该校的书面教学材料，以对离婚当事人进行教育。"更有不少人来信、来电话咨询如何处理好自己的家庭矛盾……江苏、新疆、山东、云南、浙江、广东、北京、黑龙江等地的法院和妇联干部还前来了解、学习和交流办学情况。"为孩子父母学校"的创办，也得到了有关领导的肯定和赞赏。长宁区委领导认为，"学校"是长宁区成长系列教育的一个重要组成部分，对提高公民的思想政治素质、促进社会主义精神文明建设有着积极的作用。上海市高级人民法院领导认为，"学校"将有未成年子女的离婚案件当事人集中起来，通过授课教育、观看录像、个别工作、开庭审理，教育当事人为了孩子的利益，慎重对待离婚问题的做法，是民事审判工作的一个改革与创新。全国人大常委会内务司法委员会、全国妇联、国务院妇女儿童工作领导小组、中国儿童少年基金会等部门的领导同志也对长宁法院会同区妇联等单位联办的"为孩子父母学校"给予了充分肯定，认为是继率先建立新中国第一个"审理未成年人刑事案件合议庭"后又一创举。

"为孩子父母学校"的创办，还引起了海外新闻媒介的兴趣和关注。美国《华盛顿邮报》等海外报纸杂志的记者先后专程前来采访"为孩子父母学校"的开办情况。日本《朝日新闻》驻沪记者访问了"为孩子父母学校"后称赞道："中国有这样的学校真了不起，'一切为孩子'的办学宗旨也很了不起。"1992年9月，长宁区"为孩子父母学校"被全国妇联和国家教委评为"全国优秀家长学校"并获得"全国家庭教育工作先进单位"的光荣称号。当年5月，日本NHK电视台专门对第十期"为孩子父母学校"的开课教育进行了专题拍摄。

访谈人："为孩子父母学校"取得显著成绩后，你们对以后的工作又是怎么考虑的呢？

金文强："在探索中前进，在前进中发展。"1994年，正值《民事诉讼法》施行三周年、"为孩子父母学校"创办五周年，为了更好地贯彻民事诉讼法、改革民事审理方式，继续探索审理离婚案件的新途径，进一步办好这所新型的特殊的学校，当时我们打算在已建立四所分校的基础上，再建立两所分校，并争取将其中一所分校办到工厂去，扩大教育覆盖面，逐步实现凡提出离婚诉讼且有未成年子女的当事人都能入校接受教育的目标。重视教材建设，对原有的讲稿，要加工修改为正式教材。继续依靠社会力量，着重加强同当事人单位的联系，沟通情况，发挥他们的积极性，共同做好当事人的思想教育工作，不断扩大办案的社会效果。进一步加强校务领导，健全组织机构，校务委员会要定期研究办学中出现的新情况、新问题，健全制度，严密分工，明确职责，各司其职，充分发挥联办单位的作用。举办一次"为孩子父母学校"工作理论研讨会，从回顾与展望、理论与实践相结合出发，总结五年来的办校与办案实践经验，共商进一步提高办校水平、提高审理离婚案件的质量、深化离婚案件审理方式的改革良策，探讨"为孩子父母学校"的合法性、合理性、科学性、可行性，扩大"为孩子父母学校"的社会影响。今天我也非常高兴地看到长宁法院"为孩子父母学校"的受众面越来越广，形式越来越丰富，让更多家庭重归于好。

传承和发展少年保护机制，做好审判工作

访谈时间： 2023 年 4 月 21 日

访谈人物： 宓秀范，曾任上海市长宁区人民法院党组成员、副院长。

访谈人： 您是何时分管少年家事综合审判庭工作的，可否为我们介绍当时的情况？

宓秀范： 我原来专门从事民商事审判工作，之后作为分管副院长，因工作需要，分管了未成年人这一块的工作，从 2018 年开始到 2020 年的 7 月。少年法庭是 1984 年成立的，后来成为一个独立的少年法庭，一步一步发展到今天。到了 2014 年 7 月全国政法系统开始深化司法改革，对有些内设机构进行了调整，调整了

以后，上级法院也保留了我们少年法庭，但是它的机构名称发生了变化。由原来的少年法庭，变为未成年人与家事案件综合审判庭，把少年法庭的未成年人保护的范围扩大了，从刑事这一块扩展到涉少的民事这一块。之前涉少的刑事案件主要集中在斗殴，或者是盗窃等一些犯罪行为。到了2018年之后，它的犯罪形式、种类、犯罪的性质都发生了变化，主要就是转变为涉互联网方面的犯罪等。

少年法庭走到今天，凝聚了各级领导、各级法官的心血。有些机制的构建其实也是在各级领导的支持、关怀、指导下形成的。因为我们少年法庭自从成立以来一直是长宁法院的一张名片，所以，这张名片、这个涉少的品牌，只能做好，只能做得更好、更优，不能后退。我们当时基于院领导的要求，从我分管的这个角度来说，在法官的共同努力下，我们是以传承、巩固、创新、发展这样一条主线、工作目标来继承和发扬我们涉少品牌的十大机制。这十大机制在各级领导的指导下，在我们上级法院、在长宁区委政法委的积极指导支持下形成了。

访谈人：您说的未成年人审判工作十大机制太好了，可否具体说说呢？

宓秀范：未成年人审判工作十大机制，是以工作目标来丰富、提炼以往的实践，有的是参考，有的是总结，都是长期积累起来的，只是我们把它们运用、归纳、丰富起来，都是前辈和法官们长期共同努力的结果，凝聚了几代少年法庭法官的心血和智慧。所以说，少年审判工作十大机制，是在长期不断探索中形成的。

第一个是构建了少年审判联席会议机制。这个联席会议机制，应该说对我们的审判工作及之后对未成年人的保护，是非常有效的。联席会议机制，是在区委政法委的牵头下，我们法院主推，联合了区司法局、区检察院，还有方方面面的委办局，如教育局、区妇联等，九家单位一起就我们各方之后碰到一些涉未成年人权益问题如何解决进行讨论解决。因为未成年人的保护是系统工程，光靠法院是比较难做的，所以还是需要协同各方通力合作，共同来画未成年人保护的这个"同心圆"。我们这个机制在之后涉及的一些案件的处理，包括一些事件的处理中，起到了积极的作用。

第二个是构建了涉少刑事案件沟通平台机制。这个沟通平台不是以往的沟通平台，因为我们司法改革之后，长宁法院分管了闵行、徐汇、松江，还有我们长宁这四个区域的涉少刑事案件，所以我们一些机制的构建、我们很多的工作需要沟通、需要交流。在这个前提下，我们通过"互联网 +"的形式开展工作，原来这个形式是没有的，现在在保证保密的前提下建立了这样一个沟通机制。

第三个是构建了少年家事调解员机制。所谓调解员，就是涉少的一些案件，如涉少的民事案件，我们会邀请一些具有法律专业知识、心理学知识的退休老法官、原来从事过这些工作的人员，在法庭的审理过程中参与调解。因为有的时候当事人有些心理上的问题，我们就采取一种治疗式的方式来调解，效果比较好。

第四个是构建了涉少家事调查员机制。2018 年的时候我们和区司法局公证处有一个服务审判的辅助项目，其中有一个是法院需要的调查内容，要通过公证员进行尽职调查帮助我们收集。在涉少的一些案件当中，我们就委托他们进行调查。建立这样一个机制就是为了保障未成年人财产的利益。因为婚姻家庭问题有的时候不仅仅涉及婚姻双方，还会涉及监护人、被监护人的利益，对未成年人的保护也适合从财产保护的角度来构建。

第五个是构建了涉少家事调解前置机制。就是涉少的民事案件，我们要把调解程序放在庭审之前。我们做这项工作的时间也蛮长了，在涉少案件中，经当事人的同意，我们会进行一个诉前的调解。2018年的时候，少年法庭把这项机制用《家事纠纷调解前置程序操作意见（试行）》以书面的形式固定了下来，形成了关于涉少案件调解前置的制度，就是必须经过这样调解，除非不合适调解的案件。这也保证了我们涉少婚姻家庭案件中，当事人会冷静地思考他们的婚姻，会冷静地、妥善地把未成年子女的问题解决好。如果未成年人的问题，抚养问题、财产问题没有解决好，判决离婚就要非常慎重。

第六个是构建了涉少案件心理干预机制。这个心理干预机制主要是长宁法院和我们的区妇联购买服务，由区妇联资助，由他们推荐具有心理咨询师资质的人，每个星期有两天在我们长宁法院坐班，我们婚姻家庭案件中的子女，如果有心理问题，可在这个平台接受干预、治疗。这个平台之后进行业务发展，虹桥街道跟我们也有了合作，所以他们也提供了这样一个帮助。之后这个心理干预机制在全区对青少年、对未成年人进行指导咨询，化解矛盾。

第七个是构建了困境儿童关爱机制。2020年，针对近年来在涉

未成年人案件审判工作中凸显的困境未成年人权益保障问题，结合长宁法院实际情况，制订《涉讼困境未成年人关爱工作实施细则》，从细化涉讼困境未成年人权益保障范围，深化涉讼困境未成年人权益保障力度，加强困境未成年人关爱工作的组织架构和经费保障等方面入手，实现长宁法院涉讼困境未成年人关爱工作系统化和制度化。

第八个是构建了未成年人利益代表机制。我们少年法庭在审判的过程中，如果经过鉴别，这个未成年人的法定代理人不能保护未成年人，比如法定代理人是限制行为能力人，或是无法到庭，或法定代理人与未成年人利益发生冲突，法院就指定诉讼监护人，由长宁区妇联、长宁社工站委派人到法庭来参加诉讼。这样也保证了未成年人合法权益的实现。主要是通过这些机制来保障我们的少年审判向前发展，传承发展。

第九个是构建了防止矛盾激化的紧急处置机制。因为涉少案件有的是涉及婚姻家庭的案件，这些案件中有时存在家暴，我们构建这个机制，及时发出裁定，即发出禁止令，能够防止家暴对未成年人造成的伤害。通过这个机制，联络联席会议成员单位及其相关联络人，能够第一时间将人身安全保护令送达相关组织并执行，可以及时制止家暴行为。为此，我们与公安、检察院，包括街镇都有合作，效果也比较好。

第十个是构建了未成年人双向保护机制。为未成年被害人获取法律援助，由法律援助律师担任刑事附带民事案件诉讼代理人，充分保障未成年被害人权益。对性侵案件被害人还开展司法救助，借助高级人民法院基金平台，救助陷入困境的孩子，让他们早日康复。

访谈人：您说的这些制度很具体，也有新意，在执行这些制度后，有什么效果吗？

宓秀范：青少年保护机制有许多典型案例，案件的处理真的是要用心、用情，要情、理、法相结合。我们很多案件，有的时候，一个举措、一个行为、一项制度，往往会成就一个未成年人、会挽救一个未成年人的家庭。少年审判和其他审判相比，具有特殊性，即对未成年人的保护是优先保护和特别保护。我们在处理一些案件过程中，也是充分地贯彻了最有利于未成年人原则。

典型的案例有好几个。比如有一个变更抚养权纠纷。父母离婚以后，原来这个孩子是跟着父亲的，但是父亲后来再婚了，他也有自己的孩子。对原来的孩子，在关心、关注、管理、教育方面就缺失了。于是，孩子主要由他的祖父母代为看护，但祖父母不是监护人，监护人还是孩子的父亲。孩子的祖父母对他要求比较严，管理也比较严，可能方式方法比较欠缺，对他心理确实是造成了比较大的影响，而且父母离婚让他心灵也产生了阴影。之后他心里产生忧郁情绪，最后发展到抑郁症。他的日记里面经常会流露出这种倾向。所以，他的母亲起诉要求变更为孩子随自己共同生活。法院审理后觉得，由他母亲监护更有利于他的成长，于是，我们判决抚养权归他的母亲。这个过程中，判决的结果是简单的，但是案件处理过程是比较长的，因为我们把心理干预机制运用到了这个案件的处理过程中。原来因为这个孩子抑郁，学校让他退学了。休学在家时，法院每周请专业的心理咨询师为他做心理疏导。通过这样的疏导，并配合一些药物治疗，一年之后，他的症状基本已经消除，我们法院少年法庭的法官又为他联系学校，他就恢复上学了。我觉得这个案件，我们法官不是就事论事，这个案件很简单，法律关系也明确，但是在这个过程中，法官做了很多工作。少年法庭的工作，效果往往不仅仅是体现在法庭上，很多成效是体现在我们审判的延伸阶段，在法庭之外。这项心理干预机制挽救了这孩子，我觉得这案子给我印象比较深。

另外有一个案件对我来说，印象也比较深，我们运用法官的智慧，通过创新，把强制家庭教育写入判决书。简单说说案情吧。孩子是被告人和案外人发生了关系之后生养的，也就是说，这孩子是被告人的非婚生子女。被告人的前夫因为孩子不是他所生，与被告人离婚了。离婚之后，孩子跟着被告人共同生活。这个被告人是外来人员，她的文化程度较低，法律意识比较薄弱。因生活条件不是很好，所以她找到孩子的生父，要求孩子跟生父共同生活。但是生父不认，被告人就起诉了，要求确认这孩子是他们共同生育的。经过司法鉴定，案外人是孩子生物学上的父亲。法院经过审理后认为，孩子长期以来一直是跟母亲生活的，因此判决由被告人抚养，他生物学的父亲支付抚养费。判决之后，被告人把这个小孩扔在我们法院门口，自己失踪了。之后几经周折找到了被告人，她同意把孩子领回家。过了两年，她又来起诉要求生父支付抚养费。法院处理之后，她把这个小孩第二次扔在法院门口，又失踪了，连续有两三年。这个小孩挺可爱的，我们法官把他带回家临时照看，但这不是长久之计。后来通过政府、区委政法委、教育局、民政局、街镇方方面面的沟通，把这个小孩放在敬老院临时看护。三年之后，他的妈妈被公安抓捕。公诉机关以遗弃罪对她提起公诉，要她承担刑事责任。我们觉得被告人犯罪的事实是清楚的，证据是确凿的，定性也是准确的，构成遗弃罪。但是这个案件到底怎么处理，如果判处实刑，她就要在监狱里收监、服刑。如果判处缓刑，可以在监外执行，这样对这个未成年人的抚养比较有利。因为如果收监了，她的孩子还是处于没有亲人监护的环境中，对他的成长是不利的。法院也从最有利于孩子成长、最有利于这个孩子的利益的角度考虑，最后判处被告人缓刑，希望让她能够有好的家庭来给孩子一个好的教育、好的生活环境。另外，被告人对自己犯罪的行为完全认罪，而且有悔罪的表现。我们审理过程中，检察机关也向法院提出变更对她采取的强制措施。这个孩子也来到法院，当时他已经十二岁了，被遗弃的时候是八岁左右。现在这个孩子向法官表示，希望回到亲人的身边，希望能够得到亲人的照看、监管，他表示想要和他的母亲在一起生活，这个愿望非常强烈。我们也是从这个角度考虑到，这个孩子，他有这样一个愿望，与母亲共同生活对这个孩子的成长是比较有利的，也不能因为被告人曾经的行为，让孩子在成长过程中缺失母亲对他的教育和照顾。基于这些想法，司法改革以后，我们对一些疑难、复杂的案件，有一些创新的做法，权衡了这些方方面面的利益，我们最后判决被告人有期徒刑三年，缓刑五年。判处缓刑之后，我们对被告人在监外也要有约束，对被告人对孩子的教育也要有约束。因为刑法规定判处被告人缓刑之后，可以禁止被判处人进行某些行为。同时《未成年人保护法》也规定，家长对未成年人有进行家庭教育的义务。我们这个案件还要考虑，如何加强对被告人进行家庭教育的监管？刑法规定是禁止某些行为，但是我们是要禁止她逃避某些行为，我们面对的问题是在表述上如何把它糅合起来，因为禁止某些行为一般就是正向的，我们是要禁止你逃避某些行为，那么这方面的处理是有法律条文的，但是适用这个条文的情形比较少，之前的法院也没有判过类似的案例，我们就把这两条糅合起来了，创建了这一条，禁止被告人逃避家庭教育。这条主文应该说也是我们通过不断地研读刑法条文规定形成的。另外，在这个案件处理过程中还有一个方面就是，联席会议制度发挥了很大的作用。当时这个案件牵动了长宁区方方面面的部门，特别是区委政法委出面，多次召集相关部门协调沟通，如何给这个孩子合理妥善、最大的保护。我记得这个案件是 2018 年公诉机关公诉的，2019 年新年第一天，当时长宁区委政法委书记张磊就召集了我们公检法司、民政教育、各街镇等相关职能部门，来商量讨论如何最大程度地保护这个孩子的利益，对这起案件在法律框架下如何处理。张磊书记开完会之后，当天下午又到看守所去会见了被告人，一是要看被告人对事情的认识、她的表现、她悔罪的态度，二是也对她进行了教育。因为法官都参与了，这对评估案件走向起到了积极的作用，我们也要看被告人的社会危害性，对自己的罪行的悔罪表现怎么样，还要评估她是否会再犯，所以需要马上会见被告人。这个案件体现了我们少年法庭法官的智慧，因为这样的主文的确定，其实非常考验我们的法官，怎么能够把这两个法律条文融合起来，灵活运用，而且能够有执行力。在执行方面，我们也做了两件事，第一件是我们让她在判决之后，到我们法院参加"为孩子父母学校"办学活动，对她进行教育。第二件是我们区法院和区妇联安排心理咨询师对她进行心理辅导，双管齐下。现在情况反馈，案件判决之后，被告人对孩子的抚养情况、接受教育情况，她自己本身在缓刑期间的表现还是可以的，所以这起案件给我的印象也比较深。

访谈人：听说您在任期间，正值少年法庭成立三十五周年。可否为我们介绍你们是如何开展纪念活动的？

宓秀范：是的。我分管少年审判庭的第二年，正值长宁法院少年法庭成立三十五周年。这是长宁法院各项工作中的一件大事。院党组十分重视，要求打好涉少品牌"组合拳"，以此继续把少年审判工作推向前进。为此，在 2019 年，我们开展了"六个一"活动。

我可以简单向你介绍一下。

一是召开"儿童最大利益原则的探索与实践"研讨会。2019年10月17日，长宁法院与上海市法学会未成年人法研究会主办少年法庭成立三十五周年暨"儿童最大利益原则的探索与实践"研讨会。有来自上海市及长宁区相关部门的领导和华政、西南政法大学、同济大学、上海政法学院等高校的专家学者参加，会议对长宁法院三十五年来在少年司法领域所获的成就进行了回顾，并分别围绕"儿童最大利益原则与少年司法的改革趋势"和"儿童最大利益原则与少年司法的实践探索"两大主题进行了专题研讨，总结了新时代儿童利益最大化原则下少年司法的中国经验和中国方案，为探索出一条中国特色社会主义少年司法之路贡献智慧和力量。会后，及时整理会议相关资料并予以存档，将其作为指明长宁法院少年司法今后发展方向的重要参考。

二是发布涉未成年人民、刑两份白皮书。为回应新时代背景下人民群众对少年审判工作情况的关切，2019年，长宁法院少年法庭对近几年来涉未成年人的民事、刑事案件进行了全盘研究，编写并发布了《2014—2018年度未成年人刑事案件审判白皮书》和《2016—2018年涉未成年人家事案件审判白皮书》，分别总结了涉未成年人刑事案件和民事案件中普遍存在的结构特点，分析其难点并为之提出"长宁方案"。

三是撰写一份调研报告。在白皮书的基础上，撰写《加强源头防治，完善少年司法，保障健康成长——上海长宁区法院关于涉未成年人刑事案件审理情况的调研报告》，在《人民法院报》发表，产生良好的示范效应。

四是编纂、出版《未成年人司法保护的探索和实践》一书。该书既是对少年司法三十五年间理论研讨、审判智慧的全面、系统总结，也是立足当下对未成年人司法保护之路的传承和展望。全书共分三编、四大部分，收录了我院大量未成年人司法保护工作的历史文献、未成年人司法保护领域的典型案例、未成年人司法保护的制度创新成果等，书末还附有长宁法院少年法庭大事记，翔实记录少年法庭历史。书籍编写突出三大特色，即内容上求全、体例上求新、立意上求高。这本书不仅代表了长宁法院的工作成果，更是体现了我国少年司法的整体成就，对未成年人司法理论界及实务界都具有很高的参考价值。

五是制作少年法庭三十五周年纪念专题片。为纪念长宁法院少年法庭成立三十五周年，特别制作专题片《求索之路》，回顾长宁法院少年司法审判工作的光荣历程，汇集了翔实的历史资料，同时记录未成年人与家事案件综合审判庭当今的发展面貌，体现少年法庭成立以来始终不变的初心，即对最有利于未成年人原则的贯彻与探索。该片在少年法庭成立三十五周年暨"儿童最大利益原则的探索与实践"研讨会上首映，并多次在法治夏令营、公众开放日等活动中播放，帮助参观者更深地了解长宁法院少年法庭工作，取得较好的宣传效果。

六是举办一期"为孩子父母学校"。2019 年 5 月 20 日，长宁法院举办"为家撑起爱的天空"——"为孩子父母学校"第 59 期办学活动，来自各街镇的干部、第三方社会组织代表及长宁法院未成

年人与家事审判庭的部分离婚案件当事人共计 60 余人参加，通过观看微电影和专题讲座的形式进行别样的法律教育和亲职教育，让当事人更加慎重地考虑离婚这一选择，用实际行动妥善处理夫妻关系，将孩子的利益放在首位，为孩子营造健康成长的环境。当天审理的 10 起离婚案件中，6 件调解结案，1 件撤回起诉，其余三件中当事人就子女抚养问题的妥善处理达成一致意见。

访谈人： 听了您的介绍，我们知道，未成年人保护工作是一个长期性的、系统性的工作，需要领导高度重视。您能否说说法院是如何支持少年审判工作的呢？

宓秀范： 我们审判过程中，始终贯彻儿童利益最大化的原则。这项工作要协调各方，需要大家齐心协力。从《未成年人保护法》的角度，要构成六位一体的保护体系，司法保护是其中之一。少年法庭从单纯处理涉少刑事案件，发展到处理涉少民事案件，对未成年人的保护更加全面了，这个范畴更加广泛，体系更加完善，对未成年人的保护应该说也引起了全社会更多的关注。

为此，长宁法院党组非常重视，认为少年法庭是长宁法院的一张名片，在全国也是非常有影响的。院党组要求我们，少年法庭只能进步不能退步，要在高原上攀高峰。为了实现这一要求，我们从传承、巩固、创新、发展八个字上下功夫，来实现院党组的要求。

少年法庭这两年来进步也非常大，这一方面得益于院党组的指导关心，另一方面是由于我们庭长、庭领导、法官，对这项工作非常用心，包括我们原庭长王建平、现在的"法官爸爸"顾薛磊。他们这些创新工作，一是在立法层面上有比较大的意义。2018年全国人大社会建设委员会副主任委员任贤良专程带调研小组到长宁法院来听取对《未成年人保护法》的修改意见。我们提出了一些建议和意见。二是当时《刑事诉讼法》有一个配套的司法解释需要修改。最高人民法院也发出通知，指定长宁法院对配套的司法解释中的一个章节，草拟修改稿，写一份调研报告。当时时间很紧，要在一个半月里面把它做出来。之所以要指定长宁法院少年法庭完成，是因为长宁法院的少年审判，有思考、有做法、有创新，所以把这项很光荣也很艰巨的任务交给了我们。院党组也很重视，我们在一个半月之内很好地完成了这项工作，写出了两万多字的调研报告，很多建议、思考被司法解释采纳。这是我们长宁法院取得的一个成绩。

访谈人：你们做了很多工作，也取得了很多荣誉。可否介绍一下您在任时少年法庭获得了哪些荣誉呢？

宓秀范：我们的荣誉有的是全国性的，有的是上海市的。我们在 2018 年 11 月获得"上海市未成年人思想道德建设工作先进集体"。2018 年 12 月，未成年人与家事案件综合审判庭被评为"2016—2018 年度上海市未成年人保护工作先进集体"；2019 年 11 月，我们还获得"全国维护妇女儿童权益先进集体"称号。我们很多优秀案例也被采纳，作为典型案例起到示范效应。

访谈人：最后，您能否对少年法庭发展提出一些希望呢？

宓秀范：少年法庭在成长中有思考、有探索、有做法、有举措，也获得了方方面面的支持。之所以能够获得这些荣誉，不是少年法庭单独能够完成的，这也是需要全社会的支持，需要方方面面的指导。我们获得这些荣誉的过程中确实也受到了我们上海市高级人民法院、上海市第一中级人民法院的指导，所以取得的荣誉是来自各界的关心和帮助。

我觉得做好未成年人工作，用不用心、用不用情结果是不一样的。我们要用心用情做好未成年人的保护工作，保护未成年人的合法利益，这项工作只有更好，没有最好。我希望我们少年法庭能够凝聚合力，携手各方，共同画好未成年人保护的"同心圆"，要把这一项朝阳事业做得更好。我也祝愿我们少年法庭再创辉煌，让少年法庭的工作走得更远。

从无到有的长宁法院少年法庭

访谈时间：2023 年 2 月 21 日

访谈人物：张正富，曾任上海市长宁区人民法院研究室主任。

访谈人：1984 年，长宁法院成立了新中国首个专门审理未成年人刑事案件的少年犯合议庭，作为亲历者和参与者，您能否先介绍一下自己的经历？

张正富：我是 1936 年 7 月出生的，1957 年考入华政，1961 年毕业，随后分配到长宁法院，先后在办公室、刑庭、民庭工作过。1964 年因为"四清"运动离开法院，1976 年以后正式回到长宁法院工作，回来后在研究室工作，从事调研工作，调研的重点内容是少年法庭工作。当时杨学经是院长，李成仁是分管少年法庭工作的副院长，他们都鼓励我调研少年法庭工作。少年法庭的发展，法官胡惠乾功不可没，当时他办了有 9 到 11 件涉少案件，不仅事实清楚，证据确凿，而且在每个案子办完后都有梳理的回顾小结材料，具体分析了家庭、社会、学习等方面的原因，对少年案件进行了初步的探索。当时长宁法院还是接待外宾单位，我们在接待外宾时发现，1899 年美国伊利诺伊州就颁布了《少年法庭法》，并且建立了第一个少年法庭。我们觉得好的地方要学习，于是就初步探索了少年犯合议庭。因为当时《法院组织法》没有对少年法庭作出规定，我们就在刑庭中创设了少年犯合议庭，这样一方面可以专门办理涉少案件，另一方面也是符合当时法律规定的。后来左燕从研究室去了刑庭办理涉少案件，我也一直跟踪调研相关涉少案件。我们的做法得到了当时华政青少年犯罪研究所徐建老师的支持，我们这里是实践基地，他负责给我们提供学术理论指导。后来徐建的助手肖建国老师对涉少审判工作也很支持，也参与了少年犯合议庭的大量工作。时任上海市高级人民法院院长顾念祖非常关心和支持这项工作，具体指导工作的是上海市高级人民法院研究室的杨传书，他也很支持这项工作。后来《中国法制报》刊登了我们的实例，受到了最高人民法院的雷迅、张军（时任最高人民法院研究室处长，现任最高人民法院院长）的关注。雷迅还特意来长宁法院指导过工作。1985年，我们到北京最高人民法院去汇报工作，时任最高人民法院副院长林准接待了我们，还合了影。1988 年，我被聘为华政特邀研究员，发表的涉少调研论文也获得过很多奖项。

访谈人：1984 年是出于什么样的考虑要去设立少年犯合议庭？

张正富：1984 年，长宁法院审判的未成年犯已由过去的 1.9% 增加到 10%，长宁法院下决心想要建立少年法庭，专门审理未成年犯罪案件，探索少年法庭的审判目的和未成年人与成年人区别对待的方式方法，以达到教育保护改造犯罪未成年人和预防犯罪的目的。同时，少年犯与成年犯不同，存在年纪较轻，受外界影响比较多，对事物认识不清楚，有点"稀里糊涂"，也有"激情犯罪"，犯意通常不严重等特殊情况。总结来说，走上犯罪道路的少年一般具有两个明显特点：一是对客观环境具有易感性。未成年人受到不良环境影响，走上犯罪道路后不知罪，对自己怎么会走上犯罪道路以及对社会造成什么危害等都没有明确的概念，缺乏判断力；二是犯罪历史较短，主观恶性不大，他们的个性心理特征尚处于幼稚的、未成型阶段，可塑性较强。未成年被告人对司法机关，尤其对法院整个审判过程的反应都与成年被告人不同，如果不考虑这些审判对象的特点，而采用对成年被告人的审判方法和形式就会使他们产生一定的心理障碍，直接影响审判效果和以后的改造工作。同时，未成年人罪犯与成年人罪犯具有不同特点，对少年犯应区别于成年犯，主要采取教育措施或者其他有矫正作用的替代性惩罚措施，以达到矫治与减少未成年人犯罪及重新犯罪的目的。另外，我们在接待外宾时，通过交流发现国外已经存在少年法庭，并且还有《少年法庭法》，就此便产生了设立少年法庭的念头。当时因为长宁法院没有少年法庭编制，所以就先在刑庭中设立了少年犯合议庭，专门办理涉少刑事案件，受理少年犯案件，明确未成年人是一个有着鲜明差异、特殊需求而需要区别对待的独立群体，应当用特殊的处理方式进行特殊处理，使得成长中出现问题的未成年人得到帮助与支持，帮助他们回归社会、融入社会。

访谈人： 创立少年犯合议庭的过程是如何的，决策过程如何？

张正富： 上海市高级人民法院研究室的杨传书在和我交流的时候就说要建立少年犯合议庭。以我为主，向审委会汇报。我在 1983 年底 1984 年初向审委会作了汇报，审委会研讨的时间不是很长，同意了我们的意见，决定成立少年犯合议庭，专门审理少年犯刑事案件。当时的院长是杨学经，副院长是李成仁，后来的曹加雄院长也很支持这项工作。

访谈人： 成立少年犯合议庭后，是如何发展的？

张正富： 开始是摸索阶段，具体的做法是从刑事审判庭的 5 个合议庭中，选择了 1 个合议庭，先是指派 1 名具有审判经验的审判员即胡惠乾与 2 名人民陪审员一起组成少年犯合议庭，后又挑选了左燕担任审判长，集中审理未成年人犯罪案件，在审判制度和方法的改革上开始初步的探索和尝试。研究室同时帮助少年犯合议庭总结经验及归类情况，分析少年犯犯罪的成因。总结来说，在成立少年犯合议庭后，合议庭形成了五大工作机制：一是阅卷、调查注重搞清导致少年犯罪的具体原因，为有针对性地进行思想感化工作作好准备。二是审理中注重启发式、疏导式教育方法，合议庭在审理未成年人犯罪案件的预备庭中，采取审判员与被告人面对面地"交谈"形式，提问方式也不采取正襟危坐的审问式，而是注重语气平和，进行启发、疏导，逐步消除未成年被告人的种种惧怕、疑虑和对立情绪，促使他们讲清犯罪事实，接受教育和审判。三是审理中注重选择"感化点"，未成年人具有易感性，合议庭在做未成年被告人思想转化工作时，会避开他们最敏感、最忌讳、最触心境的话题，选择最能激发他们对美好往事回忆，最能引起他们感情共鸣，最能使他们感动和最能唤醒他们尚未泯灭的良知的事例。四是对少年被告人的处罚注重实效，在量刑时注意好两个"运用"，即正确运用从轻处罚和减轻处罚原则及注意应用多种刑罚手段进行处罚。五是判决后注重做好未成年被告人家长思想工作以及回访考察工作，鉴于大部分未成年人犯罪与家庭环境有关，合议庭特别注意对未成年被告人家长做好思想工作，一方面帮助家长提高认识，讲清法院处罚未成年人是出于挽救目的的道理；另一方面帮助家长总结教训，明确教育未成年人的正确途径，发动家长配合相关部门，共同担起教育挽救未成年人的责任。

访谈人：当时少年犯合议庭有哪些特色做法？

张正富：办理少年案件不仅要讲事实及证据，还要做背景及社会调查，做回访，做法庭教育，形成一套书面材料，每阶段都要进行跟踪调研。总结来说，一是审理中注重启发式、疏导式教育方法。合议庭在审理案件时，采取"近距离"法，即不像对成年被告人那样"坐堂问案"，而是在法庭里放上一张桌子，审判员与未成年被告人面对面进行启发式"交谈"，逐步消除未成年被告人恐惧、疑虑与对立情绪。二是对未成年被告人的处罚注重实效，对个别罪行严重、情节恶劣、恶习较深的未成年被告人，适用从轻处罚原则；对大多数偶尔失足、罪行较轻，或者犯罪性质虽然较为严重，但情节较轻、悔罪表现较好的未成年被告人，一般适用减轻处罚原则，并在量刑幅度内掌握就低不就高，宜轻不宜重；注重应用多种刑罚手段进行处罚，除必须判处有期徒刑的以外，凡是符合拘役、管制或宣告缓刑条件的，都判处拘役、管制或宣告缓刑，以避免"交叉感染"，染上新的恶习。三是坚持回访考察制度。为了预防和减少犯罪，少年法庭除了对判处管制、拘役缓刑、徒刑缓刑、免予刑事处罚等依靠社会力量进行教育改造的未成年犯坚持定期回访考察以外，还不定期地去市少管所、市监狱及白毛岭、军天湖等劳改农场，对服刑的未成年犯进行回访考察。同时，为了提高考察教育的质量和效果，少年法庭还根据未成年犯的特点，采取他们乐于接受的形式和内容，与市少管所等有关部门于 1995 年 2 月 24 日联合举办了诸如"我们与祖国同行——大墙内外话未来"活动，上午组织 22 名长宁籍未成年犯罪人，参观游览人民广场、南浦大桥、东方明珠电视塔等上海当时的新景点，让失足少年亲眼看见上海的巨变，真切感受时代前进的脉搏。同时，1994 年 5 月，建立特殊未成年人劳动教育考察基地，后又建立长宁区未成年人阳光基地，解决异地户籍未成年被告人不具备监管条件而难以宣告缓刑的问题，为其适用缓刑后落实帮教创造良好条件。

访谈人： 创立少年犯合议庭后，存在什么困难？

张正富： 创立少年犯合议庭时，在物质保障及体制机制的建立上没有存在明显的困难，本院及上海市高级人民法院都是非常支持的。设立少年犯合议庭，集中审理未成年人犯罪案件，对于改变审理未成年人犯罪案件的传统思想、方法和形式，把惩罚犯罪和社会治安综合治理统一起来，预防和减少犯罪，均有着一定的积极意义。少年犯合议庭在审理这些未成年犯罪案件时，以教育感化为主，旨在教会未成年犯分清是非，辨明对错，促进自我认识，自我发现，唤起悔罪良知，从而告别旧我，走向新岸，做一个对社会有用之人。但这又是一项新的工作，在当时处于初步尝试摸索阶段。对未成年人犯罪案件的审理，在审判形式、方法、内容等诸多方面与成年人犯罪案件的审理应当怎么区别开来，审判人员应当具备怎样的素质，以及如何了解、掌握未成年被告人的心理活动，并针对其心理特点进行思想教育，摸索出未成年人犯罪案件的审理特点和规律等问题，都有待于进一步的实践、探索、积累资料及总结经验。打个比方，当时少年审判初始碰到的主要问题之一就是正式开庭的形式同审判成年被告人没有区别，如居高临下的审判台等。这种形式形成的气氛超过了一些未成年被告人的心理承受能力，妨碍了庭审的顺利进行。

访谈人：少年犯合议庭是怎么被最高人民法院关注的？

张正富：少年犯合议庭成立后，最早报道少年犯合议庭的是《文汇报》及华政内刊。华政内刊首先在 1985 年报道了少年犯合议庭成立，后来《文汇报》在 1986 年之前也进行了报道。1986 年，《中国法制报》和《人民日报》也先后进行了报道。

报道后，时任最高人民法院院长郑天翔对长宁法院少年犯合议庭的建立和发展作出批示："根据未成年犯的特点，把惩罚犯罪与矫治、预防犯罪相结合，上海市长宁区人民法院的经验值得各地法院借鉴。"时任最高人民法院副院长任建新批示："这是一个新生事物，请研究室通知上海市高级人民法院。"同时，最高人民法院雷迅专程到长宁法院了解了少年犯合议庭的情况，时任最高人民法院研究室处长的张军（现任最高人民法院院长）也关心了少年犯合议庭的工作。1988 年 5 月，最高人民法院在上海召开全国法院审理未成年人刑事案件经验交流会，明确提出"成立少年法庭是刑事审判制度的一项改革，有条件的法院可以推广"。此后，少年法庭在全国各地纷纷建立。后来在上海市高级人民法院干部会议上，相关高级人民法院领导还问了我少年犯合议庭的工作情况。

访谈人： 少年犯合议庭成立后，是如何继续发展的？

张正富： 少年法庭成立后，1986 年 8 月 13 日及 14 日，《中国法制报》和《人民日报》及其海外版先后对此进行报道，引起了党和政府及社会各界关注。《人民日报》刊登了少年犯合议庭的事情后，最高人民法院要求长宁法院去汇报工作。1986 年 9 月 23 日去汇报工作的时候，我没去。1987 年汇报工作的时候我去了，是和长宁法院时任院长曹加雄一起去的，时任最高人民法院副院长林准还会见了曹加雄院长。后来，我前面也提及了，时任最高人民法院院长郑天翔对少年犯合议庭的建立和发展作出了批示。同年 11 月，长宁法院创设羁押、预审、起诉、审判、辩护、改造的公检法司相配套的"一条龙"机制，从而带动了长宁法院少年审判工作的有效开展。1988 年 5 月，最高人民法院在上海召开全国法院审理未成年人刑事案件经验交流会，明确提出少年法庭可以推广与复制。1988 年 7 月 1 日，长宁法院成立独立建制的少年刑事审判庭，由左燕负责工作。1988 年 10 月，长宁法院制定全国第一个较为完整的《未成年人刑事审判工作细则（试行）》，对少年法庭收案范围、社会调查、庭审程序、法庭教育、回访考察等作出规定，努力促进本院创新工作规范化。1991 年 11 月，长宁法院少年刑事审判庭更名为少年法庭。1994 年 5 月，长宁法院与长宁区红十字老年护理医院联建"长宁区特殊青少年劳动教育考察基地"，至 1995 年 5 月，共有 14 名失足未成年人进入基地接受劳动考察，经过考察与帮教，绝大多数未成年人能顺利回归社会。

访谈人：最高人民法院提出了哪些建议与肯定，关心哪些方面的探索？

张正富：最高人民法院肯定了我们的工作，除了关心案件的审理情况，还关注少年犯的回访、教育以及社会延伸工作，希望我们能取得良好的社会效果。1996 年 8 月，长宁法院少年法庭被最高人民法院确定为按修改后《刑事诉讼法》审理未成年人刑事案件试点单位。经过探索，少年法庭总结出适用简易程序审理未成年人刑事案件"三不简"方法，即未成年被告人诉权不简、社会调查不简、法庭教育不简，具有立法价值。

访谈人：您在调研时接触过少年犯吗？

张正富：有一个少年犯，现在应该有五十多岁了，户籍是上海的，犯的罪名是盗窃罪。当时他的父亲也很支持我们的工作，也认识到了自己教育、监护孩子方面的一些问题。开庭时，我们还通知他到庭，协助我们做好教育孩子的工作，他接受了。

访谈人：最高人民法院在上海开过一次现场会，您还能记得当时的情景吗？

张正富：1988 年 5 月，最高人民法院在上海开了一场涉未成年人刑事案件经验交流会，开会的地点是在上海延安饭店。当时长宁法院作了经验汇报，是李成仁副院长汇报的。最高人民法院原副院长林准也来到了现场，在会上对长宁法院的少年审判经验进行了推广。

访谈人： 后来少年法庭发展情况，您了解多少？

张正富： 先是左燕做了少年法庭庭长，后来是孙洪娣，孙洪娣是从民庭到少年法庭工作的，再后来是陈建明、王建平、顾薛磊等担任少年法庭庭长。长宁法院在少年刑事审判制度创新的同时，不断完善法治宣传。1987年4月开设"少年家长学校"，组织家长学习、教育家长履行监护职责，开展法治宣传教育制度，系"为孩子父母学校"的雏形。1995年同上海人民广播电台订立为期一年的协议，少年法庭5名审判员作为每周四中午"普法广场"专栏嘉宾，就家庭教育、司法保护、社会保护、心理行为矫治等专题进行直播；另外，中央电视台记者还于1995年2月来长宁法院采访，录制少年法庭教育、感化、挽救失足少年的工作情况，在"焦点访谈"栏目中进行了播放。1996年6月首次举办"十八岁成人意识教育活动暨宣誓仪式"，将成人意识教育活动引入对判处非监禁刑少年犯的预防犯罪工作之中；开展"法在身边"主题公众开放日活动，组织引导学生开设模拟法庭，举办夏令营活动，构筑校园安全防护网。

少年法庭这些年来取得了一些成绩，比如我所知的 2014 年、2016 年被最高人民法院评为"全国法院少年法庭工作先进集体"和"全国法院先进集体"。2017 年 7 月被共青团中央命名为"全国预防青少年犯罪研究基地"，2017 年 11 月被中共中央精神文明建设委员会授予"全国未成年人思想道德建设工作先进单位"，等等，不再赘述。涉少审判，无论刑事还是民事案件，都需要贯彻不把孩子当作成年人看的理念，都需坚持实行教育、感化、挽救的方针，坚持教育为主、惩罚为辅的原则。长宁法院少年法庭为中国少年司法事业的可持续发展积极探索与开拓创新，走出了一条有地方特点、时代特征和中国特色的少年审判工作之路，并且积累了许多可复制、可借鉴、可推广、可传播的宝贵经验、理论研究成果和制度精华，真的是一个"从无到有""摸着石头过河"的过程。希望长宁法院继续在探索中不断前行，勇立潮头、继往开来，在认真总结经验的基础上，积极探索、勇于创新，为推动我国未成年人保护司法制度改革、创造未成年人司法保护的新经验作出更大贡献。

在少年法庭的岁月是我最留恋的时光

访谈时间： 2022 年 12 月 4 日

访谈人物： 左燕，上海市黄浦区政协原主席，曾任上海市长宁区人民法院少年法庭负责人。

访谈人： 您是长宁法院少年审判工作乃至全国法院少年审判工作的开拓者，亲历了"少年犯合议庭"的建立过程，请介绍一下您在长宁法院的经历，也谈一谈长宁法院当时成立"少年犯合议庭"的背景是什么？是如何在长宁法院建立起来的？

左燕： 我在长宁法院研究室和刑庭先后工作了十五年，1984 年我被任命为审判员，1987 年任刑庭副庭长；1990 年至 1991 年借调在上海市高级人民法院研究室，协助少年法庭研究工作；之后至1996年在长宁法院研究室任副主任。

1983年间，刑事犯罪呈上升趋势，恶性案件时有发生，社会治安形势非常严峻，全国开展"严打"，刑事审判遵循"从重从快"原则。经过数月集中"严打"后，社会治安形势显著好转，老百姓用"夜不闭户"赞誉社会安定祥和的局面。

当时刑事犯罪中重新犯罪比率较高，被告人是否有前科劣迹，通常是提升量刑幅度的重要因素，而不少定为"惯犯""累犯"的被告人，其前科或者劣迹的初犯年龄往往发生在少年阶段。虽然适用的1979年《刑法》第14条明确规定，对未成年人犯罪应当从轻或减轻处罚；刑事诉讼法也有规定，庭审时未成年被告人的法定代理人可以到庭等，但具体实施中并没有细则可依，而且在当时的环境条件下，贯彻执行也是不够充分的。未成年被告人羁押期间，从共同关押的成年被告人那里学到了新的作案手段，出狱后倘若不被社会乃至家庭所包容接纳，很容易与狱友"抱团取暖"重蹈覆辙。

我那时在研究室工作，还兼任审委会会议记录。记得不断有这类情形的案件上会讨论，审委会的领导们时常发出感叹：是少年时期犯罪行为没能得到彻底教育矫治才发展而成的呀！该想想办法遏制这种情况了。

与此同时，许多冷静的司法实务工作者和理论研究者都在反思：光靠运动式的打击行不行？打完了又反弹，是不可持续的，怎样才能有效地减少犯罪、更好地解决社会治安问题？应找到科学有效的方法。当时长宁法院分管刑事审判工作的李成仁副院长，也是反思者中的一位，他是长宁法院创立少年法庭的功臣之一。李副院长是参加过抗日战争的老革命，在上海市高级人民法院工作过，有着强烈的政治敏锐性、丰富的实践经验，非常重视理论研究，每天总是早早地来到单位，啃研法学理论类书籍。他也是一位爱才惜才的老领导，经常鼓励年轻人要多钻研新的法律和新类型案件，还特批法院年轻人一周两次组织学习法律英语。

1983 年末，李成仁副院长就提出，审理刑事案件不能像流水线上的操作工那样，简单地以有无前科劣迹、是否重犯累犯等机械地量刑，而是要关注被告人作为主体的自身特点。他敏锐地意识到未成年人犯罪案件有其鲜明的特殊性，于是，在当时刑庭审判力量非常紧张的情况下，毅然决定所有犯罪时被告人尚未成年的案件都由审判员胡惠乾组成合议庭集中审理，并要求研究室跟踪研判，审理一案、总结分析一案，寻找规律与特点。

随着不断累积与分析，我们愈加发现这类案件是有规律可循的，是值得深入研究的。李副院长请来了华政专门从事青少年犯罪研究的徐建老师、肖建国老师，介绍他们的研究成果和国外的少年司法制度，拓宽了大家的视野。两位学者博学而谦逊，经常骑着车来法院和我们共同探讨，为这片"试验田"无私地付出，大大激发了我们探索的信心和热情。

一个共识逐渐形成：为了减少犯罪、降低重犯率，为了充分保障未成年人的法定权益，有必要探索未成年人犯罪案件不同于一般刑事案件的审判模式。到了 1984 年，由李副院长提议，法院党组和审委会决定，胡惠乾牵头一审一书加两位陪审员组成的合议庭为"少年犯合议庭"。现在而言，"少年犯合议庭"这个名称不够确切也不尽规范，但在那个时代背景下明确提出，是难能可贵的创举，它为后来成立少年法庭打下了开篇的基石。

访谈人：对于"少年犯合议庭"的建立，遇到过哪些不同意见和阻力呢？又是如何化解这些阻力的？

左燕："少年犯合议庭"是一个领时代之先的产物，起初确实会有不同的看法和疑虑，比如担心所探索的"教育、感化、挽救"模式于法无据，能不能行得通？担心突破通常刑事审判的做法，会不会不符合"严打"政策？担心在审判阶段所付出的努力，到了服刑期间或回归社会后付诸东流……

我国著名的青少年犯罪研究专家康树华教授曾经不无感慨地说过，"少年犯合议庭"当时就是一棵很稚嫩的芽，一掐就被掐掉了，是很多的机缘下，才能走到今天。1985年8月起，我接手"少年犯合议庭"工作，作为曾参与其中的一员，我尤其深切地感受到，它是在长宁法院上下左右齐心协同、一致支持下萌发生长起来的，它的存活更是离不开最高人民法院的支持和上海市高级人民法院的重视。

1986年，最高人民法院林准副院长得知上海基层法院有"少年犯合议庭"，正在探索少年审判工作，立即指派最高人民法院研究室向上海市高级人民法院了解详细情况，要求写出全面总结材料。上海市高级人民法院非常重视，指派研究室组成专门调研组，杨传书是这项调研工作的主力，他也是上海市高级人民法院研究少年审判制度的专家。他们多次来到长宁法院，对"少年犯合议庭"工作运行开展深入严谨的调研论证，形成专报后，以上海市高级人民法院和长宁法院两家法院的名义报送最高人民法院。

那年秋天，最高人民法院还请上海市高级人民法院和长宁法院派员，专程前往北京汇报少年审判工作情况，杨传书、李成仁副院长和我坐火车连夜赶到北京。令人十分感动的是，最高人民法院研究室张军处长（现最高人民法院院长）、邵文虹处长亲自来火车站接我们，还抢着帮我们拿行李。最高人民法院研究室陈建国主任连续听取汇报，给予我们很大的指导和鼓励。在北京的那些日子里，我们深深感受到最高人民法院对探索中国少年审判之路的关切，对我们继续深入探索寄予了殷殷期望。

1988年5月，最高人民法院在上海召开全国法院审理未成年人刑事案件经验交流会，充分肯定少年法庭是刑事审判制度的一项改革，明确要求加以推广，这次会议有力地推动了探索少年审判制度前行的步伐。

正是有了最高人民法院的顶层设计和推动，有了上海市高级人民法院的直接指导和支撑，有了长宁法院一茬茬接续探索和努力，少年法庭这棵稚嫩的幼苗才得以茁壮成长，少年审判制度改革这条探索之路才走得宽阔稳健。

访谈人：从您的叙述中，能感受到少年法庭的生根发芽来之不易。"两个建议"也是后来的少年司法"政法一条龙"机制的思想萌

芽，可否介绍一下"政法一条龙"是如何提出的？

左燕： 刚开始还不能称为"少年司法"，还只限于"少年审判"，因为还只是在法院审判阶段探索，之后把公、检、法、司"一条龙"连接了起来，才开启了"少年司法"的实践探索。

在工作中，我们感觉到光靠法院"单打独斗"是不行的，案件从起诉到判决，审判时限最多一两个月，对未成年被告人做教育矫治工作的时间非常有限。如果不能把对未成年被告人的教育矫治工作延展至司法全过程，那么工作效果就会大打折扣。1987年初，我们提出建立"政法一条龙"工作机制的设想，得到了长宁区委政法委的大力支持，公、检、法、司几家也很快达成了共识，深感一定要联手，共同围绕未成年人这个特殊群体，在惩戒的同时开展教育矫治。各家立足自身职能，勇于探索、积极实践，长宁区人民检察院"未检科"等先后应运而生，打通了羁押、预审、起诉，审判、辩护到管教的司法工作管道，创设的"长宁经验"，在建立少年司法制度的历程中留下浓墨重彩的一笔。

即使离开审判岗位很多年，我仍然十分清晰地记着那时"政法一条龙"密切协作的情形。记得我曾审理一起"独狼式"多次四处闯窃的少年犯罪案件，按少年审判工作要求，要了解被告人家庭情况、成长过程等，在家访中得知其父亲是苏州河上的船民，母亲是厂里的工人，上有四个姐姐，就这么一个儿子，宝贝得不得了。自从儿子被抓进去那天起，母亲每天空余时间外出捡破烂卖钱。母亲说：儿子被判刑了，将来找不到工作，她要把捡破烂卖得的钱攒起来，等儿子出来后给他结婚用。

审理少年犯罪案件，最基本的当然是搞清犯罪事实和确凿证据，否则审判也失去了本意。当我把被告人十余次陈述交代的内容列成表格，发现他每次交代的用词顺序几乎一字不差，令人生疑。我第一次提审他，他果然又倒背如流地陈述起来，我打断他，按着他的用词顺序一二三四五地直接说下去，他顿时愣在那儿，我更坚定了他没有供述全部犯罪事实的判断。便给他讲法、讲隐瞒的危害、讲他母亲的打算和辛劳。渐渐地，他把头低了下去，欲言又止。我对他说我要听你讲没有交代过的事实。他回到看守所思想斗争很激烈，看守民警趁热打铁做教育工作，终于他下定决心要彻底交代。当我再次提审他时，他如释重负地交代了数起公安、检察机关尚不掌握的犯罪事实。

之后，公检法三家各司其职又协同配合，案件很快完成了补充侦查和取证，按其盗窃数额与作案情节，自然上升了一个幅度刑，且通常量刑在七至八年之间，最终决定在幅度刑下限判了五年半，该少年被告人一直感怀和铭记着"政法一条龙"各家对他的帮教。

长宁"政法一条龙"的效应还向市级司法机关辐射，比如，很多判决后的未成年人在上海市少管所服刑，我们经常去回访考察他们的改造表现，很受少管所欢迎。当时上海市少管所朱济民所长，是少年司法理念在管教领域的积极推动者，为"政法一条龙"的工作延伸搭建了有效的平台。

还特别值得一提的是辩护，不少未成年被告人因家庭经济条件差，没有能力请律师辩护，法院就为他们指定辩护人，长宁的新华、九州律师事务所承担起大量的辩护工作。这类案件是赚不了什么钱的，而吴金泉等律师完全出于对未成年人的关心关爱，多年间一直热心地奔走在这项事业的路途中。

访谈人：我们知道，您多次代表长宁法院开展少年司法的对外交流，还参加过最高人民法院组织的国际研讨会，当时长宁法院对外司法交流情况是怎样的？又有哪些令您印象深刻的瞬间呢？

左燕：改革开放以后，我国对外司法交流日渐增多。长宁法院的法庭设施条件在当时上海基层法院中算比较好的，是上海司法局对外司法交流的一个接待点。法院又毗邻华政，华政不少对外司法交流活动，也会安排在法院进行。外宾来法院主要是旁听案件庭审，而后进行座谈交流。那时改革开放国门打开不久，司法领域也成为国外同行了解中国的重要窗口。我们接待了许多国家的同行，少则一周一批、多则一周两三批，有的团规模达二三十人。每次座谈都特别热烈，外国同行总有问不尽的问题。

我感到，法院领导非常开明，没有把接待任务当作负担，而是作为当时了解世界先进司法理念、推介中国司法进步的契机，更是作为提升审判人员能力、开阔年轻人视野的平台，前面提及的年轻人学习法律英语小组，就是在这样的背景下成立的。1985 年，我还有幸脱产半年，参加了华政法律英语培训班学习。

在对外司法交流过程中，我们不断地向外介绍宣传少年审判乃至少年司法的情况，同时，也了解到国外少年司法先行发展的情况。比如，美国伊利诺伊州的少年法庭早在 1899 年已经成立，并且有一套完整的制度体系，对此我们很受触动与启发，深感中国要用十年、二十年时间追上去，探索和建立我们自己的制度和规则。我们不仅要有充分的实践，还要有理论上的论证和规律性的总结，形成可操作可复制的规程细则。1988 年的《未成年人刑事审判工作细则（试行）》，正是在李成仁副院长、张正富主任、曲蒙主任等带领下，一个观点一个依据、一字一句地抠出来的，杨传书、徐建、肖建国以及法院内外的很多人，都为之付出了心血和贡献，它是集体智慧的结晶。

1991 年夏，最高人民法院为筹备第二年在上海召开"未成年人犯罪的预防、审判和矫治"国际研讨会，先在内蒙古呼和浩特举行了"全国法院贯彻未成年人保护法座谈会暨少年法庭审判人员培训班"，实际上是为国际研讨会准备文章材料，最高人民法院研究室陈建国主任具体负责筛选把关。雷迅、康树华等一批青少年犯罪研究专家学者都到会了，各省市都是市高级人民法院派员参加的，上海市高级人民法院研究室杨传书和我也参加了，我带去了《中国少年刑事案件审判的探索和实践》一文，陈建国主任告诉我要在国际研讨会上宣读这篇论文，并对文章的修改提出了很多宝贵意见。

1992 年 11 月，国际研讨会在上海国贸中心举行，我是唯一的基层法院代表，并以论文作者个人的名义参加会议。会上每个人有十五分钟时间宣读论文，接着有十五分钟时间回答与会者的提问。记得瑞典的代表对我使用的"矫治"一词提出异议，认为这是干预人权和自由。我进一步阐述：因为未成年人心智发育尚未成熟，他们在选择是非对错时需要得到帮助，这种帮助就像父母对待孩子、老师对待学生、医生对待病人，把正确的和有危害的东西告诉他们，这就是我们的教育矫治。会议结束后，好几位国外代表向我表示祝贺，这位瑞典学者也微笑地过来握着我的手说：我欣赏你们所做的一切，但我还是保留我的观点。

前来参加国际研讨会的英中文化协会不久向我国正式发出邀请，希望中国组成司法代表团前往英国参观考察少年司法制度。1993 年冬天，我随司法部代表团前往英国访问。这是改革开放后司法部组织的第一个赴英代表团，部里非常重视，专门请外交部欧美司英国处对我们进行了两天行前培训。代表团里除了司法部、公安部的领导外，还有中国政法大学的皮艺军教授，他也是研究青少年犯罪的专家。

整个访问考察过程中，可以很深地感受到英国方面颇以其完善的少年司法制度为荣耀。确实我们到了不同的城市，参观了内务部、警察局和监狱，缓刑考察中心、青少年司法联络中心和社会服务部，剑桥大学犯罪学学院和普通学校里的预防犯罪机构等，还旁听了少年法庭庭审多件案件，了解到英国少年司法体系的完整性和对保障未成年人特殊权益的重视。每参观一处，都会坐下来座谈，彼此展开非常坦诚的讨论。比如，我们看到一所监狱里服刑的少年犯整天除了看电视打闹外无所事事，连换下的脏衣服都是挂在门口由专人清洗，对此很不以为然。英方却认为少年犯羁押服刑，失去了人最宝贵的自由，这样的待遇可以减少其痛苦，还认为中国让服刑人员劳动改造是不对的。由此引发了对不劳而获命题和再犯重犯问题的热烈讨论，对方叹服我们的教育矫治使未成年人再犯重犯比例大大下降。

访问期间，英国方面还特地安排我到伦敦大学亚非学院犯罪学研究所，向研究生们作了题为"浅谈中国少年法庭现状"的专题介绍，英中文化协会主任尼古拉·马克比恩和亚非学院院长对中国少年法庭情况很感兴趣，还特地向我要了讲稿。

访谈人：有一个问题我们很困惑，历史资料显示，1988年7月1日，长宁法院成立了独立的少年法庭，当时是怎样的建制呢？

左燕：1988年7月1日，少年刑事审判庭在长宁法院宣布成立，虽说是经区人大批准组建的审判业务庭一级建制，但机构设置和人员编制并未增加，也尚未经编办部门确认，少年刑事审判庭实际上是从刑庭等兄弟庭室划调部分人员组建的，审判员虞雅芬、助审员陈建明和书记员谢辉、董烈等都是最初少年法庭的有生力量。少年法庭真正获批挂牌是三年以后的1991年。

访谈人：原来如此，真的是不容易。您可否介绍一下当时推动未成年人犯罪记录封存工作的缘由和过程？

左燕：当时社会对失足未成年人关心关爱工作的认识尚不一致，有时还束缚于一些传统的观念与规定。有一个案件中的少年释放时还处在求学年龄段，他说自己最大的愿望是回学校读书、报考大学。我们说服学校接纳了他，但是他要报考大学却受阻于有关规定。我们一次次去拜访教育管理部门，希望能给孩子机会。几经研究，答复仍然是判过刑了，就没有参加高考的资格了。一个工作人员甚至诧异地问："这孩子是你们的亲戚吗？"

还有一件相类似的案件，一个十六岁的少年拘役六个月释放后，没能再回到学校，通过招聘进入一家宾馆工作。一个月以后，他突然被宾馆辞退了，原来他的刑事判决书随档案送到了宾馆管理部门。这一切对我们刺激很大，我们开始思考，对于罪行较轻的、没有主观恶性，家庭具备管教条件的未成年人，建议不组成类似成年刑释人员那样的社会帮教小组，特别是请属地派出所和街道配合不"大张旗鼓"地随档案寄送判决书。这只是犯罪记录封存的初始尝试，犯罪记录封存真正制度化并日臻完善，是在孙洪娣庭长和陈建明庭长带领下创设实现的。

访谈人：我们知道，少年审判"教育、感化、挽救"的方针起源于上海、起源于长宁法院，您能否介绍一下这六个字背后的内涵？

左燕：这六个字发源于哪里，我说不上来，但可以说是长宁法

院少年审判的实践方针和"政法一条龙"的工作特色。

首先是教育，因为这些未成年被告人普遍存在着教育缺失的问题，因此，我们最早在少年审判改革中引入了"教育"环节，并作为庭审的必经程序，后发展成为"政法一条龙"必要的工作重点。教育，不能泛泛而谈，也不能是空洞的说教，而要有针对性，使其入耳入脑入心。其次是感化，感化不能千篇一律，每个未成年人性格、家庭、成长环境不尽相同，要寻找最能打动他们心灵的感化点，一把钥匙开一把锁。最后是挽救，一味地轻判或者不判不是挽救，毕竟他们是犯了罪的人，恰如其分的惩戒是不可或缺的，通过触及灵魂的教育，使他们真正懂得和理解矫治其不良行为、消除其犯罪恶性，是对其最大的挽救。

教育、感化、挽救三者是互相关联、一气呵成的，在我们的实践中证明是切实可行的。我至今依然认为，这就是我们中国式的矫治。这一从实践基础上升的理论成果，后来被纳入《上海市青少年

口述历史——中国少年司法长宁法院求索之路

保护条例》《中华人民共和国未成年人保护法》之中。

访谈人：我们看到在您任职期间，少年法庭获得了很多荣誉，您也多次获奖，其中有没有一些让您印象特别深刻的东西？

左燕：在少年法庭四十年历程中，各级组织给予了很多荣誉，我感到，这一切荣誉属于集体。就我个人而言，只不过做了一点点微不足道的工作。作为一名基层法院的审判人员，能参加少年法庭的探索工作、能以个人名义参加国际研讨会、出国考察访问、获得三级法院的嘉奖，都是组织的培养与关心，是长宁法院、上海市高级人民法院乃至最高人民法院给我机会、助我成长，我始终心怀感恩，始终激励着自己要踏踏实实地做好每一份工作。

访谈人：少年法庭经过四十年发展，面临着新的形势，一方面总体案件数量下降，另一方面未成年人犯网络诈骗等新类型犯罪以及个别极端犯罪的情况偶有发生，您认为下一步少年刑事审判，乃至整个少年审判的工作方向为何？又有哪些值得关注的重点？

左燕：离开长宁法院很多年了，但我始终会关注法院和少年法庭的消息。这么多年，法院以及少年法庭的法官们从未有停歇探索前行的步伐，取得了很多成果，前不久我还看到长宁公检法建立法治副校长队伍的报道，再一次走在了全国的前列。

就预防未成年人犯罪而言，我的粗浅想法是仍然要注重加强与社会力量的联动。现在的边缘青少年，特别是先天存在家庭缺失、游离于学校教育体系之外的"沉默的孩子"不在少数，他们很可能成为"问题少年"，很需要获得教育、引导和保护，但这些孩子反而很难被发现，要解决如何让这些孩子"被看见"的问题。法院处于整个未成年人保护体系的末端，要推动未成年人保护，依然不能"单打独斗"，还要善于取得全社会的关注，取得相关单位和社会组织的协同，比如，可以充分发挥人大代表、政协委员的作用，助力对一些新问题新情况的研究和反映。

做好少年审判这篇前无古人后有来者的大文章

访谈时间： 2023 年 4 月 21 日

访谈人物： 孙洪娣，上海市长宁区商务委员会原调研员，曾任上海市长宁区人民法院少年审判庭庭长。

访谈人： 作为长宁法院少年法庭第三任负责人，您是长宁法院少年法庭发展史上"承前启后"的关键人物，可否介绍一下您开始从事少年审判工作时的总体司法环境，特别是少年审判工作的情况？

孙洪娣： 我是 1990 年到少年法庭工作的，当时我国的司法体系正处于逐步建立和完善的过程中，那个时候，审判还是"居高临下"的。幸运的是，我到少年法庭的时候，我的前任们已经对少年刑事审判工作作了很多有益的探索，从法庭的设置，到审判的理念和审判的程序，都有了一些不同于成年被告人刑事审判的做法。比如刑事审判，为了有利被告人的教育，拉近和被告人的心理距离，使对被告人的教育更具有说服力，我们就改成圆桌审判。在法庭审理过程当中，也增加了对被告人进行法理的、心理的、社会学等各方面教育的内容。除了这些之外，我们和公安、检察、律师事务所都建立了有益的合作和配套机制，我们称之为"政法一条龙"的协作机制。

访谈人： 当时的社会是如何看待少年法庭的呢？

孙洪娣： 当时褒贬不一吧。因为少年法庭成立之初，还处于"严打"的环境下，那个时候的刑事犯罪还是比较严重的。但未成年被告人不同于成年被告人，犯罪心理、恶性程度都有很大的区别，如果都用（和对待成年人）同样的"严打"理念来惩罚的话，那惩罚的不仅是他的现在，还包括他的未来，不仅仅他一个人，是整个家庭，他的未来就没有希望了。所以，为了社会的安宁，我们作了有益的探索——怎么既教育、感化、挽救未成年被告人，同时又确保被害人的权益，维护社会的稳定和安宁，这个探索在当时的社会上，应该说还是有很大的争议的。

访谈人： 刚才您提到了少年法庭的成立背景，1984 年少年法庭的雏形"少年犯合议庭"成立时，您对这件事有所了解吗？

孙洪娣： 了解的。那是我们长宁法院的一件大事。当时我在民庭，虽然和少年法庭是两个庭室，但我们是有关联的，因为我在民庭的时候和长宁区妇联、周家桥街道联合创立了"为孩子父母学校"。那个就是对正在闹离婚的，或已经离婚的父母，为他们办的一个学校。当时这个学校，我记得第一课是我上的，我们对那些父母有几句警醒的语言："为了您的孩子，请慎重作出你们的选择；为了您的孩子，请切实履行你们的义务。"就是为了警醒那些父母，不能在离婚的时候置孩子的教育于不顾，放任孩子，从而导致孩子走上违法犯罪的道路。所以后来让我到少年法庭，其实也是有领导的考虑，我的这两个岗位还是有内在联系的。

访谈人： 20 世纪 90 年代的时候，青少年犯罪案件比例大吗？当时青少年犯罪的特点是什么？

孙洪娣： 我觉得和现在相比要大，而且涉及财产型犯罪的比较多。但是青少年犯罪的特点又跟成年人的完全不一样。比方说，成年人盗窃肯定是要偷偷摸摸的，不被人发现，青少年就不一样，我曾经处理的案件中，被告人偷了人家自行车，在教室里公开炫耀：我有本事能偷自行车，谁要？同学里有人要，他就再去偷。那他的犯罪动机不完全是谋财，是为了满足一种"在同学之间，我是老大，我有本事"的炫耀心理。我还处理过一个案件，被告人在宾馆捡到客人忘了拿的一张银行卡，他就在同学之间炫耀：我拿到这张金卡，谁要消费，跟着我去。随后就到高档的酒店宾馆去消费、刷卡，其实他自己没用多少钱。

总体来讲，有些未成年人的犯罪心理还不是恶性很足，完全有可能通过法治教育，让他意识到自己确实是违法了，错在哪里，这对他今后的改造、重塑人生具有很重要的意义。当时我们就觉得，不能对他们一棍子打死，应该有所区别，我们提出了对待他们应该做到"三个'像'"：像父母对孩子那样，像老师对学生那样，像医生对病人那样，来对待失足少年，要立足于教育、感化和挽救。

访谈人： 面对这样的形势，当时上级法院对于长宁法院少年法庭的要求是什么？作为少年法庭庭长，您当时的工作重心和感受又是如何？

孙洪娣： 上海市高级人民法院乃至最高人民法院对我们长宁法院是寄予很大期许的，当时我国的少年司法工作都没有立法，还是一片空白，而我们是新中国第一家少年法庭，担负着为中国少年司法制度探索、实践、提供立法依据的重任，上级法院对我们提出了很高的要求，要求我们的少年审判工作发展到一定阶段，就要把一些成熟的做法提炼总结，然后他们在体制和制度上，又提出更高的要求。

我到少年法庭后，首要的任务就是在原有的基础上进一步探索我们的少年审判工作，把我们的探索成果提供给最高人民法院和全国人大以法律的形式呈现出来，这对我们是一个很大的挑战。记得那个时候互联网没有像现在这么发达，信息渠道也很单一，我的同事们走访了包括华政图书馆在内的上海多家图书馆，想搜集世界发达国家有关青少年犯罪研究和青少年司法制度的资料给我们借鉴。当时我们能够知道的就是，美国的伊利诺伊州少年法庭早在1899

年已经成立，我们之间有几十年的差距，我们还不知道应该怎么做，也不知道他们是怎么做的，而当时上海的、外地的（法院）、市高级人民法院、最高人民法院都在等待着我们的探索。如何做好这份前无古人，但是后有来者的工作？我感觉压力是蛮大的，然而压力在那，也得做。

访谈人：当时有没有面临困难呢？如果有，又是哪些困难？

孙洪娣：从我在少年法庭这十年的经历来说，瓶颈很多。我1990年到少年法庭的时候，我的前任左燕他们已经就公、检、法、司的配套完善有了一个雏形，在这个基础上，怎么来进一步把这些做法进行提炼、升华，从而进一步探索发展，这对我和我的团队来说，都是一个很大的挑战。

我曾经发动我们庭里的审判员、书记员，到上海各大书店，甚至包括高校的图书馆去找有关的资料，但依然找不到。中国可参考的资料，也就是康树华、徐建教授写的一些书，没有更多的资料可以借鉴。

访谈人：请问您在少年法庭担任庭长期间，主要提出了哪些机制创新？对于少年审判工作和未成年人保护工作产生了哪些影响？您在机制探索和创新工作中的感悟是什么？

孙洪娣：我们少年法庭工作的发展，都是一任接替一任不断发展下去的。在前任庭长的基础上，我和我的团队在方方面面的支持、配合、指导、努力下，不断地探索、实践、总结，然后循着从实践

到制度、到法律的这么一个过程，把我们的探索成果固定下来，为我们国家少年司法制度的建立，提供一些实践的基础，具体而言主要是两个方面：

第一个方面是完善了"政法一条龙"的配套组织，并通过法定程序给合法化了。比方说，我们法院先有了未成年人合议庭，然后有了独立建制的未成年人刑事审判庭，再到少年法庭，这些环节都经过人大的任命。同时，我们的检察院、公安都成立了少年未检科、少年刑事起诉科等，我们的律师事务所也专门成立了替未成年人辩护的一个小组。

第二个方面是把未成年人审判的诸多程序性机制创新成果制度化了。我们从实践出发，将实践探索成果进一步制度化，最终上升到法律的层面。我们在裁判文书样式、社会调查报告样式、分类审理分类教育等方面的实践成果被最高人民法院关于少年刑事审判程序的相关规定，乃至《上海市青少年保护条例》和《中华人民共和国未成年人保护法》中关于少年司法的内容吸收了。

在此过程中，我最大的感悟是，只有通过个案实践，才能一步一步由实践到机制、由机制到法律，完成制度上的突破。比方说在未成年人案件审理当中，最初我们是增加了"法庭教育"这么一个内容，后来就是把它上升为"凡是未成年人犯罪案件的审理，必定要增加法庭教育"，我们就把"法庭教育"从原来的非正式措施，作为一个程序固定下来，把它上升为制度化、法律化的成果了。

访谈人：在您提出的这些创新机制中，有没有让您印象深刻的案例？

孙洪娣：有的，比方说暂缓判决。"暂缓判决"适用于一些确定构成犯罪，被告人也承认构成犯罪，他的辩护人对构成犯罪没有异议的案件。辩护人、被告人和被告人的法定代理人都认为且认同已经构成犯罪了，如果判决缓刑，我们觉得缓刑的条件是不至于危害社会，但是又觉得被告人是否会危害社会这一点我们没有把握；如果判实刑收监，又觉得太可惜，应该给被告人一个机会试一试。而且被告人在社会上的帮教条件还可以的话，我们觉得可以尝试一下暂缓判决。所以当时就借鉴美国伊利诺伊州少年法庭"犹豫判决"的做法，试行了一个"暂缓判决"。在开庭以后，通过事实调查，法庭辩论，被告人和他的法定代理人、辩护人认同被告人构成犯罪，在这个基础上进行法定教育以后，我们给被告人一个在社会上考察帮教的机会。最长时间是六个月，如果在考察期内他确实表现很好，不至于危害社会的，那么我们再开庭对他判决适用缓刑；或者甚至有些表现非常好，罪行也是比较轻的，给予免刑，当然这是少数的，我觉得这个方法非常好。

其实，对于当时的"暂缓判决"我们也是有体系保障的。因为他毕竟是没判决，构成犯罪，但是你还没判，他如果继续危害社会怎么办？他如果没有落实帮教措施怎么办？所以我们又想办法落实了配套措施，在长宁区的红十字老年护理院建立了一个考察帮教的基地。我们这个基地里面有一个全国劳动模范，护士长是全国劳动模范。基地里有相对封闭的、和社会接触比较少的环境，里面除了那些老年病人之外，就是我们的护士，这有利于帮教。我们就和长宁区老年护理院签了建立劳动考察基地的合作协议，他们作为一个基地，来接收我们这些暂缓判决的少年。我记得当时还有几句话："让他们通过劳动汗水来洗涤心灵的污垢。""通过为老年人服务，弥补自己行为给社会造成的危害。"这些少年犯晚上会回来，这样保障他们不完全脱离社会，白天在基地护理老人，在我们的全国劳动模范以及那些护士的言传身教中慢慢地改正自我，再结合我们配套的"十八岁成人意识教育"课程，通过劳动和教育的配合，让他们有一个悔过自新的机会。通过六个月或者三个月的劳动，确实一些孩子的表现比较稳定，那么根据他的表现、他的罪行，对于罪行比较轻的，表现比较好的，可以免处刑罚，剩下的一些可以适用缓刑。这样就是给了一些本来可能要被判实刑的人一个重生的机会。这在当时是一个初步探索。

访谈人： 您认为未成年人保护法等法律的完善，和长宁法院的少年法庭之间是否存在联系呢？

孙洪娣：这之间肯定是有联系的。我们是中国少年司法制度建立和完善的实践者、探索者。当初少年法庭成立的时候，全国处于一个"严打"的背景，所以它是在争议过程中进行探索的，在这个基础上通过我们一代又一代的探索，然后把一些成功的经验总结、固定、提炼，为中国少年司法制度的雏形，为它的建立和完善提供了我们的实践基础和立法依据。包括《上海市青少年保护条例》《中华人民共和国未成年人保护法》，这个当中有关于"政法一条龙"的配合等都是在我们实践的基础上，加以总结提炼，然后制度化、法律化把它固定下来的。所以我觉得我们这个事业还是蛮伟大的。

访谈人：您在少年法庭办案十年，有哪些让您印象深刻的案例呢？

孙洪娣：很多很多。

比方说，有一个少年，在他还很小的时候，父亲就去世了，母亲改嫁，他在叔叔照顾下成长。在他很小的时候，他就恨这个社会，恨家庭，恨所有的人，认为这个世界对他不公，他没有得到爱。然后就逃学、偷窃、以大欺小、恃强凌弱、抢劫等，有一帮小朋友跟着他，他是大哥，一呼百应，小孩子都听他的。他感觉自己缺失的爱，在那些伙伴当中得到了弥补。最后他是因抢劫罪被起诉到法院的。

对这样一个充满仇恨的少年，我动了很多的脑筋，以融化他心中恨的坚冰。那不是通过一次两次的谈话就能解决问题的。所以我们在审判当中，一定要找到感化点。首先，要融化他的恨，他心中的坚冰。我就想方设法找到了他的母亲，再动员她、克服她的心理障碍——因为她已经成家了，和再婚丈夫也有孩子了——说服她参加庭审。所以他母亲在法庭上的出现，首先给了他很大的心灵震撼。他没想到母亲会来。他叔叔也来了。

开庭毕竟有审理期限，提审也只能一次两次。因为他已经不是初犯和偶犯了，而且确实有一定的主观恶性，所以根据他的犯罪恶性程度，我是以抢劫罪判处他有期徒刑四年。在他押送到劳改农场去之前，我又去探监，给他送了点生活用品，让他母亲也去了一下。他当时也没怎么理我，他认为我判他太重了，导致他犯罪的是社会对他的不公。但我还是没有放弃他。到了农场以后，我还是坚持给他写信，一封、两封……他没有回信。我再动员他的叔叔去劳改农场探监，给他送一些生活用品，我自己也给他寄了一点。过了半年多吧，他给我来信了。他说："我在法庭上想哭，但是我咬着牙，让眼泪在眼眶里没有流下来，我还是恨。但是你一次两次地写信给我，说服我的叔叔、我的妈妈来探望我——因为我认为，我是不会有人探监的，最终他们来了。我感受到了，这个人世间还是有温度的。"就这样，他给我来信了。

通过不断地沟通，也融化了他心中的那个坚冰吧。（拿出一张心形牛皮纸）那个时候获得信纸也不是很方便，他就把信封的牛皮纸剪下来，剪了一颗心的形状，就表示他的一颗心，上面写了"一颗真诚想改好的心"。我收到很感动。

在 1996 年 2 月 4 日，大概是过年的时候吧，他给我的贺卡当中是这么写的："真诚的关心超过一切的物质，这份人间最珍贵的爱会永远留在我心中，我会走出低谷，走向光明，那是所有关心我、爱护我的人所给我的帮助。再一次深情地感谢，祝新年快乐，新的一年万事如意，心想事成，天天快乐。"每年春节的时候，其实是我们少年法庭法官最开心的时候。为什么呢？因为我们给在外面的、在大墙里的人，都会写贺卡，写上我们的祝福。

他们也会给我们写贺卡。那些已经刑满释放的或者被判缓刑的人，他们会带着鲜花到法院门口，送给我们法官。所以，那个时候我们是法院最幸福的人。这种案子很多很多。

还有一个故意伤害案件，我印象很深。改革开放四十周年时，上海市高级人民法院和上海人民广播电台联合搞了一个直播节目，我去了，为了那次节目，我还特地走访了那个案件的三名被告人。这个案件是三名被告人持刀斗殴致人重伤，我记得很清楚，是1991年1月11日，我判的这个案件。我记得我当时跟他们说，1月11日，一切从一开始，就是你们新生的第一天。那三名被告人，当时我都是判了缓刑。

为了这个案件的缓刑，我们在周末特地加班，分管副院长和少年法庭法官都加班，最终经过审判委员会集体讨论，决定这三名被告人都判缓刑，在当时也是蛮大胆的，因为判缓刑的前提是不至于再危害社会，但这三名被告人呢，确实还是有点让人担心。而且三名被告人同时判缓刑的话，对我们缓刑的跟踪回访，也带来很大的挑战。

为了解决这个问题，当时我们和长宁区老干部局关心下一代协会合作，由老干部作为社会调查员，去了解被告人犯罪之前在学校、家庭、社区中的表现，犯罪的家庭原因、社会原因，然后把调查的情况向法庭做陈述，提出他们的建议，判决以后，他们就作为帮教员来进行跟踪回访、帮教，协助我们做好向后延伸的工作。这三名被告人，我们分别为他们请了三名老干部作为帮教员。此外，我们还针对三名被告人的不同情况，来争取其他相关单位的支持。

第一名被告人我们争取到了他的工作单位的支持，单位再成立一个帮教小组。由青海劳改局离休的一个干部，这个少年犯的单位里带他的师傅，和社区的居委干部，三个人组成一个帮教小组，对他进行跟踪帮教，单位同意接收他回原单位考察。

第二名被告人有点困难，他的绰号就叫狼，因为他野性很足，一下子找不到帮教的接收单位，我们考虑到在社会环境里面，他管不住自己，禁不住诱惑，就给他换一个环境，放到杨浦那边一个亲戚家，并也联系了一个老干部，一个教授，作为他的帮教老师。

第三名被告人，当时是一个技校的学生，还没有毕业。我们争取让学校不开除他，给他一个在学校继续就学的机会。当时压力很大，因为学校也有压力嘛，都知道他是因为故意伤害案件，两帮人打架被关进去了，现在又回学校读书，对其他的学生会产生什么样的影响？校方也很犹豫。我也动了一点脑筋：那天我用的是苦肉计。那天下着很大的雨，我记得很清楚，我是故意没穿雨衣，骑着自行车把自己淋得湿透，赶到校长那边跟他沟通：我法官都能做到这样了，你应该给我一个面子，给你的学生一个机会，我们共同把这件坏事变成好事嘛。校方也被我们感动了，同意让他回学校。我记得他回学校上课的第一天，就是一节法制教育课，黑板上写了四个大字——警钟长鸣，让他现身说法，由我们法官进行普法。其实挽救的不只是他，通过一个人，教育的是一大片。

这三个人通过缓刑考察以后，正常地回归社会。我离开法院二十多年了，他们的情况怎么样？我想继续跟踪回访一下。我就去这三个少年的社区了解。第一名被告人是最好的，后来他恋爱了，他母亲还让我见了那个女朋友，他女朋友还是个空姐，结婚还给我送了喜糖。他是最好的，有孩子了，但是已经离开原来那个老的社区了，我也没有进一步打扰他，因为社区都反映这个孩子现在很好，家庭幸福美满，小夫妻很好，那我就放心了。第二名被告人，他的爷爷是一名离休的老干部，但是因为老年得孙，他们家太宠了，怕管不住他，所以一直把他放在家里，有点像软禁，不让他踏上社会工作，家里一直养着他。直到四年之前，我去回访的时候，社区跟我说，他们才刚刚介绍他参加工作——刚刚开始工作，也没有结婚，至少没有重新犯罪。第三名被告人也不太容易。他技校毕业以后也没有好的工作岗位，就在社区边上跟着他父亲修自行车，设了一个修自行车的摊位来维持生活。后来让女生未婚先孕，女方没有和他结婚，生了个孩子，孩子跟着他和他的父母共同生活。应该说生活比较艰辛。至少这三个被告人都有各自的生活，都没有再危害社会，让我很欣慰。像这种案子很多很多，有很多少年在大墙里面，通过我们的鼓励，拿到大学文凭，也有通过自学考试、拿到各种技能证书的。那个时候不像现在，他们在少年看守所练习用键盘打字，都是在牛皮纸上画好键盘，在上面学着打。就这样学的，然后去考试的，考出证书，拿到各种各样的资质证书。具体的数字我记不很清，但是我们确实帮了很多人，他们也成了有用之才。

对一些判重刑的罪犯来说，判的可能不仅仅是一个人，是一个家庭，是一个家族。

我们曾经判过一个强奸、轮奸大案，18个被告人，最重的判死刑、缓期执行，第二被告人判无期徒刑，第三被告人判十八年有期徒刑。三个主犯，不同的刑期。那是我刚到少年法庭不久。对这样的被告人，我们也在探索怎么向后延伸，不让他们绝望，我们也尽了努力，确实也有很大的收获。

我跟踪的是第二被告人，被判无期徒刑的那一个。他的父母都是工程师，是高级知识分子。他和父母放学、下班以后，三个人，一个人一个写字桌，父母都在工作，他们以为他在做功课，其实不是。十六七岁的小孩子正在生理心理发育的时候。其实，他在看黄色手抄本。这个年龄本身是懵懂的，同学之间轮流看了这种不良的书籍以后，就找同学尝试，变成轮奸。

这个案件是我前一任庭长审的，非常大。宣判那天，整个法庭就像殡仪馆，号啕大哭。18个被告人，判死缓、判无期，判的不是一个人，是一个家庭，一个家族。那么，对这些真的已经绝望的人，也不能让他绝望。我记得很清楚，那天我去探望被判无期徒刑的那个被告人。他是关在提篮桥监狱的，印象很深刻。一进提篮桥，就能感受到高墙之下的威严，铁门"哐"地一关，心里很压抑。随着一点点跟他接触，让他父母配合、一起做工作，我被他父母感动了。他父母因为孩子犯罪非常内疚：因为自己忙于事业、忙于工作，忽视了对儿子的教育，而且犯罪场所就在他们家。每个月，他妈妈和他只能通一封信，我去看的时候已经积了厚厚一叠，她写过去的，那边回过来的。她把它们装订起来。每封信内容都不一样，也有针对性，他父母让儿子不要绝望，要让他争取从无期改为有期，还能有出来的希望。

访谈人： 在您进行少年司法审判的过程中，是如何来平衡法理和人情的呢？

孙洪娣： 这是一个蛮难的问题。比方说，在我之前的前任庭长，曾经受理过一个18个人的强奸、轮奸这么一个大案。作为一名母亲、作为一个家长、作为一个社会人对这些被告人是恨之入骨，他们的罪行是不可饶恕的。但是作为一个母亲、作为一名法官，对这些失足少年又觉得很可惜。他们在这么一个懵懂时期，犯下了法律不可饶恕的罪行。他们虽然是加害者，但也是家庭教育、学校教育、社会教育问题的"受害人"。这体现的是我们家庭教育、学校教育、社会教育的缺失。再加上他们自身的原因，才产生了这么严重的后果。所以这一点，我觉得作为一名法官有的时候是很矛盾的：我从被害人的角度，我恨不得重判，因为他们的罪行不可饶恕；但从一名家长的角度，我又觉得对这些孩子不能一棍子打死，他们毕竟是未成年人，他们还有可塑性，应该给他们希望。事实也是如此，绝大多数的少年犯，经过法庭的教育，经过改造，他们出来以后又会成为一个全新的人，造福社会。所以我觉得少年审判是一个很伟大的事业。

访谈人： 在您负责少年审判工作期间，少年法庭获得过哪些荣誉呢？能否为我们介绍一下这些荣誉？

孙洪娣： 荣誉都过去了。但其实这些荣誉很不容易，我们有最高人民法院颁发的集体一等功，上海市委政法委颁发的政法系统集体一等功，上海市劳动模范集体，市高级人民法院的二等功、集体一等功，集体二等功、集体三等功……荣誉真的都有很多。

访谈人： 我们知道，长宁法院少年法庭的探索自始至终都得到了华政青少年犯罪研究所徐建和肖建国的大力支持和指导。那么具体而言他们作出了哪些贡献呢？

孙洪娣： 很感谢徐建和肖建国两位老师。当时我们虽然有搞少年审判的想法，但是我们缺少对国外少年司法制度的了解，更缺少理论的支持和相关的法律依据，而华政青少年犯罪研究所对于我们未来发展的方向、对我们已有经验的总结提炼等提供了很多方面的帮助，起到了不可替代的作用。因为那个时候，整个中国也没几位像康树华、徐建那样专门研究中国少年司法制度或者国外少年司法的学者。我们每一步的探索实践，都是在他们的参与和指导下开展的，而后徐建、肖建国两位老师针对我们的实践成果，给了我们进一步的总结提炼，使我们能在此基础上进一步的探索，为中国少年司法制度的建立完善，提供了有益的参考。

访谈人： 回顾历史，您认为当时迈出成立少年法庭这一步的意义是什么？

孙洪娣： 迈出这一步，就正如我们当时最高人民法院王景荣副院长的题词那样，那是一个"功在当代、利在千秋"的事业。因为少年是我们国家的希望，我们对失足少年，立足于"教育、感化、挽救"，我们挽救的并不仅是一个人的现在，其实对他今后的成长、对他的子女、对他的家庭乃至对社会、对学校，都是具有非同寻常的意义。应该说少年法庭的工作是我们中国人权制度建设的一个范例。

访谈人： 依您看来，长宁法院的少年法庭乃至我国的青少年法庭目前的发展情况如何？到了哪个阶段？

孙洪娣：应该说，随着我国法治建设的不断完善，我们的国家对青少年的保护，不管从体制上，法律的建立上，还是社会力量的配套上，都是过去不能比拟的。现在的社会环境条件优渥很多，而且国家也确实非常重视我们青少年的未来，这一块是变化很大的。

访谈人：不同国家对于未成年犯罪有不同的处置方式，您认为我国少年法庭的成立对于中国法治有怎样的影响呢？

孙洪娣：少年法庭的成立是中国人权保护的一张名片。当然现在我们在这方面做得越来越好了。当初我们国家成立少年法庭的时候，它确实是唯一的、独一无二的、一张响亮的中国人权制度人权保护的名片。我记得很清楚，当时我们和华东师范大学心理学系进行合作。我们组织大学生参观少年管教所。参观完了以后他们说"少教所比我们大学校园环境还好"。因为我们进去以后就看见少教所的展示墙上，整齐罗列着一周的菜谱，每天每顿什么菜，卡路里多少都写得清清楚楚。所以我们的大学生看了以后都感慨"哇，卡路里多少都控制得这么仔细啊"。

访谈人：您认为我国的少年法庭，是否会因为国情呈现出不同的特色？

孙洪娣：肯定会有不同的特色。因为中国的国情决定了我们的少年司法制度，既有和国际接轨的这一方面，同时也有区别于国外少年司法制度的部分。我们国家的制度、我们的体系决定了青少年是我们国家的未来。他们的未来就是我们国家的未来，所以我们不能让任何一个青少年掉队，我们能够动用我们全国的合力来形成这么一股力量，为失足青少年提供悔过的机会，给全国青少年的成长提供一个良好的环境。在国外是没有这种制度的优势的。

比方说，对失足少年，我们可以聘请我们关心下一代的老干部作为他们的帮教员，对他们进行帮教；我们可以联系他们的工作单位带教师傅来对他们进行帮教；我们可以请他们所在社区的干部、志愿者配合我们法庭对他们进行帮教，这些在国外是不可能做到的。所以这是我们国家少年司法制度的优势所在。青少年的未来就是我们国家的未来，失足青少年同样如此。我们有全国的合力，为每一位青少年的成长提供一个良好的、社会的、学校的、家庭的成长环境，形成这么一个合力，这是我们的亮点。

访谈人：在您看来，随着社会环境的变化，青少年的犯罪形式和内容，是否也发生了变化？

孙洪娣：当然有变化。我离开政法系统二十多年了，但是根据我的了解，现在侵犯财产的案件不再是青少年犯罪案件当中主要的类型。随着互联网的发展，通信更加发达，信息获取的渠道更多，物质需求好像在相当一部分人中已经不再是问题了，那就是精神需求的问题。所以，犯罪形式应该是有很大的不同。

访谈人：您刚才提到了互联网的发展，如何在互联网时代，做好未成年人司法保护工作呢？

孙洪娣：互联网是一把双刃剑。需要一个社会大环境、家庭环境、学校环境包括学生本人方方面面的合力，才能在这个信息时代给我们处于成长期的青少年一个正确的引导，这需要形成社会合力，单靠哪一个方面都不会成功。

访谈人：2024 年是长宁法院少年法庭成立四十周年，请您对长宁法院少年法庭、对中国少年法庭的发展未来说几句寄语和祝福吧。

孙洪娣：我对长宁法院少年法庭的寄语是"任重道远，继往开来"。相信在党的领导下，我们的少年司法制度会越来越完善，越来越符合我们青少年成长的规律。愿我们中国的青少年，能更好地生活在阳光下，能够健康地成长，成为国家的栋梁之材！

三个财富的积累　铸就金字招牌

访谈时间： 2023 年 6 月 2 日

访谈人物： 陈建明，上海市长宁区人民法院审判委员会原专职委员。曾任上海市长宁区人民法院少年审判庭庭长。

访谈人： 明年是我们长宁法院少年法庭成立四十周年。您在长宁法院工作的时间有一大部分是在少年法庭度过的，可以说您深耕少年审判，并为擦亮长宁法院少年审判这块金字招牌作出了重要贡献。能否请您大致讲述一下您和少年法庭的渊源？

陈建明： 说到我和少年法庭的渊源，其实也是一种机缘巧合。其实我一开始与少年法庭，甚至说和法院审判工作都是专业不对口的。我读中学时"文革"还没结束，学校里也不区分专业，中学毕业后便到了上海近郊农场务农，直到 1983 年回到城里，在一家国营企业当机床工人。两年后，法院面向社会招聘工作人员，当时我正在参加华政的法律专业自学考试学习，就报名参加考试应聘，幸运地在 1985 年进入长宁法院工作。1987 年，我就被调入少年法庭工作，一路从书记员做起，慢慢成长为一名少年法庭法官。2002 年我被长宁区人大任命为长宁法院的第三任少年法庭庭长，一直工作到 2009 年被调至法院其他部门工作。

访谈人： 在长宁法院少年法庭这么多年的风雨历程中，取得了许多荣誉，您觉得是什么造就了这块金字招牌？

陈建明： 我是长宁法院第三任被区人大任命的少年法庭庭长。第一任是左燕庭长，第二任是孙洪娣庭长。最早还有长宁法院"少年犯合议庭"负责人胡惠乾同志。在他们担任少年法庭庭长和负责人期间，敢于走前人没有走过的道路，立足案件，不断摸索，不断总结。同时加强与社会各方面的联系，探索各方力量挽救失足少年的体制机制。内强素质，外树形象，为少年法庭的发展打下了良好的基础。

我认为，少年法庭是新生事物，它在各方面的开拓创新工作对完善我国少年司法制度是极其珍贵的。换言之，微观上，少年法庭要审理好每一个涉及未成年人合法权益的案件，切实履行司法保护职责。在宏观上，要通过少年法庭不断的探索实践，摸索积累各种行之有效的程序性的审判方法和实体法方面的保护措施，从而把这些实践经验上升为法律制度。这样，就能从制度层面，在更深层次、更大范围内对未成年人案件开展特殊性的审判工作。从这个角度讲，在审理好某个具体案件的同时，更要做好少年法庭的制度创新工作。少年法庭工作的难度，难就难在这里。

长宁法院少年法庭作为新中国第一家少年法庭，一路走来，收获了不少荣誉、作出了一点贡献，这些有益而丰富的探索和实践，再加上蓬勃而起的全国各地少年法庭的实践，使得我们和我们国家在少年司法领域积累了三项宝贵的财富。

第一项财富，是我们建立了一支宝贵的少年审判队伍。我国少年法庭这样的审判组织或者说司法制度，经历了一个从无到有、由弱变强的过程。自1984年我们长宁法院成立少年法庭以来，一直到现在，全国范围内已经普遍建立起少年法庭，而且都在各自领域发挥着各自的重要作用。其中，每一位少年法庭审判人员，为教育、挽救失足少年做了大量工作，也涌现出了许多先进的单位和个人。少年审判岗位锻炼了人才、法院建立了专门审判组织，这些优秀的少年审判团队就是宝贵的财富。这是高标准做好少年法庭工作的基础。

第二项财富，是我们凝练了一种宝贵的少年法庭精神。这也就是我们常说的长宁法院少年法庭的"五种精神"——爱岗尽职的敬业精神，探索创新的开拓精神，群策群力的团队精神，刻苦学习的专业精神，淡泊名利的奉献精神。不论是办理每个具体案件，还是做少年审判的创新、特色工作，无不体现了这"五种精神"。我们也常常说对待失足少年要有"三个像"——像老师对待学生，像医生对待病人，像家长对待子女。这"三个像"就完完全全体现了我刚才说的那"五种精神"的实质内容。又比如,我们办理涉未成年人案件时要有"三个心"——真心、耐心、爱心。"三个心"也好,"三个像"也好,都体现了我们少年法庭是在"五种精神"的鼓舞和驱使下开展各项未成年人权益的保护工作的,这是一种精气神的生动体现。这是高标准做好少年法庭工作的核心。

第三项财富,是我们建立了一套行之有效的少年法庭工作制度。这套工作制度是无数少年审判工作者把对每个案件的具体操作、感性认识通过总结上升为理性认识;将个别认识、局部认识凝聚为整体认识、共同观念;将个案的处理或工作方法上升为制度的深化、固化的具体成果。比如以了解未成年人平时表现为主要内容的社会调查报告制度;以帮助未成年被告人实现诉讼权利为主要内容的告知制度;以兼顾未成年被告人特殊身心发育情况的简易程序"三不简"审理制度;以强化教育感化挽救效果的"法庭教育制度";以防止重新犯罪、帮助失足少年顺利回归社会为主要内容的回访考察制度等。这些制度,有的涉及审判程序,有的涉及强化以审判为中心,有的涉及案件审理之外的向前、向后延伸工作。这一整套系统的少年法庭工作制度赋予了少年司法的基本内涵和外延,充实、强化了法院审判工作法律效果、社会效果的实际成效。这是高标准做好少年法庭工作的保障。

访谈人: 您对案件和背后的工作机制十分熟悉,信手拈来。您在长宁法院少年法庭工作了二十二年,从书记员、法官再到庭长,相信您的办案经验一定很丰富,能否请您对未成年人犯罪的特点和预防谈一谈看法？

陈建明：总体来说，未成年人犯罪案件的主体、类型和数量随着社会的变化而变化。

从当时所处的社会环境、办案思考以及对未成年人刑事审判工作的研究来看，未成年人刑事案件呈现出这些特点：首先是外地来沪未成年人犯罪数量的上升态势明显。外地来沪未成年人绝大多数是来沪打工的，但由于他们缺乏劳动技能和文化知识，打工谋生存在相当多的困难，加之他们法律意识比较淡薄，又远离家人，缺少监管，从而容易走上犯罪道路。

其次是未成年人犯罪以闲散青少年为主。闲散青少年本身文化程度低，缺乏学习的积极性和条件，缺乏劳动技能，但与此同时，他们对收入的普遍预期又较高，造成了就业的困难。他们的家庭经济条件普遍较差，家长监管不力。有的是回沪知青子女，家长无暇顾及孩子的教育管束。有的混迹于不良场所，结交不良青少年。以上种种因素造成闲散未成年人犯罪数量居高不下。但是，在校学生犯罪情况也时有发生，比如这一时期发生较多的校园内以大欺小、以强凌弱、以多欺少的侮辱、欺凌的"恶少"案件等。

最后是财产犯罪、暴力犯罪仍是未成年人犯罪的主要类型。抢劫、盗窃、故意伤害、寻衅滋事等罪名成为多发性罪名。尤其值得注意的是，在未成年人犯罪中，网吧与网络成为犯罪的重要媒介。在许多犯罪中，失足少年利用网络选择作案对象或直接实施犯罪。当然，未成年人犯罪的类型是随着时代的变化而变化的。一些以往多出现在成年人犯罪案件中的案由也出现在了未成年人犯罪案件中，如"编造、故意传播虚假信息""容留他人吸毒""故意杀人"等。这种情况将来还会发生变化，我们要有足够的认识和充分的准备。

至于未成年人犯罪的预防工作，我觉得可以从以下几方面入手：首先在认识层面，我们应该注意到未成年人犯罪案件的特殊性。这些犯罪案件，追根究底，是问题家庭的滋生物，是社会问题的负资产。这是一个现实，是一种逆社会主流的现实，我们应该正视它。"人之初，性本善。"没有一个未成年人天生就是犯罪人。所以，当我们往深一层去想，就会感觉到，这些"失足少年"实际上也是受害者。

其次我们应该看到，我国已颁布实施了《中华人民共和国预防未成年人犯罪法》。该法律对如何预防未成年人犯罪已经有了非常明确的要求和规定。这部法的特点之一，就是规定全社会各部门都是预防未成年人犯罪的主体，包括家庭，关键是要抓细化、抓监管、抓落实、抓成效。

再次是加强舆论宣传，引导未成年人崇尚积极向上的价值取向，引导他们善学习、强素质；知荣辱、懂文明；有纪律、守法律。坚持把"最有利于未成年人"落到实处，并使之形成全社会、全民族的共识。

最后是职能部门要忠于职守，恪尽职责，营造有利于未成年人健康成长的社会环境、良好氛围。公检法、工青妇、学校、社区、青保部门、娱乐场所、网络通信、公益场地、毒品管理等部门都要做好本职工作，善于多跨一步、向前一步。各负其责，协调配合。

访谈人：您认为，还有哪些做法可以体现出长宁法院少年审判，甚至说中国少年司法的特殊之处？

陈建明：长宁法院少年法庭四十年的探索实践，确实形成和积累了一些审理未成年人案件方面的方法和制度。比如社会调查报告制度、"政法一条龙"和"社会一条龙"机制、法定代理人参与诉讼制度、简易程序的"三不简"模式、"合适成年人参与"制度、涉少民事案件的"一二三四五"工作方法等。这里我还想再说两项探索工作。

第一项是长宁少年法庭首创的法庭教育制度。未成年人处于最易沾染不良行为的未定型时期，即使犯了罪，也多为初犯、偶犯。站在法庭上接受审判时，这些失足少年对自己被指控的犯罪事实、罪名基本是没有异议的。但我们可以看到，他们的目光是迷茫的，对自己今后的人生没有清晰的认识。所以，我们认为，传统的诉讼程序和审理方式并不能有效矫治这些未成年人的犯罪心理和犯罪行为，也不利于他们今后顺利回归社会、重启人生。法官对待未成年被告人，不能仅仅是审判与被审判的关系，更应该具有父母对待子女、医生对待病人、教师对待学生的胸襟与情感，也就是前面我说的"三个像"。要从单纯地确认罪与非罪、罪轻罪重的裁判者，转变成对未成年被告人施以道德、法律以及其他知识传授的教育者。"两条龙"形成后，法官也要借助各方力量对未成年被告人进行教育，并且要体现在法庭审判的程序中。

我们长宁法院少年法庭早在1988年就在法庭审理过程中增设了法庭教育，广泛邀请公诉人、辩护人、特邀陪审员、法定代理人乃至失足少年所在学校的老师等主体到庭。他们并不是简单地参与庭审，而是要将我们最想对未成年人说的话集中在法庭审理的某个时段，对其进行认罪悔罪教育，对其法律意识和道德观念树立，世界观、人生观和价值观的重塑，形成强烈的合力作用，对失足少年产生最强的冲击和震动。简言之，法庭教育，就是在法官主持下，在特定的场所，用特定的方法，在特定的时间，对特定的被告人进行特定的教育。这就是法庭教育制度所具有的"五特定"特征。经过多年的实践，我们制定出了关于进行法庭教育的具体制度规定。法庭教育的设置，成了区别普通刑事案件审理的又一个显著标志，也被社会各界所肯定。

虽然我们国家的少年法庭工作起步较晚，在程序和实体法方面还需要进一步完善，但我们国家少年法庭的法庭教育却无可争议地表明了党和国家对失足少年贯彻"教育、感化、挽救"的方针、极力落实"寓教于审、惩教结合"原则的事实。对那些暂时"掉队"的失足少年，国家绝不会弃之不顾、社会绝不会撒手不管。

在与泰国、日本、德国、澳大利亚和联合国官员等一些国家和组织进行少年司法交流的时候，我们的法庭教育得到了国际友人的高度肯定和赞扬，我们也非常自豪于具有中国特色的少年司法制度的生命力，以及它所创造出的良好办案社会效果、法律效果。

我要说的第二项工作就是长宁法院少年法庭对未成年人刑事案件裁判文书制作的改革探索工作。可以说，这项工作的起步也是始于长宁法院少年法庭。

我这里所说的"裁判文书"，主要是指案件的判决书。判决书的制作，常常不被外界注意，业内也有很多人不会关心这个问题，判决书制作的改革更是少有人问津。判决书是法官庭前准备、法理水准、庭审质量、文化修养的综合反映，是法官形象的一部分。业内人士拿到一份裁判文书，他可以掂量出法官专业素养的高低；普通老百姓拿到一份好的裁判文书，自然会对法院产生信任感。对于失足少年而言，他们所需要的不仅仅是审理时法庭教育那些话语，还有之后较长时间的学习、反省、鞭策。如果失足少年身边有一份论证有力、分析透彻、教育到位的判决书，对他们走好今后的人生道路无疑是大有裨益的。

长宁法院少年法庭判决书制作改革的历程大致走过了三个阶段。第一阶段从 1994 年开始。1993 年末，少年法庭开始了第一例的暂缓判决并予考察。大家一致认为，判决书应该反映被告人在考察期的表现情况，于是在 1994 年 7 月形成了第一份表述被告人表现情况的判决书。第二阶段从 1996 年开始，当时上海市高级人民法院发文部署，要求少年法庭将"寓教于审、惩教结合"的原则体现在法律文书中。长宁法院少年法庭遂积极加以贯彻。1996 年 1 月，少年法庭首次将被告人案发前的表现情况写入判决书中，并增加了犯罪原因分析的语句。第三阶段从 1999 年开始，我们按照最高人民法院《法院刑事诉讼文书样式》的规定，统一了审判人员在制作判决书时的不同撰写方法，把案发前表现、犯罪原因分析等文字均置于认定被告人构成犯罪之后，判决书也要体现社会调查报告的内容，法庭教育的叙述要有针对性，等等。

我把未成年人刑事判决书的制作标准定位于三个层面。

第一，体现一个功能，即矫治的功能。无论是证据的运用、事实的认定、原因的剖析、法院的忠告、最后的量刑，都是为了帮助失足少年走出犯罪的阴影，回归社会。判决书要想方设法融裁判与教育为一体，将教育的功能延续到判决书中。

第二，反映两方面内容。一方面对审判人员而言，要做到"法律讲清楚，道理讲明白"；另一方面对被告人而言，要"罪错原因找得到，今后要求看得到"。

第三，形成三个特点。一是诉讼参与人的表述特点：要反映出法定代理人到庭、教育者参与教育、社会调查员宣读社会调查报告等内容。二是犯罪原因表述的特点：要把犯罪的主客观原因、犯罪的直接动因、原因与犯罪结果之间的关系客观明了地表述在判决书中。三是教育内容表述的特点：要突出重点、详略得当。教育要围绕被告人进行，体现"法、理、情"的融合。

平心而论，这样的判决书制作上是有困难的，也并不是每个案件都适合写成这样的判决书，但我们还是继续坚持着。当时在长宁法院优秀法律文书的评比中，少年法庭的判决书连续三年榜上有名。另外一份判决书在全国法院系统获得优秀奖。我们也积极向最高人民法院少年法庭指导小组提供这方面的实践素材和探索成果。最高人民法院也连续两次邀请我到全国少年法庭法官的业务培训班上讲解如何制作好未成年人刑事案件的判决书。

我认为，少年法庭判决书的制作是与规范化的要求紧密相连的，如判决书中教育段应置于判决书的"理由"部分，教育的内容要因案而异、因人而异。判决书的制作是与法官的事业心相辅相成的，如果没有那份责任心、事业心，再典型的案例也不会有出色的判决书。判决书的制作是与少年法庭的实践互为依托的，没有少年法庭诸多探索的实践支撑，少年法庭法官是难以写成一份好的判决书的。

访谈人：法庭教育主要是针对已经犯错的失足少年，对于预防青少年犯罪、增强青少年法治意识，长宁法院少年法庭有哪些具体的做法吗？

陈建明：长宁法院少年法庭历来重视"向前延伸"工作，而且这项工作也是少年法庭全部工作的重要组成部分。少年法庭主要通过具体的案例，结合法律规定，在广大青少年中开展各种形式的预防违法犯罪的教育。

比如我们与辖区一所特殊学校共建了为期三年的"青少年法制园地"，经验丰富的审判员经常去该校，不厌其烦地与学生谈话、做工作。同时通过一块黑板报、一堂法制课、一次谈话等"五个一"活动，有针对性地开展预防犯罪宣传教育工作。"青少年法制园地"的活动受到了学校师生的普遍欢迎，数十名同学先后加入共青团组织。

我们早在 2003 年就创设了"少年法庭半日访"的制度性活动，定期邀请和组织辖区内中小学生到少年法庭参观，模拟法庭开庭情节，实地讲解预防未成年人犯罪法律知识，少年法庭法官和学生们进行现场问答互动等，学生们很乐意参与这种形式的法制宣传。这大概也就是现在的法院公众开放日青少年专场活动吧。

少年法庭还举办了连续多年的"十八岁成人仪式"教育系列活

动。组织辖区内的青少年参加各类普法讲座，邀请老同志讲革命传统，参加青少年义务植树活动，为需要的人士献爱心等，受到家长和他们子女的欢迎。

我们还与上海人民广播电台合作，法官定期到电台担任嘉宾，用生动的案例和有效的审判方法，介绍、宣传少年法庭的创新举措、未成年人犯罪的主客观原因剖析、对广大未成年人的启示和警示作用等，扩大预防未成年人违法犯罪宣传的覆盖面。

每年暑假期间，我们与区教育部门合作，组织学生来我院参加夏令营活动，邀请老同志讲传统、开展法律知识竞赛、现场有奖问答、法警队列操表演等活动，广大学生既在活泼轻松的氛围中看到了许多未曾看见的场景，也在活动中亲身感受到了法律的威严和重要、加强自我保护的重要性。

此外，少年法庭法官还经常到学校、社区开展青少年普法宣讲、上法制课。法官引导广大青少年明辨是非，提高预防违法犯罪的自我保护能力。少年法庭法官几乎走遍了全区中学校园。

我也注意到现在的青少年普法宣传形式更加丰富多彩了，有云端课堂、送法进校园、开学第一课等，也率先实现了中国青少年普法课进国际学校的先例。这都让我感到非常骄傲，说明我们长宁法院少年法庭的各项工作一直在开展、在进步。

访谈人： 纵观长宁法院少年审判的四十年，您觉得从哪几方面勾勒这一路的艰辛探索，最能概括长宁法院少年审判的发展历程？

陈建明： 长宁法院少年审判四十年风雨走来，确实充满了艰辛和不易，我们走过了一条不断探索、不断总结、不断被社会认可的发展道路。就长宁法院少年审判工作的特点，我把它概括为三句话。

第一是探索创新先行。长宁法院少年法庭的建设从 1984 年成立开始，就是从无到有的一种探索，比如审理未成年人刑事案件，家长要不要到庭、老师要不要参与、什么时候进行法庭教育，如何建立少年审判的"政法一条龙""社会一条龙"的"双龙"共舞机制，少年审判工作如何向前延伸、向后延伸，等等，这些都是我们摸着石头过河，一步一个脚印摸索出来的。此外，还有专门办案的设立、收案范围从窄向宽的扩展，对涉及未成年人的民事案件、刑事案件如何采用不同方法进行审理，也都有我们不断辛勤探索的脚步。

第二是理论研究支撑。少年法庭开展审判工作、机制探索创新时，并不是孤零零地就事论事，而是要深入思考某一探索创新背后的理论依据、法理根据。如果暂时没有的，能否考虑寻求参照其他合适的规定，或者自己研究创设合理框架内的规定。我们长宁少年法庭有着得天独厚的理论研究支撑，这也是少年司法能够在长宁扬帆起航的重要原因。华政就在长宁区，这所大学内有专门的青少年犯罪研究所，我们一开始就注重借助青少年犯罪研究所的理论科研优势。还有像上海社会科学院青少年研究所的专家、一些大学内的青少年理论研究者。这些专家、学者对我们长宁少年法庭的成立、各种探索工作的开展、少年法庭工作的持续发展提供了重要的理论支持，帮助很大。同时，我们积极向专家、学者们了解、咨询国外少年司法制度的最新动向，与我们自身的少年司法实践"碰撞"后产生创新的火花。对于已经成功的实践，我们努力将它上升为理论，有的甚至影响了未成年人领域的立法。我们频繁召开各种研讨会，邀请少年司法各方面的专家学者、资深法官参与，也会加深与其他地区少年法庭的交流。尤其我们长宁法院少年法庭，每年都有课题研究，要求每位法官都能撰写调研文章。审判与调研相结合的目的就是要将我们的审判经验、司法实践上升为具体的制度和理论，不懈推动少年司法的长久发展。

第三是制度建设保障。也就是说要用稳定的制度建设来确保少年审判工作的实际成效，确保少年审判不因人员变化而弱化，不因时间推移而退化。比如社会调查报告，我们长宁法院自成立首个"少年犯合议庭"起，在办案过程中便注重调查，在阅卷基础上走出法院，广泛深入开展调查，搞清楚导致未成年人犯罪的具体原因，研究失足未成年人的生理、心理问题，从而在法庭审理过程中实现有的放矢地帮助他们提高认识、吸取教训、认罪悔罪。这一做法在长宁法院1988年10月实行的《上海市长宁区人民法院未成年人刑事审判工作细则（试行）》中予以了明确。随着具体实践的不断深入，我们将这一做法进一步细化，在1999年12月推动制定了《长宁区未成年人刑事案件社会调查工作若干规定（试行）》。这是全国首个关于办理未成年人刑事案件社会调查的区域性的规定，对社会调查的主体、内容、程序作了详细规定。正是因为长宁法院少年法庭将经过实践检验的、行之有效的做法上升、凝练为制度，才让这些宝贵经验不因具体办案人员的流动而被废弃。即使换了少年法庭法官，只要按照相关规定，仍然能够有序开展具体工作、办好每个案件。

少年法庭的审判工作当中，办案仅仅是其中的一部分，每一起案件的办理要能实现政治效果、法律效果和社会效果的最佳统一，还必须进行理论的提升、制度的建立，这三者是缺一不可、相辅相成的，从而共同提高我们少年法庭工作的整体水平。很幸运的是，我们长宁法院少年法庭的发展非常好地诠释了这三个方面的统一。探索创新先行、理论研究支撑、制度建设保障，成就了长宁法院少年法庭的巩固、发展、提高。

访谈人：对于即将到来的长宁法院少年法庭成立四十周年，您有什么寄语和希望吗？

陈建明：作为在长宁法院少年法庭工作了二十二年的少年法庭法官、庭长，我对少年法庭有着深厚的感情。虽然这么多年，长宁法院少年法庭的名称几经变更，从少年犯合议庭、独立建制的少年刑事审判庭、少年法庭、少年审判庭，直到今天的未成年人与家事案件综合审判庭，但其精神内核和情怀始终未改当初，仍然将"最有利于未成年人"作为最基本的遵循和指引。希望现在以及今后的每一个少年法庭法官不忘初心，牢记少年法庭的"五种精神"，勇于攻坚克难，不断探索创新，在办好每起案件的同时，维护好每个未成年人的合法权益，在全社会的共同支持下，将少年法庭的各项工作做得更好，在中国少年司法的园地中结出更丰硕的果实。

"长风破浪会有时，直挂云帆济沧海"，少年审判工作任重而道远，但我相信，只要我们一如既往、一以贯之、坚持不懈，长宁法院少年法庭工作就能够做得越来越好，越来越出色，从而为建设和完善具有中国特色的少年司法制度不断贡献长宁智慧。

立足司法改革，促进立法完善，保护儿童权益

访谈时间： 2023 年 6 月 9 日

访谈人物： 王建平，曾任上海市长宁区人民法院少年家事综合审判庭庭长。

访谈人： 2024 年是长宁法院少年法庭成立四十周年。我们知道您长期以来一直关爱未成年人弱势群体，关注少年法庭锐意改革，关心未成年人事业发展。听说您原来在研究室工作，2012 年 8 月调任少年审判庭庭长，还是时任院长邹碧华做的安排。请您介绍一下当时的情况，以及邹碧华精神给您从事少年审判工作带来的影响。

王建平： 说起这个，邹碧华精神给我从事少年审判工作带来的影响是很大的，这里，还有一段值得纪念的往事呢。

2008 年 6 月邹碧华院长来到长宁法院任职直至 2012 年 11 月赴任上海市高级人民法院副院长。当时，还是研究室主任的我，有幸见证了他的工作热情与工作风格，从而给了我无穷无尽的力量。尤其是 2012 年 8 月的一次谈话，改变了我工作重心，成为我审判调研生涯的重要转折点，也成就了我到少年审判战线后再创佳绩的梦想。

记得 2009 年少年法庭成立二十五周年的时候，最高人民法院于 11 月在上海召开少年法庭工作座谈会。为配合会议召开，邹院长提出需要出版一本以长宁法院名义撰写的理论专著。当时，我还在研究室工作，根据邹院长安排，我作为该书编辑，与少年法庭共同研究分头落实，完成了由邹碧华任主编的《少年法庭的创设与探索》。该书于同年 10 月由法律出版社出版。没想到邹院长安排的"编辑"一职和统稿工作，让我与少年法庭结下了不解之缘。

2012 年 8 月 21 日，邹院长突然把我叫到他的办公室说道："你能不能换个工作岗位，去一块新的高地攀登？"已经十分熟悉和热爱调研工作的我，早已把它当作事业孜孜不倦地去追求，创造出了连续四年中标最高人民法院重点调研课题等累累硕果。这块高地已经坚守了多年，难道还有另一块新的高地？于是我为难地说："我还是在研究室留守吧，换个工作岗位不一定能做好。"邹院长看出我有畏难情绪，便说道："调你去少年审判庭工作，那是中国大陆少年司法的发源地，将近三十年了，还有努力开拓创新和继续发展的广阔空间，那里更适合你。"又说："人们可以不知道院长是谁，但不能不知道少年法庭！"话里话外透着对少年司法前景的自信乐观，让人似乎多了点底气。经他这么一说，我顿时觉得，少年审判庭工作似乎变得非常神圣而任重道远，不禁眼前一亮，欣然受命，来到少年审判改革前沿阵地。

这是一个具有创新精神的燃灯者。2012年11月2日，在邹院长即将赴任上海市高级人民法院副院长前，长宁法院召开党组中心组学习（扩大）会议，根据会议安排，我在会上做了主题发言，提出"以审判工作为中心，在深化少年司法改革不断创新上下功夫"等五点设想。我的发言受到邹院长充分肯定，这给我一名少年审判战线的新兵以莫大的鼓舞和激励。真的没想到，这不仅成为他对我的最后一次评价，也为我从此研究少年司法改革和积极探索实践作了扎实的铺垫。

2014年12月10日，上海市高级人民法院副院长邹碧华因公殉职。不久，中共中央总书记、国家主席、中央军委主席习近平对邹碧华同志先进事迹作出重要批示，指出：邹碧华同志是新时期公正为民的好法官、敢于担当的好干部。接着，中宣部追授其"时代楷模"荣誉称号，最高人民法院追授其"全国模范法官"荣誉称号。

当我们在研究邹碧华现象时发现，他的"公正为民、敢于担当、崇法尚德、勇于创新"精神十分丰富，其中，聚焦改革和勇攀高峰几乎涵盖了"邹碧华精神"主要领域，需要我们去挖掘，从而坚定了我不忘初心勇于探索的信心。

我来到少年审判庭工作后，正值纪念少年法庭成立三十周年活动筹备阶段。于是，我按照邹院长改革思路，对少年审判三十年改革探索实践进行了全面梳理和总结，在全国法学类核心期刊《青少年犯罪问题》①杂志上发表了题为《少年审判三十年的实践与思考》的论文，并在近年来的改革中探索前行，取得了少年法庭一起涉少民事案件、两起少年刑事案件先后被《最高人民法院公报》刊用，多起案件入选最高人民法院典型案例的佳绩，这也成为挽救一个孩子，拯救一个家庭，维护一方平安等一系列制度创新的经典之作，使长宁法院少年司法始终保持旺盛生命力。这促使我在少年审判事业的追梦中继续奔驰，以此告慰当年鼓励、激励和策励我在少年审判工作中不断前进的"改革先锋"——邹碧华同志!

访谈人： 在少年司法历史长河中，长宁法院少年审判庭办理了诸多疑难和棘手的案件，仅在您任职期间，就有很多，取得了良好的法律效果和社会效果。您可否向我们介绍下有关情况？

王建平： 在长期的少年司法实践中，长宁法院少年审判庭全体工作人员非常努力，大家积极奋战在预防未成年人犯罪和保护未成年人合法权益第一线，辛勤耕耘、甘于奉献、不懈努力。在诸多案件中，有一起民事案件和两起刑事案件先后入选 2013 年第 8 期、2016 年第 8 期、2018 年第 1 期《最高人民法院公报》，一起刑事案件入选最高人民法院 2014 年 3 月公布的第二批保障民生典型案例，

---

① 《青少年犯罪问题》杂志创刊于 1982 年，是中国大陆第一份以研究和报道青少年犯罪、少年司法和青少年保护问题为核心内容的公开发行刊物，由华政主办、上海市教育委员会主管。《青少年犯罪问题》杂志一贯注重反映有关青少年犯罪、少年司法、青少年权益保护以及犯罪学领域的新动向、新观点、新问题、新经验；致力于整合犯罪学、法学、社会学、心理学、教育学等多学科资源，深化和繁荣青少年犯罪研究，推动我国青少年犯罪防控与青少年权益保护事业的发展，杂志已经连续两届被遴选为 CSSCI 期刊，曾荣获法学类核心期刊称号。

一起民事案件入选最高人民法院 2016 年 5 月公布的关于侵害未成年人权益被撤销监护人资格典型案例，一起刑事案件入选最高人民法院 2017 年 6 月公布的依法惩治侵害未成年人犯罪典型案例，一起刑事案件的"刑事判决书"在 2016 年 11 月中国法学会第二届全国优秀法律文书评选活动中被评为二等奖……这些案例成为少年审判一系列制度创新的经典案例，使长宁法院少年法庭始终保持旺盛生命力，大家功不可没。其中，我办理的刑事案件中，两起案件入选《最高人民法院公报》（其中一例，于 2020 年 10 月还被评为"长三角区域社会治理现代化法治保障创新实例"[①]），一起案件刑事判决书在全国获奖，一起案件的裁判意见被最高人民法院采纳，成为《刑事诉讼法》新的司法解释中的一个新的条文。所有这些成果源于少年法庭有一个温暖的大家庭、大家永葆对孩子倾力保护的拳拳爱心。

访谈人：当时，您是基于什么思考，去努力办好每一个案件，办出精品、办出特色的呢？

王建平：我是这样想的，保护孩子永远是我们的目标。少年罪犯其实就是一个孩子。我们要把少年罪犯作为一个孩子，而不是把孩子作为一个罪犯，应像医院的医生对待病人、学校的老师对待学生、家里的父母对待子女那样。因而未成年人保护工作司法理念的价值取向是教育、感化、挽救而非惩罚。

[①] 2024 年 2 月 27 日首批入选最高人民法院"人民法院案例库"。

我国《刑法》第 72 条关于未成年人放宽适用缓刑的规定，对于被判处拘役、三年以下有期徒刑的不满十八周岁的人，同时符合犯罪情节较轻、有悔罪表现、没有再犯罪的危险、宣告缓刑对所居住社区没有重大不良影响四个条件的，"应当"宣告缓刑。这与成年人犯罪符合条件"可以"宣告缓刑不同，不存在过度保护问题。

但是，审判实践中，适用缓刑的情况并不理想。适用缓刑的案件数量和人数在减少，缓刑案件适用率低，甚至适用的比例在下降。这主要是因为一些符合宣告缓刑的未成年人缺乏家庭监护和社会管教条件，一些社区矫治机构不愿承担帮教责任，一旦被宣告缓刑会难以落实监管，有可能未经改造仍在社会上游荡，很容易坠入再次犯罪的危险之中，这在外地籍未成年人适用缓刑问题上较为多见，从而使整个缓刑适用率没有达到理想水平。从全国各大中型城市看，在外地籍未成年人犯罪已经成为本地未成年人犯罪主要方面的情况下，如何保障外地籍未成年人司法处置上的平等性，促进社会公平正义应当引起高度重视。

由于未成年人犯罪与成年人犯罪具有不同特点，在社会治理中，应创新审理思路和程序，使二者有明显区别。其理念是把少年罪犯作为一个孩子，而不是把孩子作为一个罪犯。其方针是"教育、感化、挽救"。其原则是教育为主，惩罚为辅。其方式是尽可能采取有矫正作用的替代性惩罚方法。其目的是矫治，减少未成年人犯罪和重新犯罪。其做法是采取特殊审判方式对未成年被告人进行干预。其措施是通过案件审理，加强异地联系，为少年刑事审判注入创新元素，最终体现少年刑事司法保护的法治精神。

坚持未成年人刑事审判方式的创新，主要特点是开展社会调查，并以该制度实施贯穿案件审理始终，这是与成年人犯罪审判模式不同的标志。主要做法是通过通知家长出庭、开展法庭教育、适时心理疏导、给予国家救助、落实帮教矫治、准确适用禁止令等特殊审判方式，对未成年被告人综合考量作出相应判决，并在判后做好帮教矫治、回访考察、阳光护送、轻罪封存等延伸工作，体现了国家对未成年人的特殊保护。我自己办理的一起未成年人盗窃案中充分运用了这些特殊审判方式，从而实现对未成年人的特殊保护。

2015年10月20日4时许，被告人李某某前往上海市娄山关路某号巴比馒头店内购买食品，乘被害人袁某某不备之机，窃得袁某某放置于店内工作台下面的一只黑色单肩包，内有现金人民币8400元。袁某某发现后追至娄山关路某号附近将被告人李某某抓获并在附近地面发现被窃的黑色单肩包。

2016年2月2日，长宁法院依法受理上海市长宁区人民检察院提起公诉的被告人李某某涉嫌犯盗窃罪案。案件受理后，法院在向被告人李某某送达起诉书副本时组织心理咨询师对其进行心理疏导，了解其被采取强制措施后的思想状况和表现情况，缓解其诉讼紧张情绪和对立情绪，为开庭作好了准备。被告人李某某的父亲正在服刑、李某某的母亲离家出走杳无音信均无法通知到庭。于是我带领书记员徐钧前往被告人户籍所在地安徽省芜湖市开展社会调查。到芜湖市××区××乡××村，联系李某某的伯父，要求其作为成年亲属到庭参与诉讼。到芜湖市××区司法局××乡司法所，要求派员以社会调查员身份出庭。回到上海后，指定上海市阳光社区青少年事务中心长宁区工作站社工余蕙芳担任李某某的合适成年人，到庭参与诉讼。指定上海市长宁区法律援助中心指派上海市新华律师事务所浦泽幸律师担任被告人李某某的指定辩护人到庭参与诉讼。上海市长宁区人民检察院指派检察员汤汝燕、代理检察员梅静出庭支持公诉。经过法庭努力，应当出庭参与诉讼的当事人全部到庭，整个庭审过程完整，审判步骤有条不紊。

经社会调查，法院在审理中了解到，李某某初中毕业后曾在××县××中学读书，后辍学。其父亲精神发育迟滞（轻度），无正当职业，因犯盗窃罪现在服刑中。其母亲多年前离家出走至今未归。其与妹妹自幼与祖父母生活在一起，家庭没有稳定收入，生活靠祖父母务农收入维持，经济特别困难。2015年6月，李某某通过网友介绍，独自一人来到上海寻找工作。其间，李某某无固定住所，曾日夜在网吧等处漂泊。由于家庭缺失，父母对其疏于管教，致其脱离监护。李某某文化程度较低，法治意识薄弱，一时糊涂犯下罪错。经向看守所了解，其在监所期间认罪悔过，表现较好。为此，李某某的伯父愿意接纳并做好对李某某的帮教工作，芜湖市××区司法局××乡司法所建议对李某某适用缓刑，并同意做好社区矫治工作。

鉴于庭审中被告人李某某及其成年亲属、合适成年人、指定辩护人对公诉人指控的罪名和事实均无异议，在辩论结束后、被告人最后陈述前，法庭组织公诉人、李某某的成年亲属、合适成年人、社会调查员和指定辩护人分别对被告人李某某进行了法庭教育。当庭宣判后，法庭对被告人李某某进行了法庭教育。

本案审理后，长宁法院认为对李某某犯罪应当从轻处罚，遂当庭作出一审判决：（1）被告人李某某犯盗窃罪，判处拘役五个月，缓刑五个月，并处罚金人民币 500 元。（2）被告人李某某在缓刑考验期限内禁止进入夜总会、酒吧、迪厅、网吧等娱乐场所。禁止每日 22 点至次日 6 点离开其户籍地或居住地，如因治病或者探望长辈、亲属等原因确需在禁止时段离开住所的，应由法定代理人等成年亲属陪同，并应在事发后 24 小时内向社区报告。

判决后，少年法庭趁热打铁，当天联合区检察院、区看守所、区民政局救助站开展阳光护送活动，由当地司法局将李某某带回原籍服刑。李某某当场写下保证书，表示回到原籍后将认真服从社区监督管理，接受社区和家庭教育，完成公益劳动，珍惜法庭给予的教育挽救和悔过自新的机会，做一名遵纪守法、自食其力、有益社会的好公民。少年法庭也当场送达了"未成年人犯罪记录封存告知书"。从缓刑执行之日起，被告人李某某每月给法院写信汇报思想和改造情况，表示争取重新做人。缓刑考察期满后，李某某已经找到了一份稳定的工作，没有因为此次犯罪而受到影响。

这是上海法院首次因案件处理而开展的异地社会调查，案件书记员徐钧也做了大量工作。由此打开了沪皖双方异地合作局面。纵观本案处理，该实例的优势主要体现在：本案审理突破了异地社区矫治合作困境，突破了异地社会家庭帮教困境，突破了直辖市等大中型城市"三无"人员缓刑适用困境，突破了消除未成年人犯罪记录和标签、帮助他们重返社会的困境，从而为审理未成年人犯罪案件提供了全新的示范样本。上述所有举措符合未成年人刑事审判改革发展方向，对维护家庭和社会稳定具有一定代表性和示范性，体现了法律效果和社会效果的统一。

访谈人：2023 年最高人民法院启动人民法院案例库建设工作，前面您说的这个案例首批入选。这个案例有什么特点吗？

王建平：为深入学习贯彻习近平新时代中国特色社会主义思想，深入贯彻落实习近平法治思想，落实习近平总书记"一个案例胜过一打文件"的重要指示精神，完善法律统一适用机制，充分发挥人民法院案例指导作用，加强案例工作统筹管理，规范人民法院案例的收集、选编、审核和发布机制，为各级人民法院、广大法官依法办理案件提供精准、高效、权威的类案检索系统，最高人民法院于2023 年决定建设人民案例库，并对入选案例库的案例提出了具体的新的要求。我的案例能够首批入选人民法院案例库，主要有以下几个特点：

第一，独创性。本案例源自长宁法院处理的生效判决，其中做法来源于案件处理中的实践探索和总结，这在社会治理中具有首创性。由上海市新华律师事务所指派、担任李某某辩护人的年长律师浦泽幸在法庭教育阶段，曾深情地说"家乡来人了，家乡来人到了法庭，这是我生平执业以来第一次遇到法官是如此精心审理未成年人刑事案件的"，朴实的话语反映了人民群众对本案独创性工作较为完美的评价。

第二，领先性。本案例曾入选《最高人民法院公报》2016 年第

8 期。这是迄今为止全国法院系统审理的全面反映刑事诉讼法"未成年人刑事案件诉讼程序"相关规定且继续创新的涉少刑事案件入选公报的第一例,在全国社会治理工作中处于领先地位,具有较高知名度和影响力。

第三,实效性。本案例经《最高人民法院公报》刊登,受到社会普遍关注和较高评价,对社会治理工作具有明显的推进作用,产生了良好的社会反响。主要有:一是符合社会主义法治思想、社会治理现代化法治保障要求和联合国《儿童权利公约》精神,体现双向保护。二是可以统一全国司法机关办案流程,符合规范运作。三是可以实现本地与异地少年犯罪后受到同等处置,坚持平等对待。四是可以进一步健全"政法一条龙"和"社会一条龙"相互协作机制,有利于无缝衔接。五是有利于将审判实践中的做法上升并细化为法律实施细则,便于认真执行。2021 年 3 月 1 日起施行的最高人民法院《关于适用〈中华人民共和国刑事诉讼法〉的解释》采纳上述案例中的精神,新增第 575 条第 2 款规定:"人民法院可以通知作出调查报告的人员出庭说明情况,接受控辩双方和法庭的询问。"

第四,示范性。本案审判方式具体,步骤明确,措施得当,符合少年司法制度发展的必然趋势,创新生命力较强,这对人民法院审理同类案件具有重要参考价值,具有推广价值和示范作用。

访谈人:您来到少年审判庭工作时,处在少年审判改革关键时刻,除了办案,您是如何适应改革形势,破解难题,继续创新的?

王建平：经过近三十多年的努力，全国社会治安综合治理工作成效显著，全国法院判处的未成年被告人从 2008 年以后开始逐渐下降。2009—2017 年未成年人犯罪人数呈现逐年递减态势，未成年人犯罪平均每年递减近 10%。与 2008 年相比，经过十年，2017 年未成年人犯罪人数减少了 63.13%，占 2008 年 36.87%。2018—2020 年未成年人犯罪数量曾出现反弹。2018—2020 年 111194 人与 2015—2017 年 112367 人相比同比下降 1.04%。2022 年下降至27000 余人，十年间降幅超过 50%，未成年人犯罪势头得到有效遏制。

如果说三十多年前少年刑事审判改革，是因关注对未成年被告人的特殊保护而崛起，则三十年后少年刑事审判改革，因对未成年被害人的特殊关爱、给予未成年被害人和未成年被告人双向保护而拓展。在这种情况下，我们要考虑扩大保护对象，从未成年被告人的保护扩大到未成年被害人的保护，必须有明确的方向。于是，在分管副院长秦明华领导下，我们提出了"三个全覆盖"。

第一，收案范围向未成年被告人和被害人全覆盖。少年刑事司法强调国家对未成年人的保护责任，其应当对未成年被告人和被害人给予同等保护。为此，应将成年人侵害未成年人人身权利犯罪案件（可先从未成年被害人提起刑事附带民事诉讼案或者性侵案做起）与犯罪嫌疑人、被告人留有未成年子女无人监护或者无力监护的案件等纳入少年审判庭收案范围。

第二，法律援助向未成年被告人和被害人全覆盖。2012 年《刑事诉讼法》第 267 条规定，"未成年犯罪嫌疑人、被告人没有委托辩护人的，人民法院、人民检察院、公安机关应当通知法律援助机构指派律师为其提供辩护"。但该规定对未成年被害人提起刑事附带民事诉讼因经济困难或者其他原因没有委托诉讼代理人的，是否可以提供法律援助没有作出规定。2021 年《关于适用〈中华人民共和国刑事诉讼法〉的解释》第 565 条对此仅规定"应当帮助其申请法律援助"，法律援助机构是否同意或愿意处于不确定状态，这失之偏颇，应将法律援助同时转向刑事附带民事诉讼未成年被害人。

第三，心理疏导和干预向未成年被告人和被害人全覆盖。《关于适用〈中华人民共和国刑事诉讼法〉的解释》第 569 条规定，对未成年人刑事案件，人民法院根据情况，可以对未成年被告人进行心理疏导；经未成年被告人及其法定代理人同意，可以对未成年被告人进行心理测评。心理疏导的目的是缓解其紧张情绪，减少阻抗因素，适应法庭审理；心理测评的目的是帮助了解未成年被告人的可塑性和再犯可能性等，为是否判处非监禁刑提供参考意见。其目的是让未成年人在今后更好地融入家庭和社会。但是，对犯罪对象是未成年人并提起刑事附带民事诉讼的，应给予同样关怀，一并适用。努力帮助他们医治身体和心理创伤，去除阴影，走向明天。

"三覆盖"观点形成后，我首先与长宁区人民检察院未成年人检察科联系，得到他们大力支持。2012 年 10 月，少年审判庭会同长宁区人民检察院未成年人检察科，把审查起诉和审判触角延伸到了未成年被害人，扩大刑事案件受理范围、实现全覆盖。不仅受理未成年被告人刑事案件、未成年人与成年人共同犯罪分案起诉分案审理案件，还将成年人侵犯未成年人人身权利的刑事案件，不限于性侵案件，全部纳入未检和少审收案范围，并给予提起刑事附带民事诉讼的未成年被害人法律援助，走在了全国法院前列，为少年法庭这面旗帜继续着力打造第一。

这一做法首先得到上级检察院支持，2015 年上海检察机关将成年人侵害未成年人人身权利案件交由未检部门统一办理这一做法推广到全市检察机关。2021 年 1 月，未检业务统一集中办理工作在全国检察机关稳步全面推开。

2021 年 1 月，最高人民法院发布《关于加强新时代未成年人审判工作的意见》，吸纳我们做法，其中第 4 条规定指出，对未成年人权益要坚持双向保护，"既依法保障未成年被告人的权益，又要依法保护未成年被害人的权益，对各类侵害未成年人的违法犯罪要依法严惩"。于是，在收案范围问题上，2021 年 3 月施行的最高人民法院《关于适用〈中华人民共和国刑事诉讼法〉的解释》第 550 条对2013 年 1 月施行的最高人民法院《关于适用〈中华人民共和国刑事诉讼法〉的解释》第 463 条作出重大修改，明确规定"强奸、猥亵、虐待、遗弃未成年人等侵害未成年人人身权利的犯罪案件""可以由未成年人案件审判组织审理"。由此，检法两家在全面保护未成年人合法权益的刑事案件审理工作中又向前迈出一步。

2021 年 1 月，《关于加强新时代未成年人审判工作的意见》发布后，我自 2 月 6 日起，在《人民法院报》上连续发表三篇文章提出：为了适应未成年人保护的新形势新要求，长宁法院少年审判已经努力实现了四大转变，即从未成年被告人保护向未成年被害人保护双向保护方向转变，从依法惩戒帮教未成年被告人向从严惩治重点打击各类侵害未成年人违法犯罪并重方向转变，从少年刑事审判向少年综合审判扩大少年审判职责实现全面保护方向转变，从司法保护向集家庭保护、学校保护、社会保护、网络保护、政府保护、司法保护和自我保护于一体的未成年人综合保护方向转变，真正形成全社会保护合力。

将成年人侵害未成年人人身权利案件交由未检部门和少年审判庭办理，关注的重点是未成年被害人。与此相配套，长宁法院将未成年人与成年人共同犯罪分案起诉至我院的，全部由少年审判庭审理。只是在共同犯罪案件中，涉及未成年犯罪嫌疑人已经作不起诉或附条件不起诉的，被告人仅为成年人的案件，由少年审判庭审理已无意义，这类案件还是由刑事审判庭审理，但被害人为未成年人的除外。

访谈人： 扩大未成年被害人收案范围，将被害人实体权利纳入保护范围。在诉讼程序上，您是如何继续拓展，确保未成年人权利得到实现的？

王建平： 从未成年被告人保护向未成年被害人保护双向保护方向转变中，双向保护的程序性措施都不能忽略。我在副院长秦明华的领导下，主要从以下几个方面去思考、去拓展、去实践。

一是案件多了，案件起诉手续不能多，必须减少中间不必要周转环节。1999 年 4 月，上海法院少年法庭机构改革，少年刑事案件实行指定管辖集中审理制度。长宁法院根据上海市高级人民法院、上海市人民检察院、上海市公安局、上海市司法局《关于对本市未成年人刑事案件指定管辖的意见》，受理长宁、南市、卢湾、徐汇、浦东五区未成年人刑事犯罪案件。我到了少年审判庭发现，外区检察院移送案件必须经过原管辖法院再送交长宁法院，一般需要一周，时间过长。2013年1月，长宁法院少年审判庭牵头，与本院立案庭、徐汇区人民法院立案庭、徐汇区人民检察院未检科会商建立"指定管辖的未成年人刑事案件直送机制"。凡由未检科起诉的未成年人犯罪案件，可以直接凭"指定管辖函"将案件送交我院审查立案，无需通过其他区法院立案庭审查后移送，减少中间路途不必要周转环节，提高诉讼效率。

二是案件多了立案标准不能低，必须将社会调查报告作为立案审查依据之一。凡人民检察院提起的公诉案件，应当在查明未成年被告人真实身份的基础上，开展社会调查。并随案移送社会调查报告。2015年7月，建立社会调查报告随案移送机制，作为立案审查依据之一。即在起诉书附件主要证据目录中一并列明社会调查报告名称，并附报告原件。未能开展社会调查的，或者开展社会调查后无法形成社会调查报告的，一般不予立案，提高立案门槛。

三是案件开庭诉讼参与人不能少，必须让社会调查员出庭发挥作用。社会调查员出庭制度至今没有得到推广，尤其是已经建立该项制度的地方已悄然停止执行，需要恢复并持之以恒。所以，我们规定，人民法院决定开庭，无论被告人及其辩护人对社会调查报告是否有异议，凡社会调查员开展社会调查的，人民法院应当通知社会调查员出庭。社会调查员出庭的，应当做好宣读社会调查报告、接受诉讼参与人询问、开展法庭教育，在法庭对被告人判处缓刑时有时还要做好交接等工作。

四是未成年被害人诉讼代理制度不能少，必须协调法援中心给予支持和帮助。未成年被告人没有委托辩护人的，我们通知法律援助机构指派律师为其提供辩护。未成年被害人提起刑事附带民事诉讼因经济困难或者其他原因没有委托诉讼代理人的，因没有强制性规定，2013 年 1 月，我前往长宁区法律援助中心进行沟通协调，双方同意与指定辩护一视同仁，遇有案件，由法院发函，法律援助中心可以为未成年被害人提供法律援助，指派律师作为刑事附带民事诉讼代理人。如此一来，未成年被害人提起刑事附带民事诉讼，有了司法保障。

2016 年 9 月，我应邀参加长宁区法律援助办案工作座谈会。在听取了律师们对案件审理的意见、回答了律师们提出的一些问题之后，我结合少年审判今后发展总体工作思路，对律师办理未成年人刑事案件提出三点建议。第一，将会见被告人工作落到实处。其一，要把案件事实查清楚。不仅要问清楚犯罪事实，还要问清楚有利于被告人量刑情节的事实。必要时，通过建立庭前会商机制，将争议问题解决在庭前，避免对被告人造成不良影响。其二，要把犯罪原因查清楚。在社会调查报告反映的问题明显不足的情况下，应当开展补充调查，避免法官调查先入为主。其三，要把被告人家庭支持系统查清楚。为了做好帮教工作，尽力将与被告人有密切联系的父母等亲属查清楚，提供给法庭，弥补公诉机关提供情况的不足。第二，将法庭教育工作落到实处。其一，要根据不同案由作准备；其二，要根据不同案情作思考；其三，要根据不同被告人作引导，以改变律师与法定代理人缺乏沟通、参与法庭教育准备不足的现状。第三，将共同做好回访考察工作落到实处。其一，要重点回访与一般回访相结合；其二，要实地回访与电话回访相结合；其三，要个别回访与集体回访相结合，帮助被告人重塑人生，重返社会。法律援助中心表示，可以结合办理案件，一案一落实，一案推一案，一案一总结，一案带一片，形成联动效应。

五是未成年被告人回访考察机制向被害人"回访＋救助"判后保护机制延伸不能少。判后矫治工作由刑罚执行机关负责，人民法院应当配合做好相关工作，故判后回访考察十分重要。所以在案件审结后，我们针对判处监禁刑和非监禁刑不同情况，设置不同回访期限，联合未成年犯管教所和社区矫正机构等，采取不同方式，开展回访考察工作，了解判后服刑和改造情况，有针对性地做好思想工作。我们要继续针对在沪无家可归、举目无亲、身无分文的"三无"外来未成年人，在其刑满释放当天或者当庭宣判缓刑时，联合检察院、救助站和市未管所等部门实施"一路阳光"护送至车站码头，具备一定条件的护送至原籍，并与当地司法行政管理部门或社区矫治机构对接，实现跨部门、跨区域合作机制，为未成年罪犯顺利回归社会创造必要条件。这些做法，后来又通过嫁接并延伸到未成年被害人回访工作。我们在回访中，了解当事人被害后身体康复、心理修复、生活恢复等情况，并依托司法救助和社会救助平台，根据案件不同情况配套运作，给予经济帮助，适应未成年被害人保护实际需求。

后来，我们的做法也被立法吸收。2021 年 6 月实施的《中华人民共和国未成年人保护法》第104条明确规定：对需要法律援助或者司法救助的未成年人，法律援助机构或者公安机关、人民检察院、人民法院和司法行政部门应当给予帮助，依法为其提供法律援助或者司法救助。2022年1月实施的《中华人民共和国法律援助法》第29条规定，"刑事公诉案件的被害人及其法定代理人或者近亲属，刑事自诉案件的自诉人及其法定代理人，刑事附带民事诉讼案件的原告人及其法定代理人，因经济困难没有委托诉讼代理人的，可以向法律援助机构申请法律援助"，给予未成年被害人法律援助有了法律根据。

访谈人：少年法庭成立之初，它还是一个新生事物。少年法庭的工作没有现成的模式可照搬套用，没有现成的制度可供执行，前辈们走过了一条前人没有走过的道路，做了一番前人没有做过的事业，也为后人创业奠定了基础。请您讲讲您到了少年审判庭后，为少年审判制度持续构建做了什么研究，从而为立法注入创新元素，使少年司法坚持创新、持续发展。

王建平：我国在少年保护立法方面取得了重大成就，全社会对未成年人保护已经形成共识。但是，对未成年人的保护还存在保护过度和保护不力的争论。这既有立法问题，也有执法问题，还有社会预期问题，需要具体分析。从联合国确立的"儿童利益最大化"准则看，未成年人保护的空间还很大，需要继续拓展。所以，在审判工作中，我们要处理好少年保护与社会平安关系。我的观点是：社会公平是社会平安的基本目标，社会平安是百姓解决温饱以后的基本需求。家庭平安是社会平安的基本元素，孩子平安是家庭平安的基本前提。所以，对孩子的保护，就是对家庭平安的向往，是对社会平安的支撑，也是对社会公平的诠释，它关乎社会的稳定与国家的长治久安。这就需要将司法保护和立法保护有机结合起来。

在审理涉少刑事案件时，我感到解决未成年人犯罪问题，还与学校教育和处置有关。中小学生旷课、逃学、辍学的，学校应当及时与其父母或者其他监护人取得联系，并要求其配合学校采取管教措施。有的放任不管，有的直接开除，导致孩子在社会流浪引发犯罪。有的学校只要学生被刑事拘留，即开除学生，或者要求家长申请退学。在这种情况下，即使法院判处缓刑，孩子也无法回到原来学校读书。这既是学校教育问题，又是政府保护中的问题，需要研究。

2006 年 9 月，上海市第一中级人民法院被最高人民法院确定为全国法院少年综合审判改革试点法院。根据上海市高级人民法院要求，我院作为试点法院配套单位同步改革，从单一审理涉少刑事案件扩展至受理涉少民事和行政案件。

在审理涉少民事侵权案件中，我们经常会遇到这种情况：新的小区注重河道等景观建设，但由于河道周围没有护栏，或者护栏设置不规范、护栏损坏没有及时修理等原因，导致孩子在玩耍中不慎掉入河里被淹死，从而酿成诉讼。从审判结果看，大都认为，父母作为监护人没有履行好看护责任，负有过错。小区开发商或者物业公司没有履行好护栏建造、加固或者修缮责任，负有过错。判决双方共同承担民事责任，只是承担的比例有所不同。这个时候我在想，政府主管部门有没有责任呢？比如规划审批责任，涉及公共安全的一些民生工程，不恰当的备案制取代验收的质检责任等，这与政府责任有关，也与立法有关。

我查阅和研究了 1991 年 9 月—2012 年 10 月二十多年间，经过两次修订并于 2013 年 1 月施行的《中华人民共和国未成年人保护法》对未成年人的保护及其相关问题的规定。该法从家庭保护、学校保护、社会保护和司法保护四个方面对未成年人保护作出了规定，有助于人们增强未成年人保护意识，确立并深化未成年人保护理念，在行动上加以落实，具有较大的引领价值和标杆作用，为更好地保障未成年人的各项权利提供了法律依据。但是，该法针对执行中发现的问题，由谁追责，由谁担责，相应条款没有细化。也没有将"政府保护"单列，而是将政府保护的有关内容列于社会保护之中，使得政府保护的责任在法条中没有凸显出来，或者说使得政府保护与社会保护的边界容易被人混淆，这对未成年人保护工作的开展不利。其实，政府责任作为国家责任的核心，应当有专门规定。现在没有单列一章，是值得商榷的。

所有这些思考，不仅从一个侧面记录了我院少年法庭在预防未成年人犯罪、保护未成年人合法权益的点点滴滴、研究汗水和足迹，也从另一个侧面将实践经验上升为理论，并努力为立法建言献策。

2017 年 7 月，长宁法院少年审判庭被共青团中央命名为"全国预防青少年犯罪研究基地"。同时，长宁法院又被上海市人大常委会确定为"基层立法联系点"。在此前后，全国人大和上海人大多次到长宁法院调研少年审判工作和未成年人保护法执法情况，并给予充分肯定。2018 年 5 月，最高人民法院下发通知，决定启动刑事诉讼法司法解释修改工作，并就"未成年人刑事案件诉讼程序"一章指定长宁法院作为唯一一家基层法院与其他两家法院分别参与修改工作。

与此同时，最高人民法院也积极开展调研。2017 年 11 月 8 日，最高人民法院与美国人权对话基金会联合举办"中美少年审判体制改革研讨会"。受最高人民法院邀请，我代表中方作《未成年人保护与少年审判职责》主旨发言，阐述中方在保护未成年人方面的体会和举措以及针对问题采取的对策，其中还谈到政府保护、提出少年保护与社会平安并重等问题，受到中外学者关注。这也是我院对外交流中一项比较重要的工作。

经过多年努力，2018 年 9 月全国人大常委会启动《未成年人保护法》和《预防未成年人犯罪法》"两法"修订工作，还多次召开研讨会、专家论证会、修改稿征求意见座谈会。我充分利用上述平台和机缘，多次应邀参会，以提出有针对性的解决办法。

2018 年 12 月 14 日，全国人大召开未成年人保护法修改调研"专家座谈会"，听取立法修改意见，我再次应邀参加，为立法努力建言献策，提出的建设性意见被采纳。2020 年 10 月修订后的《未成年人保护法》已增设"政府保护"一章，并细化学校保护，加以规范。可以这样说，少年审判庭的法官不能就案办案，在未成年人保护中，要努力追求社会公平正义；在具体案件审判中，要努力追求法律适用统一；在理论联系实践中，要努力促进立法不断完善，

为此需要担负起重要责任。

访谈人： 您作为少年审判事业的参与者、亲历者和研究者，对少年司法改革充满信心。请您为我们描绘一下未来少年司法制度发展前景好吗？

王建平： 少年审判，只能加强不能削弱，只能前进不能倒退。加强对未成年人的司法保护，关系到未成年人健康成长。党和国家历来高度重视未成年人健康成长，在党的二十大报告中也明确要求"加强和改进未成年人思想道德建设"，保障儿童合法权益。这为加强未成年人审判工作提供了根本遵循，指明了前进方向。目前，我国未成年人保护工作日趋成熟，我们期待它向涉少刑事和家事审判综合职能方向推进，向少年法院迈进，向独立的少年司法制度挺进。以预防未成年人犯罪和维护未成年人合法权益为终极目标，在不断完善中走向未来。

口述历史——中国少年司法长宁法院求索之路

第一，进一步明确少年审判改革的发展方向。要坚持以习近平新时代中国特色社会主义思想为指导，以"当好改革开放排头兵、创新发展先行者"的要求，提高政治站位，按照党的十八届四中全会通过的《中共中央关于全面推进依法治国若干重大问题的决定》和党的十九大、党的二十大精神，进一步加强少年审判工作，从最有利于未成年人原则出发，在指定管辖模式下研究少年法庭定位，为少年审判注入创新元素。要适应新时代要求，坚持少年法庭建设机构专门化、审判专业化、队伍职业化改革要求，充分发挥司法职能作用，加强对新情况新问题的研究，不断提升少年审判工作成效，更加有效地维护未成年人合法权益，促进未成年人健康成长，使中国特色少年司法制度在发展中不断完善，在完善中走向未来。

第二，进一步明确少年刑事审判中心不动摇。少年法庭的发展，起源于少年刑事审判。少年刑事审判的发展推动了少年刑事和家事审判、少年检察、少年司法行政、少年警务制度直至少年司法制度的建立。近年来，虽然未成年人犯罪数量逐年下降，但未成年人犯罪呈现出暴力化、团伙化、成人化、智能化、低龄化等趋势，性侵害、家庭暴力、虐待和遗弃儿童等侵害未成年人权益的违法犯罪案件时有发生。如将试行二十多年的指定管辖集中审理制度进一步推广实施，并适时扩大部分案件收案范围，对孩子加以特殊保护，受诉法院涉少刑事案件将会超出原有收案水平。因此，以刑事审判为中心的少年法庭定位不能动摇。

第三，进一步明确少年家事审判职能地位。在以刑事审判为中心框架下，我们还要适度向涉及未成年人民事权益的家事案件和侵权案件延伸，扩大未成年人民事权利保护范围，这是少年法庭发展趋势。从保护范围看，实行刑事审判，对未成年人被告人和被害人进行特殊保护还不够，还需要对未成年人民事和家事权益给予关注。为此，凡涉及未成年人案件，需要建立专门机构、设立特别程序、开展专业审判、落实专职人员、给予特殊保护等，为推动少年法院建立先行先试，将关注的视角和落脚点永远凝聚在孩子身上。

第四，进一步明确法庭审理与普法教育紧密结合新举措。我们要以全民普法为契机，继续关心和爱护孩子，在法庭审理中有机融入法治教育内容，将法庭审理的每一个案件与普法教育乃至于校园法治文化建设紧密结合起来，搭起司法与民众沟通的桥梁，让人民群众尊重法律，信仰法律，自觉遵守法律，将《中共中央关于全面推进依法治国若干重大问题的决定》提出的"保障人民群众参与司法"要求在少年审判中率先落到实处，让孩子们沐浴在党的阳光下并伴随他们健康快乐成长。

第五，进一步健全"两条龙"工作协作新机制。预防未成年人违法犯罪和对未成年人合法权益给予保护，需要全社会共同努力，以满足人民群众对少年司法的新要求和新期待。为此，应以贯彻落实中央综治委、最高人民法院、最高人民检察院、公安部、司法部和团中央《关于进一步建立和完善办理未成年人刑事案件配套工作体系的若干意见》为契机，继续加强公、检、法、司相配套"政法一条龙"机制建设，重点做好政府相关职能部门、社会团体等各部门相衔接的"社会一条龙"机制建设，探索建立家庭保护、学校保护、网络保护、社会保护、政府保护、司法保护和自我保护于一体的未成年人综合保护网络，形成双龙共舞的长效机制，并以此为轴心向外辐射，凝聚各方力量，促其在综合审判中发挥作用。

最后衷心祝愿长宁法院少年法庭这朵名片之花，花开更艳丽，果结倍丰硕！

我愿意做孩子们心中的那一抹光亮

访谈时间： 2023 年 2 月 23 日

访谈人物： 顾薛磊，上海市长宁区人民法院未成年人与家事案件综合审判庭庭长。

访谈人： 作为新中国第一家少年法庭的现任庭长，您在少年法庭已经工作了二十多年，能否请您跟我们分享这么多年在少年法庭工作的感受？

顾薛磊： 我是 1997 年进入长宁法院工作的，1999 年进入了未成年人与家事案件综合审判庭，也就是"少年法庭"。除去开头两年和中间工作调动离开的三年，进法院工作二十六年中，有二十一年我都在少年法庭工作。

我发现时间过得特别快，1999 年我刚到少年法庭的情景历历在目，一眨眼，我在少年法庭已经工作了整整二十一年，逐渐从当初的小伙子变成了一个中年人，对保护青少年工作也有了更深的体会和感触。

我们长宁法院少年法庭成立于 1984 年 10 月，是新中国成立后成立的第一个少年法庭，是少年司法的发源地，时间跨度较大。我在少年法庭工作期间受到了很多前辈的指导和帮助。其中让我最记忆犹新的是一个"口罩蚊帐"的故事。过去生活条件比较艰苦，法官收入也不高，但还是会竭尽全力地给未成年人提供帮助。有个少年犯刑满释放后，爸爸妈妈都不愿管他，老法官虞雅芬只能先把孩子安顿在安置点的宿舍里，再慢慢做父母的思想工作。但安置点条件不好，有很多蚊子，当时的法官怎么做的呢？她将一些棉纱口罩拆开后仔仔细细缝制在一起，给那个孩子做了一顶蚊帐。在那个物资并不富裕的年代，缝制一顶蚊帐可能是那位法官最后能提供的一点帮助，但她也尽她所能去做了。时代在变，现在我们条件好了，不需要再做口罩蚊帐，但是这种把每一个孩子都当作自己孩子一样对待的精神，值得一直延续下去，要始终坚持司法为民、不计个人得失，设身处地、真正为老百姓办实事。

这二十一年少年法庭的工作经历让我感触良多，法律不只是冰冷的条文，在为当事人定分止争时，我们更多地要注重凝聚亲情、汇聚人心，将对孩子的伤害降到最低，尽全力给身处困境的未成年人带来希望，给他们提供保护，为他们争取应有的权益，帮助他们走在人生的正轨上，让他们有一个光明的未来。孩子的笑脸是对我的最大激励，让孩子多一分快乐、多一点希望是我的愿望，更是我的职业信仰。作为一个少年法庭法官，要始终将最有利于未成年人作为办案的基本原则，通过自己精湛的业务技能、温情的司法服务、热忱的司法关怀，矫治未成年犯罪，维护未成年人合法权益。

这么多年过去，初任法官的激动心情已然平静，但对少年审判的热忱和激情却从不曾淡去，让孩子多一分快乐、多一点希望，始终是我的职业信仰。

访谈人： 听了您二十多年来少年审判工作的感受，我的内心很受触动。您认为在办理这些涉及未成年人的案件时，法官应该注意什么，才能真正发挥少年审判这一特殊的"希望工程"的作用？

顾薛磊： 就我个人的办案经验来说，我觉得给未成年人多一点包容和关爱，或许将改变他的一生。未成年人的心智尚不成熟，比我们成年人更脆弱、敏感，更容易受到伤害。如何判决，从重从轻，都会对他们日后的人生产生很大的影响，这就需要我们每个少年法庭法官在处理案件时，慎之又慎，投入更多精力与耐心，担负起这份沉甸甸的责任。

2018年我处理了一起未成年人参与网络盗窃金融平台案件，通常在接到案件之后，我会第一时间到看守所提审当事人，这也是我们所有少年法庭法官的必修课，我们在判之前要跟孩子聊天，了解他为什么会走上犯罪道路，了解他的家庭情况，有没有家庭监管，会不会走上重犯道路等。我们法官也要"望闻问切"，为我们将来给他们制定改造路线作准备，通常在详细了解情况后才会开庭。

来到看守所后，看守所民警跟我们反映，说这个孩子很特殊，他经常会向民警要书看，要一些高考复习资料等，与我们过去常见的少年犯很不一样。通过委托社工对他做社会调查以及与他的对话中，我了解到，他家境比较贫寒，因为长期住校，与父母沟通较少，一次偶然的机会让他发现了某个网络平台的漏洞，抱着侥幸心理，一时糊涂盗取了 4 万多元人民币。让我感到意外的是，在谈话结束后，他非常急切地问我，像他这样的情况，还能参加高考吗？我当时没有犹豫，很坚定地回答他，可以参加高考。

经过与检察官的沟通，我们一致认为这个孩子可以改造挽救，长期羁押不利于其成长，于是庭审后当庭宣判了较短的刑期，不久这个孩子就走出了看守所。为什么这么判决？一方面是因为我在多次与这个孩子谈心的过程中，感受到了他的悔过之心，他是一个爱读书的孩子，平时学习也十分努力，我不想因为判刑影响他的人生。另一方面，他的家长也十分重视，在开庭前三天就早早地从外地来到上海，生怕错过孩子的判决，说明之后的家庭监管不会缺位。当然，作出这个判决，目的就是让这个孩子可以像其他考生一样参加高考。

他从看守所被释放的那天正好是周六，我特地买了一套全国高考复习资料，去看守所接他。我想为他打打气，鼓励他振作起来好好迎考。他见到我很激动，我还和他的父亲加了微信，经常关心他。很遗憾，2018 年那年高考他并没有考取，但通过复读，他在 2019 年考取了一所师范大学。高考后，他在 7 月给我发了微信，是两张图片，一张是他的成绩单，另一张是他的录取通知书。我问他为什么选择师范院校？他说，希望能成为一名人民教师，像顾法官一样帮助他人。这个回答让我很暖心，就觉得我们对他的帮助和教育是非常值得的。

这些年我们一直保持联系，我时常会收到他的好消息，他在学校的成绩很好，担任了学生会主席，获得了国家级奖项 3 项，省部级奖项 7 项，以及很多其他的荣誉，可以预见他会有一个光明的未来。其实最让我开心的不是他获得了那么多奖，而是这个孩子能像其他普通孩子一样生活、学习、工作，将曾经犯错的影响降到最小。

我们少年法庭法官的工作目的，就是让每一个真心悔过的孩子能够重回正轨，让他们正正常常、平平淡淡、毫无痕迹地回归社会，不被贴上罪犯的标签，在社会上不受到歧视，当然最好他们将来能够回报社会。他们需要一个改正错误、重启人生的机会。作为少年法庭法官，我们有责任给孩子这样一个机会。这也是我一直在工作中强调的点，那就是我们法官要有同理心，能够站在未成年犯的角度，去理解他们受过的苦难、去理解原生家庭带给他们的创伤，用我们的真情融化他们，多给他们一些温暖。

访谈人：从您的故事中感受到您对待每一个案件都很认真负责，对涉及的未成年人更是用自己的真心去对待。您深耕少年审判这么多年，是否有自己独有的一套工作法门，能否跟我们以及今后的少年法庭法官们分享？

顾薛磊：也不能说是什么独有的工作法门，并没有这么夸张。每个法官对于办案，其实都有各自的做法。在我之前以及跟我同时期的很多其他少年法庭法官都有很多优秀的做法值得我去学习。就我个人而言，我把我的工作方法总结为"两情三心四理"工作法。

所谓"两情三心四理"，就是指通过"亲情、旧情"去感化当事人，通过"精心、恒心、同理心"去取信当事人；最终把握当事人的心理状态，把握法律精髓，将"法理、情理、事理、心理"多方面综合运用，将调解贯穿于案件审理始终，坚持"以和为贵、以法为本"，有效处理案件，实现案件办理政治效果、法律效果和社会效果的最优解。

其中，"两情"是指亲情和旧情。在我们办理以家事为主的民事案件当中，通常因为父母离异或是其他原因，孩子得不到好的教育，甚至基本的生存权益都得不到保障，那我们就要围绕亲情来打亲人牌，寻求孩子其他家属的帮助；旧情，主要针对那些离婚案件里存在的一些问题，我们会希望双方可以念旧情，看在有共同孩子的份上，携起手来，为孩子的未来教育做好打算。

"三心"是指精心、恒心、同理心。面对每一个案子，我们都要尽全力，确保每一个审判都不能出错，要做专家型法官，要精心办理每一个案子；恒心是指，我们做一个案子，不是到结案环节就结束了，我们需要花时间长期跟踪，了解孩子的成长，做到"案结情不结"，要当好孩子们的"法官爸爸""法官妈妈"，孩子的发展是一辈子的事情，幼年的伤害或许会影响他们一辈子，但如果我们及时拉一把，可能会改变他们的人生；同理心就是要对孩子们面临的困境感同身受，这样你才会伸出援助之手。

"四理"则是指法理、情理、事理、心理。我们少年法庭要处理很多家事案件，很多看似很小很琐碎的家事却最难办，俗话说"清官难断家务事"，很多时候，我们需要多方面综合运用这四个"理"，从而更高效地做好调解工作。

以我曾经办理的一起案件为例。这是一起孩子母亲要求孩子父亲增加抚养费的案件。我们了解到，孩子父亲的家庭确实存在很多困难，孩子的奶奶因患有精神病长期住院，姑姑有严重的抑郁症，使得孩子的父亲只能待业在家、照顾家人，也确实无力再增加抚养费。从法理上来讲，这个增加抚养费的诉求是要被驳回的，但我们还是从情理上想办法为孩子争取。经过协商，孩子父亲愿意再适当增加数百元抚养费，我们也跑了多个机构为孩子争取救助帮扶。孩子母亲在看到我们的付出后很感动，说怎么判都可以，她相信我们。我们也和孩子父亲说，抚养费的多少不是关键，主要的还是要承担起陪伴孩子成长的责任，协助妈妈一起做好孩子的教育工作。在后续的回访中，我们欣喜地发现，孩子和父亲相处得很好，周末或者节假日会与父亲出游，孩子的脸上明显多了很多笑容。

访谈人：我们注意到，您作为一位优秀的少年审判法官，曾经获得过全国维护妇女儿童权益先进个人、全国优秀法官、全国法院党建先进个人、上海市优秀共产党员、上海市十大杰出青年等荣誉称号，您觉得这些荣誉对您来说意味着什么？

顾薛磊：我非常感谢大家对我工作的肯定。这些荣誉其实都是我身上沉甸甸的责任，这些荣誉我非常珍视，对于责任我也甘之如饴。但其实我最喜欢的称呼还是"法官爸爸"。

在"两情三心四理"工作法中，我也提到过，我们少年法庭法官，一定要有恒心，要长期关注孩子的成长，要在他们遇到困境时及时伸出援助之手。所以在我们审理过的案子里，得到我们十年以上持续关注的案件比比皆是，最长的可能有十四五年，常常是"案结情未结"。有些孩子会亲切地叫我"爸爸"，在他们的成长道路上，已经把我当作自己的爸爸看待，我就是他们的"法官爸爸"。

还记得是 2009 年初，在一个冰天雪地的日子，一名中年女子带着一个五岁多的小女孩在长宁法院门口找到我，要起诉前夫索要孩子抚养费。我印象特别深，就在法庭里，小女孩天真无邪地东看看西瞧瞧，然后就跑过来爬到了我的桌子上。原本应该上幼儿园的年纪，她却因为家里没钱，一天学也没上过。孩子的生父哄骗孩子的母亲，说卖掉房子去换一套大房子，改善家里的生活条件。没想到办了离婚手续后，孩子父亲卷走了全部房款，抛妻弃女逃之夭夭，导致母女俩无家可归。孩子的母亲要起诉孩子的父亲，但她却连孩子的父亲去哪儿了都不知道。

这位母亲曾患有双向情感障碍精神疾病，按照法律规定，精神病患者不能作为未成年人的监护人起诉。我当时也很无奈，只能先掏空口袋里所有的钱塞给女孩妈妈，暂解燃眉之急。

这位母亲和我同龄，看着却十分苍老。我很想帮助这对可怜的母女，之后我开始多方寻找立案的司法依据。经过半年多的努力，法院确认这位母亲在神志清醒期间可以行使孩子的监护权，立案成功，并由我向母女俩发起司法救助。

案子了结后，我和她们的联系并没有间断。小女孩一直管我叫

"爸爸"，有困难时她也会向我求助。有时候孩子的母亲突然发病，她会第一时间联系我，然后由我送她母亲去精神病院看病。而且我和她们所在街道的工作人员也保持联系，在她母亲发病时会将她俩暂时分开。在她母亲发病期间，我每天都会去看望，看到她母亲吃完药后再离开。有次遇到门诊医生，他觉得惊讶，说从来没见过法官陪当事人看病还能坚持那么多年的。

其实她们的生活一直比较艰难，到女孩十岁那年，她主动去街上卖气球帮助妈妈。这也是很打动我的一点，正常家庭里这么大的孩子应该得到父母的关爱照顾，而这个孩子却要早早担负起照顾母亲的责任。所以，我时常会开车到她们出摊的地方绕一圈，远远看一眼她们过得怎么样。有次农历小年夜，天气很冷，下雪了，街上几乎没有行人，她们还在那里摆摊，妈妈在等人来贴膜，女孩手里捏着气球，这让我想起了卖火柴的小女孩。我不愿看到火柴燃尽，悲剧发生。之后的几年里，我跑遍了派出所、城管、街道、精神病院，为母女俩的生计奔波。后来，在各个部门的支持下，这位母亲有了自己的小门面，孩子也顺利上了初中，生活总算安稳了一些。如今，小女孩已经长成了亭亭玉立的大姑娘，即将从高职毕业。看着她平安长大，我觉得很欣慰，很快她就能踏上社会、有一份稳定的工作，这个家庭也就有着落了。

还有一个案子的当事人也是一个小女孩，她是非婚生子女，在当时并不能拥有户籍，没有户籍就不能像其他普通孩子那样正常上学，接受教育。当时孩子不到三岁，孩子的妈妈找到我时十分焦虑，那天孩子还在发高烧，看着十分可怜。为了这对母女，我也是四处奔波，往返一百多公里，多次前往他们的居住地派出所与民警沟通，最终在法律允许的情况下，成功给女孩办上了户口。

有一天，我收到了她妈妈发来的短信，短信上说，她正坐在孩子的小学教室里，一想到她的孩子也能像其他普通孩子那样成为一名光荣的小学生就很激动，很感谢我，我的努力改变了孩子的人生。她还说再苦再累她都愿意承受，想想顾法官（给予她们那么多帮助），她就觉得为孩子做任何的付出都是值得的。今年，孩子的妈妈告诉我，孩子考取了一所高中，开始了新的学习生涯。

在少年法庭工作的这些年，我通过自己执着的努力，帮助了一些孩子，为他们解了燃眉之急，让他们回归到正常的生活中，有了相对光明的未来。但有些时候，我可能竭尽全力也帮不了太多，但我想，只要我去做了，哪怕我的绵薄之力不能给这些不幸的孩子带来根本性的转变，但至少我的努力，可以成为融化他们心头坚冰的那缕阳光，让他们看到光亮，看到希望。正如邹碧华院长说的，"与其抱怨黑暗，不如点亮自己，照亮身边的世界"。我愿意做孩子们心中的那一抹光亮，这也是一声声"法官爸爸"给我的动力。

访谈人：从您对案例如数家珍的介绍中，我们看到了您对少年审判的一腔热忱。少年审判作为一个小部门、小学科，它从1984年诞生之初，便是在摸索中前进，是一个个创新案例堆叠出来的进步和发展。我们注意到您有许多上海首例、全国首例的典型案例，对少年审判的发展起到了重要的推动作用，比如全国首例第三人财产监管、全国首例为遗嘱指定监护人设置监督人等。能否请您具体介绍相关的案例以及您所作的努力？

顾薛磊： 开拓创新是少年法庭的活力源泉。少年法庭的发展史，就是少年审判工作的探索史、创新史。每一位从事少年审判工作的法官，都有责任和义务发挥自己的主观能动性，从最有利于未成年人这一基本原则出发，探索创新未成年人的保护机制。

关于全国首例第三人财产监管案例，该案是一起外祖父母申请变更监护人的案件。2017年，小雪父母因病先后过世。弥留之际，小雪父亲尽自己最大努力安排了身后事，将女儿托付给了自己的弟弟阿伟，还给小雪留下了一套动迁房和一笔三十多万元的存款。之后由于生活习惯、性格差异，小雪在和婶婶、堂姐相处过程中逐渐生出矛盾，内心的埋怨和不满日益加深，希望和外祖父母一起生活，但叔叔却始终不愿意放弃监护权。外祖父母将案件起诉到了长宁法院。庭审中，双方就变更监护权达成了一致意见，但叔叔提出不放心将财产交给外祖父母保管，双方为小雪的财产保管问题争执不下。

在我的建议下，双方均一致认可由小雪的表舅担任第三人。在最终宣判前，我还专门委托了社会观护员对表舅进行各方面调查，上门听取了他本人和家人的意见，确保第三人的监管能力，并在判决书中明确了财产监管人的职责。随着社会经济的发展，越来越多的未成年人因接受赠与、继承等原因获得大额财产，而监护人不能、不愿或不适合进行财产监管的情况亦有发生，如何在审判实践中维护未成年人财产权益，需要充分发挥司法智慧。这一案件是在全国法院系统范围内首次以判决形式确立第三人对未成年人进行财产监管，亦是少年法庭在家事审判改革中对未成年人财产权益多元化保护的有益尝试。

关于全国首次启用监护监督，该案是一起阿姨申请指定监护人的案件。未成年人小明的母亲患癌，父亲患有精神疾病、长期在精神病院住院治疗，并经司法鉴定为限制民事行为能力人。母亲十分担心自己去世后小明的生活照料问题，便在离世前立下遗嘱，指定小明的大姨担任监护人，并给小明和父亲留下一笔钱款。不久后，母亲去世，小明甚至没有来得及见母亲最后一面。

在办案过程中，我多次走访了小明所在的居委会、小明家中以及小明父亲所在的精神病院，深入了解大姨对小明的照顾情况、小明现在的生活学习情况以及父亲对监护人的意见，并委托了青少年社工对小明开展社会观护。在得知小明母亲留下钱款、小明父亲对钱款保管的担忧以及大姨可能偶尔需回老家照看等情况后，我又积极联络了长宁公证处，为小明财产的监管寻求合适的第三方。同时与小明所在居委会多次沟通联络，希望由居委会担任监护监督人。最终在开学前一周，小明的监护人确认为大姨，并由居委会日常指导、帮助和监督大姨切实履行监护职责，由公证处担任小明的财产监管人，最终用判决形式将解决小明监护问题的工作落到了实处。

还是回到这个问题最开始的地方。少年审判虽然经过了四十年的发展，但其实仍然有很多制度规定并不完善，还需要每一个少年法庭法官孜孜不倦地探索、创新，用自己的司法智慧，为孩子探索出更多的首个、首例，进一步扎紧、织密少年司法制度。

访谈人： 在 2018 年初，长宁法院作为上海未成年人与家事审判"二合一"试点法院之一，从原先的少年法庭转变成未成年人与家事案件综合审判庭。长宁法院少年法庭在少年家事融合发展过程中作了哪些尝试和探索？

顾薛磊： 其实，长宁法院少年法庭早在 2006 年时就已经开始了少年综合审判改革，收案范围当时就已经从最初的未成年人刑事案件扩大到涉及未成年人权益的民事、行政案件，并且在 2015 年 10 月探索扩大到受理涉及未成年人抚养的离婚案件。在收案范围的不断扩大中，我们也在积极努力尝试一些新的工作机制，比如前面案子里提到的社会观护、心理疏导，以及诉讼引导、庭前教育等。

2016 年 4 月，最高人民法院出台《关于开展家事审判方式和工作机制改革试点工作的意见》及《关于在部分法院开展家事审判方式和工作机制改革试点工作的通知》，开启了家事审判方式和工作机制改革工作。作为试点地区之一，长宁法院少年法庭历经机构重组，更名为未成年人与家事案件综合审判庭，家事案件也纳入了我们的收案范围。

不可否认，家事审判工作的融入在一定程度上挤压了少年审判特色工作的时间和空间。但我认为，这是一个正确的方向和趋势。因为家庭是未成年人成长最重要的空间，对家事案件的处理同样要遵循最有利于未成年人原则。少年家事合一体现的就是预防和保护的思维，正如最高人民法院张军院长提出的"抓前端、治未病"，只有为孩子们营造一个良好的家庭环境，才能更好地从源头上预防和控制未成年人犯罪。

2018 年长宁法院少年法庭实现这一转变之时，我正担任少年法庭负责人。在身份、角色转变的同时，我也在积极思考并顺应审判机制改革，带着全庭同志一起努力，传承和发展长宁法院未成年人审判特色。从婚姻家庭和谐稳定、依法保障未成年人合法权益、培育和践行社会主义核心价值观的角度出发，在家事案件中主动作为，将涉少保护工作在更广范围全面铺开，与全庭同志一起共同把未成年人保护工作做得更好，将长宁法院少年审判的牌子擦得更亮、举得更高。

比如，我们探索建立了上海首个性侵人员从业禁止查询库。在我曾经办理的一起利用教学便利对四名未成年学生多次实施猥亵的案件中，我们对被告人以猥亵儿童罪从重处罚，在对他判处有期徒刑的同时，还考虑到其犯罪行为持续时间、次数、对象、手段及主观态度等情况，为预防其再犯、保障未成年人健康教育环境，对被告人宣告从业禁止，禁止其在刑罚执行完毕后五年内从事与未成年人密切接触的行业。这个案件当时是在上海依照刑法相关规定首个顶格判处从业禁止的案件。案件办结后，我们还与辖区内 8 家单位会签了《关于在未成年人教育培训和看护行业建立入职查询和从业禁止制度的意见（试行）》，从目的依据、适用对象、禁入行业、入职查询、执行监督、配合协调六个方面严格规范未成年人教育培训和看护行业入职门槛，明确行业禁止从业构成要件，落实具体执行、监督部门，理顺沟通衔接机制，利用公安人口库系统搭建了上海首个性侵从业人员禁止查询库，切实将未成年人遭遇性侵的预防端口前移，充分发挥事前预防、救济的重要作用。这一做法也被 2019

年4月上海市委政法委、市检察院、市教委等16家单位会签并出台的《关于建立涉性侵害违法犯罪人员从业限制制度的意见》所吸纳。

又比如，我们设置了强制亲职教育制度。2018年，一名曾两度遗弃自己亲生子乐乐的母亲王某被长宁区人民检察院提起公诉。王某在庭审中表现出了深刻的悔罪态度，其家属也积极承诺协助照顾乐乐，乐乐（年满十二周岁）亦向法院表达了希望和母亲一起生活的强烈愿望。经过反复论证、评议以及走访相关部门，最终本着最有利于未成年人原则，我们作出了全国首例强制遗弃罪被告人不得逃避亲职教育的判决，以禁止令方式强制两度遗弃未成年子女的母亲王某不得逃避家庭教育指导，从刑罚角度为家庭教育指导提供了公权力保障。案件生效后，在长宁区委、区委政法委的统筹协调下，我们与区各相关部门成立了专门的评估与观护小组，针对母亲王某社区矫正期间表现，定期出具矫正情况评估报告，对乐乐开展爱心观护和帮扶，同时要求王某前往法院参加"为孩子父母学校"系列活动，参与亲职教育的菜单式培训，通过"上课"和"考试"的方式督促其成为合格的母亲。这一做法被《家庭教育促进法》所吸收，并促成了家庭教育指导令的诞生。我们也在《家庭教育促进法》正式施行后，作出了上海法院系统首份家庭教育指导令。

再比如，我们打造"青梓荟"探望监督工作矩阵。在办理涉少离婚纠纷、抚养纠纷、探望权纠纷案件中，我们发现案件中的父母常因情感纠葛、财产争执等激烈矛盾，将孩子作为筹码和工具，有的在离婚后阻挠对方探望孩子，甚至有的还抢夺子女、藏匿子女。不知道你们是否知道这样一个群体——"紫丝带妈妈"？"紫丝带妈妈"是一个由未成年子女被抢夺藏匿的受害者组成的群体，大多数是女性，她们很多都在婚姻里遭受暴力、出轨，在离婚时又被抢走孩子。当婚姻关系结束，法院会根据家庭的具体情况对孩子的抚养权、探望权作出判决，但真正的执行却不容易。常常有很多人为因素阻隔父母子女之间正常的亲情交流。而这显然会侵害儿童正当的权利和需要。怎么保障不直接抚养孩子一方的探望权利、怎么促成父母子女之间的正常情感交流，是我们少年法庭在办理涉少家事案件中所要思考和解决的问题。所以，我们在2021年3月与共青团长宁区委员会、上海市阳光社区青少年事务中心共同建立上海首家探望监督人场所"青梓荟"，设置固定的探望监督人场所，引入社工和心理咨询师参与探望监督工作，为离异家庭提供实体化探视、帮扶空间。我们还与上海市青少年事务中心合作，组建以法院干警、社会群团、家庭亲属为核心的探望监督人，"三支队伍"——司法监督人队伍、社会监督人队伍和亲属监督人队伍，共聚司法、社会和亲情的力量，确保对孩子的关爱无缺口、不缺位。这些做法深化了审判执行衔接机制，强化了心理疏导干预机制，也推广了亲职教育培训机制，确定了全流程在线履行机制，同时健全了"家中心"延伸服务机制等五项机制，从而全面呵护了离异家庭未成年子女健康成长。

此外，在原有"政法一条龙""社会一条龙"双龙共舞工作机制的基础上，结合新时代背景下未成年人保护的新要求、新问题，在区委、区委政法委的坚强领导和大力支持下，我们深化与区各政法部门、相关委办以及各街镇的合作，建立长宁区未成年人保护联动机制，打好未成年人保护的组合拳、联动牌。畅通未成年人保护工作和问题的沟通协调，协同开展法律援助、社会调查、心理疏导、取证保护、监护保障、从业禁止、困境儿童关爱救助等工作。比如，2023年与区检察院等部门会签《长宁区关于加强专门教育工作的实施方案（试行）》，完善长宁区罪错未成年人分级处遇梯级衔接。召开"长宁区公职监护队伍组建调研会""长宁区公职监护制度构建研讨会"，并与区妇联、区司法局以及各街镇、居委会会签《长宁区公职监护制度实施细则（试行）》，以联动机制为源动力，激活公职监护人制度，填补困境儿童和老年人的监护空白。与区公安局、区检察院、区妇联等联合会签《人身安全保护令工作合作备忘录》，切实加强未成年人人身安全保护。以上海市首次"法院＋公证＋民政""党建＋业务"融合模式达成合作机制，共建全周期家事法律服务链。在2023年联合区妇联、区司法局以及各街镇、居委会会签了《长宁区公职监护制度实施细则（试行）》，以联动机制为源动力，激活公职监护人制度，填补困境儿童和老年人的监护空白。

访谈人： 您在二十多年的少年审判工作一步一个脚印的前进过程中，相信肯定不是一帆风顺的，一定也会有遭遇白眼和拒绝的时候，那么您是否对自己的工作有过怀疑和动摇？

顾薛磊： 在之前几年，我们的工作其实并不像现在这么好开展，并没有现在这些相对完善、畅通的沟通和协作机制。未成年人的保护工作不单单是办好个案本身，还可能涉及经济救助、就学、落户等其他方面。为了帮助当事人争取诸如低保等权益，我只能一个个部门去跑，也被人误会过，甚至被称为"化缘法官"。脱下法袍，我也是个普通人。在碰壁、不被人理解的时候，我也会感到沮丧。但回过头想想案子里的孩子，我还是咬咬牙坚持了下来。一坚持，就是这二十多年。

曾有人问过我觉得自己像谁？我说我像阿Q，在遇到挫折时常常一笑而过，心酸时还会抹一下眼泪，但第二天就会调整心态奔向新的征程。但那人和我说，我觉得你不是阿Q，而是阿甘。你为了给那些孩子争取利益，一直心无旁骛、坚定地向着自己心中的目标和终点奋力奔跑。有可能在最开始时追随你奔跑的人很少，但跑着跑着就会发现，越来越多的人开始追随你的步伐，和你一起跑了起来。的确，这些年来，为了给孩子们提供更多帮助，我走遍了长宁区的大街小巷，叩遍了多个委办局的大门，随着工作的深入，越来越多的人开始站在我身后支持我，越来越多的群体开始和我们少年法庭法官一起关心保护那些陷入困境的未成年人。关心关爱未成年人，改变一个孩子的未来，光靠司法力量是不够的，就像我们写一个品字，要三个口互相支撑。司法保障，是未成年人保护的最后一道屏障，他们更需要政府、学校、家庭乃至全社会的力量来合力守护和关心。而我们现在做的，就是凝聚更多力量，将这个保护屏障的结构打得更牢靠，给他们增添关怀与温暖，共同为未成年人支撑起一片晴朗的天空。

访谈人： 在2024年长宁法院少年法庭成立四十周年之际，您对未来少年法庭的发展和工作有什么展望？

顾薛磊： "做好孩子的工作永无止境""保护孩子的工作，怎么努力都不为过"，我愿意成为领跑者和拓荒牛，凝聚更多力量加入守护未成年人的队伍，以勇立潮头的决心和勇气，赓续少年司法优秀经验，放眼新时代少年司法发展，聚焦未成年人"司法＋"综合保护体系构建，探索更多有利于未成年人的做法和机制，谋求长宁法院少年审判新发展、新作为。

我们要坚持未成年人综合保护，将未成年人司法的刑事保护、民事保护、行政保护放在同等重要的地位，在继续做好涉未成年人刑事审判工作的同时，更多关注涉未成年人民事纠纷反映出的未成年人成长环境漏洞，继续做好、做实未成年人司法保护的"抓前端、治未病"工作，全方位保护未成年人合法权益。

我们要继续发挥长宁法院少年法庭在少年审判的先驱者、领头雁的作用，往前走、往深想，不断深化"司法＋""为孩子父母学校""青梓荟"等品牌建设，深入发掘案件反映出来的家庭教育、学校教育、社会治理等方面存在的深层次问题，进一步整合未成年人保护的各项资源，注重典型案例、司法建议和白皮书的运用，积极融入社会治理，推动未成年人保护工作的源头治理、综合治理，做到审理一案，治理一片。

我们要进一步加强与有关部门、社会组织和团体的合作，以更宽广的视野、更高超的智慧、更长远的眼光，站在更高的起点上统筹规划，实现资源信息互通共享，工作机制互联互动，共同推动工作，实现双赢多赢共赢，为少年审判创新、改革、发展提供更多路径和可能，为未成年人的茁壮成长撑起一片蓝天。

征程万里风正劲，重任千钧再奋蹄。相信长宁法院少年法庭在未来会有更光明的发展前景。

2

第二部分
人权保障——少年审判的标志成果
在创新制度中确立

少年法庭的建立，开创了人民法院少年案件专门审判的先河。这是改革开放以来，我国司法制度建设和人权保护领域的一件大事。但是，少年法庭成立之初，它还是一个新生事物。少年法庭的工作没有现成的模式可照搬套用，没有现成的制度可供执行，这就决定了我们要走一条前人没有走过的道路，做一番前人没有做过的事业，为少年审判制度构建乃至立法注入创新元素。长宁法院少年法庭有很多制度创新和司法判例，先后被立法采纳，做到从无到有，从有到优，从优到特，坚持创新，持续发展。

　　在少年法庭创设和探索中，华政对长宁法院少年审判创新及其遇到的热点难点问题，提供了强有力的理论支持，不仅在刑法专业方向中另设青少年犯罪研究方向，还专门成立青少年犯罪研究所，创办《青少年犯罪问题》杂志，帮助引进国外少年司法先进理念和理论研究成果，为我国未成年人刑事司法制度创新奠定了坚实的基础。

　　长宁法院少年法庭在不断发展的历程中，得到了最高人民法院、上海市高级人民法院、上海市第一中级人民法院和长宁区区委、区人大、区政府、区委政法委的有力领导、指导和支持，还得到了上海市未成年人管教所、区公安分局、区检察院、区司法局、区教育局、区民政局、区妇联、区团委等单位和有关社会组织的有力配合和密切合作，从而创设了"政法一条龙"和"社会一条龙"工作机制，少年法庭在司法改革中向更高层次放眼未来，走向明天。

与少年司法一起成长

访谈时间： 2022 年 10 月 24 日

访谈人物： 徐建，华东政法大学功勋教授，曾任中国青少年犯罪研究会会长、上海市预防青少年犯罪研究会会长、上海市犯罪学会副会长、上海市青少年保护委员会专家咨询委员、《青少年犯罪问题》杂志主编等。

访谈人： 1984 年，长宁法院成立了新中国首个专门审理未成年人刑事案件的少年犯合议庭，开中国少年司法制度的先河。作为亲历者和主要参与者，请您谈谈这个特殊的合议庭是在怎样的情况下诞生的？

徐建： 1984 年长宁法院建立"少年刑事案件合议庭"，开始称"审理少年犯合议庭"，是新中国第一个由基层法院依法组成、专门审理少年刑事案件的法庭，经过两年左右的实践取得很好的效果，时任最高人民法院院长郑天翔肯定其是"新事物"，林准副院长直接说，这就是中国的少年法庭，或者简称"少年法庭"。

开门见山归结一句话：长宁法院建立"少年刑事案件合议庭"，开启中国少年法庭之路，载入了中国少年司法的史册。

讲起长宁法院少年法庭历史，实际上还不止四十年。早在 1980 年，华政在上海各区县进行青少年犯罪社会调研，长宁就有一个小组，并得到长宁法院的支持帮助。当年 8 月我参加共青团中央根据中共中央 1979 年 58 号文件精神，在北京召开的全国青少年保护法座谈会，进一步认识到加强青少年培养教育和预防减少青少年违法犯罪问题调查研究的必要性。1983 年我带一个小组在长宁法院系统调研少年犯罪问题，与李成仁副院长、张正富校友等在少年审判等方面有密切接触交流，开始与李成仁进行有关少年犯特殊审理的探讨。（1986 年司法部批准华政建立青少年犯罪研究所后，李成仁是华政十位特聘研究员之一）这可以说是少年法庭探索的开始。

访谈人： 华政作为华东地区最具影响力的政法院校，也是最早关注到了青少年犯罪这一社会问题，您作为代表性学者最早启动了青少年犯罪问题的研究，并为长宁法院少年法庭的成立奔走呼号，为中国少年司法事业的开创和发展奠定了坚实的理论基础。这具体是怎样的一个过程呢？

徐建：经历十年动乱，经济受到严重破坏、党群关系受到伤害，社会治安情况不好。犯罪率大幅上升，尤其是青少年违法犯罪的数量大量增加，几乎是以每年10%的幅度增长。到20世纪70年代末、80年代初，青少年违法犯罪达到一个高峰，成为突出的社会安全问题，也成了街头巷尾人民群众谈论的热点，甚至成了当时很多干部学习或培训时难以避开的议题。

我当时只是一个四十岁出头的年轻学者。华政复校以后归队，主要教学任务是为本科学生开《犯罪对策学》这门课。在当时的社会背景下，作为学者的我在完成教学任务的同时，早就关注犯罪和青少年犯罪的现状和问题。面对现实我很着急，在学校领导的关心支持下，进行调查研究。1980年，团中央召开了青少年保护法座谈会，这个座谈会邀请了一些学者，我有幸应邀参加。这个会议给了我很大的启发和力量。回来之后，我就开始重点考虑这些问题，并把很大的精力从犯罪对策学转到了预防和治理青少年违法犯罪，以及社会治安综合治理等领域的研究。

我们根据一些省、市的数据资料和社会调查，认为当时的刑事犯罪和社会治安问题，主要是青少年犯罪问题，从当时全国和上海市来看，二十五岁以下的青少年犯罪占全部刑事犯罪的比例达到65%左右，有些年份有些地区最高甚至达到80%，远比过去一般情况下占比20%、30%要高得多，这从任何角度看来都是非常惊人的数字，也反映了青少年犯罪问题已经到了不得不关注、不得不思考、不得不解决的地步了。

对于刑事犯罪依法追究刑事责任、给予刑罚惩处是必不可少的，在黑恶势力、团伙犯罪、活动嚣张的特定时期，依法"严打"也是必要的。但是，打击、刑罚不是唯一的办法和手段，对于少年犯罪来说，生理、心理、社会化都还没有完成，这种特殊性决定光靠"打"是不行的，用对待成人犯罪的审理方法、惩处方法也是针对性差、不科学的。彭真同志说过，光打不行，还要靠综合治理，教育挽救那些失足的青少年。实际案例调查研究也证明，少年犯罪大都历史较短、主观恶性不大，个性心理特征处于未成型的、幼稚的阶段，可塑性其实很大。因此，从长远、治本、科学上思考，对少年犯的审理应当与一般的罪犯有不同的思路，才能取得更好效果，有利于从根本上预防和减少青少年犯罪。

此前，我们也大量翻阅了国外的经验材料。包括1899年，美国伊利诺伊州州议会通过的全世界第一个少年法庭法，系统规定独立的机构，名称为"少年法庭"，包括专门房间、记录成册，法官组成和权力，专门的诉讼程序，处置的对象、行为、方法……这个法的特点与贡献就是"特殊化"（非刑事化）的审理、处置、管教、再社会化重新进入社会。我们后来学习吸收借鉴了许多好经验。

青少年健康成长是国家进步、民族兴旺、经济与社会可持续发展的根本，是预防和减少违法犯罪的根本，是人类延续的希望，这是社会其他任何群体无可与之比拟的。这一点人们在历史上早就有所认识，可是由特殊的专门法律来调整，设立专门的学科研究青少年犯罪问题，保护青少年权利和利益，却是现代科学发展和人类进步的新成果。

尤其是在调查了大量案件后，我们就很有体会。未成年人与成年人是不一样的。在其成长过程中，青少年由于生物、生理、社会化的客观规律决定了，其具有幼稚、天真、单纯，对成年人及外在环境的依赖性、盲目性，没有或不具有足以保护自己的能力，盲从易受伤害等特点，必须有一整套特殊法律法规来调整其与方方面面的关系，保证其健康成长，这是科学的必然，社会的需要，人类的进步。

当时很多少年犯反反复复违法犯罪，不知道几进宫了。如何保证不会再次犯错，这是我们要重点关注的。回到当时的社会背景下，面对日益增长的青少年犯罪案件、面对越来越多的少年犯，通过案件的审理，让他们提高认识，接受改造，并且做到犯错以后吸取教训、不会再陷泥沼，这才是从根本上解决问题。

长宁法院分管刑事审判工作的时任副院长李成仁非常支持我们，他与我们的看法完全一致。

当时我们就想，结合国外成功经验、结合我们调查的情况，是不是可以用一种不同于成年人审判的方法来处理未成年人案件，是不是能在长宁法院试试看？

但这在当时是有很大的风险的。这里就有更多的故事了。

访谈人：可以看出，少年犯合议庭是在特殊的时代背景下应运而生的。那它最终的诞生到底经历了哪些波折呢？

徐建：确实没有那么简单。在刚开始的一段时间，我们就像在做"地下工作"一样。

因为，在全国"严打"的大背景下，我们创新探索建立少年法庭的有些理念和目标，表面上看，似乎是与当时的上级工作重点要求、整体方针不大一致，甚至可以说是相悖的。我们根据未成年人犯罪的特殊性，采取惩罚与教育相结合，教育、感化、挽救少年犯罪的想法，不是与"严打"唱反调，问题很大吗？所以，我们当时压力很大，政治上面临很大的风险。我们在政治上、方向上都有信心，学习党的方针、政策、法律，了解中国的实践和经验，研究国外的科学理念和成果，在这一刻，学者从理论研究的角度，法院从司法审判的角度，也都要作出决断，当时实在是很难很难……

那段时间，我经常跟李成仁一起研讨、商量。他是一位很有思想、很有担当、很有经验的老同志，我很尊敬他。我们心里都有一定的压力，其实是害怕。所以有时候就在他家里谈，这样才能更敞开些。

1983 年，在华政老领导曹漫之亲自支持下，我带领几位老师和学生，在长宁法院进行一次系统深入的学术调查研究。长宁法院当时在愚园路镇宁路口，李成仁副院长专门为我们安排了一间办公室。我当时提出来，要把历史档案中能找到的所有涉及未成年人的案件进行回看，这是工作量非常大的一个调研工程。长宁法院给了我们充分的支持，调案卷，安排独立的工作房间，解决吃饭等生活实际问题，而且是专人对接、亲密难忘的合作。我们都很认真，动手、动脑、动笔，可以用四个字：艰苦战斗。调查了好几个月，写了很多的分析研究和调研报告。

有一次与李成仁的谈话让我印象非常深刻，时至今日依然历历在目，他说："徐老师，这个事情我下决心肯定要做的，就在长宁法院做。"说着，他做了一个摘帽子的动作："我这顶'乌纱帽'，就摆在裤腰带上系起来，有什么问题我一个人顶着。这个帽子不要了，我也一定要做这件事情，而且要做好。""我要对国家、对社会、对青少年一代负责。"他当时情绪非常激动。就是甘愿冒风险，也要做这样一件为子孙万代考虑的事业。我当时非常感动。

怎么做呢？一开始，面临一个很大的问题：

我们都是从事法律职业的，做事情不能自说自话，要行动，有法律依据吗？我们想做的这件事必须有一定依据。

我反复研读有关法律法规。学习《人民法院组织法》中，也不知学了多少遍，一次读到"人民法院有权组织合议庭"和有关规定时，突有所悟。基层人民法院审理案件，可以根据案件情况，"由审判员组成合议庭或者……"，还规定"合议庭由院长或庭长指定……"，这就是说，组织合议庭是法律赋予基层人民法院的权力。而且，这与美国伊利诺伊州州议会通过的全世界第一个少年法庭法规定"从法官中选派一名或几名法官负责审理本法规定的一切案件。开设一个称作少年审判室的专用房间审理这类案件……该审判室可以称为少年法庭"等等相似，想不到，相隔几十年、距离超万里，不同的政治制度，我们的设计竟如此接近。

于是，我就给李成仁谈了想法并提出了建议："在长宁法院组建一个合议庭，它不再仅仅是针对个案，而是以后将同类型案件都交由这个相对稳定的合议庭处理。这样就可以有相对稳定的人员构成、相对统一的裁判思路、相对一致的工作方法，集中精力办理青少年犯罪案件。我们还考虑到可以参照国外经验，重点吸纳女法官，选取对未成年人有爱心、态度和善、敢于探索、专业过硬的合议庭组成人员，等等。"

李成仁赞成我的建议，认为可行。这就是说在当时的条件下，法院有法律依据，有权可以去探索、去研究、去实践了。

法律依据的问题解决了，1984 年，李成仁就正式行动，探索组建了"少年犯合议庭"，新中国第一个专门审理未成年人刑事案件的合议庭就这样诞生了。

从 1980 年我们开始调研，到 1983 年在长宁法院集中调研，再到 1984 年李成仁正式牵头开始做这个事情，三到四年的时间，整个过程都是保密的，没有任何消息外露。

实际操作过程中，效果很好。一年多以后，我在《青少年犯罪问题》杂志（我任主编）1985 年第 2 期上，请张正富同志写了一篇报道，开始传递信息，透露出长宁法院"建立集中审理青少年犯罪案件的合议庭"的信息。

转折性的变化从肖建国给《中国法制报》的一篇信息稿开始，1986 年 8 月，他向《中国法制报》投的一篇长宁法院建立审理少年犯合议庭的信息稿被采用公开发表。当时《中国法制报》已经从创办之初的 4 开小报（每周一期）发展成有影响的对开大报（总编庄重关心中国青少年犯罪研究会活动，曾应学会邀请参加我们活动），时任最高人民法院院长郑天翔从报上看到这个信息，充分肯定，非常重视，马上派人联系了解情况，联系上海请长宁法院赴北京汇报。李成仁得知信息第一时间告诉了我，我们都高兴得跳起来，高兴、振奋、激动，可以公开进一步创新探索、宣传研究了。

很快，我放心地在《青少年犯罪问题》（1986 年第 5 期）发表《试探"少年犯合议庭"的设立和审判》（李成仁、杨传书、张正富、左燕、张竞模）一文，还在前面以本刊评论员名义发表我写的《改革的尝试 有益的探索》一文，指出合议庭探索得到最高人民法院领导肯定是"新事物"，是"改革的尝试"。并阐述合议庭探索的重要现实意义。这是长宁法院关于少年审判经验最早的完整总结的正式亮相。

后李成仁前往最高人民法院作专项汇报，郑天翔院长进一步赞扬说"这是一个新事物"，要推广长宁的经验。郑院长还认为，对未成年人进行司法的特殊救助和保护，正是中国维护青少年权益、维护司法人权的重要体现。

1988 年，经批准，长宁法院正式升级组建成少年刑事审判庭，跨越极其重要的关键一步。

访谈人：真的非常不容易，那在此之后，少年刑事案件合议庭是不是发展得比较顺利了呢？对这样一个"新鲜事物"，社会和群众怎么看呢？

徐建：在获得国家层面的肯定和支持后，我们在后续少年刑事案件合议庭发展方面的困难、阻力、压力大大减少，但有些问题不可能一下真正解决。

第一是思想认识和社会舆论的看法。当时有人认为法院审判就是要打击犯罪，教育感化就是在纵容犯罪，把法庭变成"慈善庭""纵容庭"。一下子，少年法庭是法庭还是"慈善庭""纵容庭"

颇受争议。这里有许多误解和认识问题，包括法律界人士受传统法律重惩罚、打击，轻教育感化、预防犯罪的影响。为了改变这一认识误区，让更多的人全面了解少年法庭的指导思想、原则、工作方法和实践效果，在长宁法院领导支持下，华政青少年犯罪研究所与法院合作，写作、筹划并请专业人员制作了《少年庭》的VCD宣传教育片（这在当时也是大胆运用新科技的尝试），对消除一些人对少年法庭的一些误解，全面认识并支持少年法庭的工作，起到了积极作用。

1988年，最高人民法院在上海召开全国法院审理未成年人刑事案件经验交流会，这是新中国历史上第一次少年法庭工作会议。参会的各地法院同仁到上海长宁法院学习交流少年审判工作经验。林准指出"长宁法院走出了中国的少年法庭之路"，在他的支持下，最高人民法院研究室雷迅编写了新中国第一本少年审判的书籍——《中国少年刑事审判实践》。

还要提到1992年11月14日最高人民法院在上海召开的"未成年犯罪的预防、审判和矫治国际研讨会"，有30个国家、地区和有关国际机构，国内30个省市的法官、律师、专家、学者120多人参加。这是中国少年司法走向国际讲台的大会。

尽管从1988年第一次少年法庭工作会议举办以来，截至2022年已经召开了7次少年法庭工作会议，从最高人民法院到基层法院在未成年人特殊司法保护上不断努力，但仍旧有很多问题的推进需要进一步落实。

例如，少年法庭案件系数问题，时任上海市第二中级人民法院审判长张华就曾指出，在以指标为导向的评价体系中，少年案件的系数是 0.8，但根据涉少案件的特点和所要达到的判后效果，法官办案所耗费的时间和精力是普通案件的一倍，0.8 的系数设置并不合适，少年审判不仅仅是对案件本身作出公平合理的处理，而且是让人的认识、思想、感情发生变化，是要未成年人真正从心理上来认可公正判决、承认罪行错误、以后不再犯。这是少年审判的意义所在。公正真正做到家，少年审判的工作量要大得多，法官的水平和知识要比普通法官更高，因此应该获得更多的鼓励和报酬。

又如，少年法庭建制问题。少年法庭在法律上的确定地位，一直没有得到肯定。这个问题是地方无法解决的。少年法庭一直找不到"娘家"，机构间推诿折腾，基层法院根本无力统一推进机构成立及队伍组建。少年法庭的具体形式，是合议庭、刑事庭、综合庭还是家事庭，都有争论。

我认为，我国国情复杂，少年法庭不一定只有一种形式，根据我个人的经历和研究，我认为综合庭是方向。常州市天宁区是最早开始探索综合庭形式的，江苏省高级人民法院法官卢路生（后来调最高人民法院工作）支持、指导，为创新、探索综合法庭作出众多贡献。我与上海市高级人民法院研究室杨传书、长宁法院张正富三人曾专程去学习、交流、调研，很有收获，也发现一些问题并提供建议，如他们当时规定少年法庭收案范围有九类，实践中人力有限是根本做不到的，他们只能根据综合庭人员收案能力和主观判断、意愿来接收案件，能收多少收多少，能办几个就几个，这从法律上、从国家审判机关职责严肃性来说，都是不科学、不严谨、不允许的，我建议要作严格、科学、精准的规定。我国地域广阔、情况复杂，少年审判要多种形式并存，包括指定专人等，法律要作出严格明确规定。

少年法庭组织建制是中国少年司法制度中一个亟待解决、必须解决的老大难问题。我对家事法庭现状存疑，我认为，少年法庭和家事庭确实有很多案件重叠，包括说不清想不到的复杂联系，但归根到底还有很多涉少案件是与家事没有直接关系的，家事案件与少年案件性质不同，审理和处置的法理依据不同，法律规范不同，指导思想原则不同，追求的目标、效果不同，程序要求也不同。少年法庭独立存在是国家的需要、社会的需要，人民的需要，也是法律的需要，少年司法健全发展的需要，是可以理论实证的。上海的少年法庭只剩下四个，这一点让我觉得很惋惜，有时候觉得应当坚持当时的道路走下去就好了。历史不能重来，当时有当时的情况和道理，探索过程肯定应当允许变化，甚至走冤枉路也是难免的。

从少年法庭设立至今的发展来看，少年法庭的路还很远。首先是在研究理论上需要进一步明确少年法庭的地位和归属，理论联系实际，以理论推进实践的形式，促进最高人民法院、全国人大尽快完善少年立法，明确少年法庭的法律地位，这件事至今都没有进展，由于没有法律依据，没有建立相应的机构，很多机遇因此都错过了。

强调未成年人的司法保护是一种趋势和一项事业，全世界的经济社会发展都与青少年司法保护息息相关，但即使如此，很多问题和矛盾还是无法解决，有时候我也颇为伤感，希望年轻人可以沿着过往的足迹继续致力于这一项事业，希望华政的校领导可以大力支持青少年犯罪研究所和青少年保护研究中心，推动两个机构平台研究少年法庭的机构问题、未检机构问题、少年警务机构问题、制度问题，还有责任年龄问题等，为实务部门各项工作提供理论依据。

我个人对少年司法工作有深厚的感情。国家对此也越来越重视，在这一背景下，各方力量都被团结集中起来，放眼全国各地的少年保护、少年审判等方方面面都不断有探索创新，上海也要加倍努力争先。上海有专业好、素质高的司法队伍，有以长宁法院为代表的研究型实务部门，围绕少年司法发表、出版了很多有探索创新意义的文章和书籍。从某种程度上说，中国少年司法制度是有了法院系统最早冲锋陷阵才有今天的发展。近年来，检察系统大胆探索和创新，为推动我国少年司法发展作出许多新贡献。几十年来，少管所、许多民间机构也不断在改革探索中取得新成果。

访谈人： 您对我们做少年犯的回访工作有何建议？

徐建： 这项工作很重要，很有价值，也有特色。从理论上加以提升和总结，规范化、量化，并通过文字、表格等形式操作、检查评估、展现出来，将进一步提高其作用、价值和影响。

访谈人： 站在四十年的新起点上，您对长宁法院少年审判及少年司法工作有什么建议？

徐建： 先说说长宁法院。长宁法院作为基层法院，因为少年审判特色工作闻名全国，今天这个访谈，也正说明长宁法院作为法院系统中对少年司法作出特殊贡献的单位，仍然坚持不懈、继续努力、不断前行。我与长宁法院亲密合作近半个世纪，从开初杨学经院长、李成仁副院长到曹加雄院长、丁年保院长、邹碧华院长，还有难以忘怀的开始组建合议庭的老审判员和呕心沥血、奋战在第一线的老庭长左燕、孙洪娣、陈建明的功绩和贡献。我很高兴今天见到王飞副院长和现任庭长顾薛磊，有条件、有基础可以在新时代把工作做得更好。

在四十周年的关键节点，应当更好地反思、总结，以争取把中国少年司法之路走得更好、更宽敞、更有普遍意义，立意应当更高。在理论方面，学者应该提供更多的素材和更深的理论思考，宝贵的历史经验和伟大的实践探索永远是独一无二、值得永远铭记的。我们期待长宁法院的实践探索创新之路常在常新。

再说说华政青少年犯罪研究所。我从事法学和犯罪学的教学研究比较早，1980年就决心集中精力研究青少年犯罪、预防和综合治理这方面，并得到当时华政的老院长、老领导的同意和大力支持，从一个研究小组到教研室再到经司法部批准成立研究所，华政校区的鲁迅楼二层楼整层都是我们研究所的。辖二份公开发行的期刊《青少年犯罪问题》和《世界法学》；一个正科级编制的办公室；独立的专业资料室，当时有些资料是国家专门批外汇买来的。研究所还有课题研究组，承担国家和市级研究课题，还有本科、研究生教学和实际部门干部培训等任务，编制人员就有二十多位，教育培养了一批人才，已经发挥了作用，在实际部门和科研单位作出了贡献。

《青少年犯罪问题》是全国最早关于青少年犯罪研究的杂志，从内部发行到全国发行，团结聚集了资料、信息和人才，有很大影响力。

近几年，华政也在规划发展青少年犯罪研究所和青少年保护研究中心进一步的发展，扩大教学科研空间，培养少年司法、青少年犯罪研究领域的专业学者和实战工作专家。

我这几十年走来，赶上时代机遇好，做了一些工作，取得一定成绩，要感谢党的教育和培养，感谢华政同仁的支持和帮助，感谢社会方方面面，特别是实际部门的创新和付出，没有你们的创新探索和贡献、成果，我们就失去了根基，获取成绩、成果是不可能的。

访谈人：徐教授您能否为我们提几点希望和寄语？

徐建：理念很重要。一定要把未成年人的特殊性研究透，少年司法实践中怎么让未成年人的特殊性得到很好的尊重，这一点很重要。在司法制度、机构设立、案件处理中都要结合未成年人的特殊性去考量，尤其在民事涉少案件方面，通过特殊的方法、理念对这一群体的特殊处境、特殊感情、特殊性质更要有所关注。中国是一个大国，习近平总书记指出，大国应该"承担大国责任，展现大国担当"，我们有幸生活、工作在伟大的新时代，不仅要心系祖国，还要胸怀世界，用我们在自己这个特殊的领域的创新成果，为中国现代化和人类命运共同体作一份贡献。

长宁法院创建少年法庭是人民法院
司法为民的早期实践探索

访谈时间： 2023 年 2 月 3 日

访谈人物： 肖建国，上海海关学院原院长、教授，曾任中国青少年犯罪研究会副会长、上海未成年人法研究会会长、《青少年犯罪问题》主编等。

访谈人： 您是青少年犯罪问题研究专家，也深度参与和见证了中国少年司法制度在长宁法院的起步和发展，能说说您是如何与这个领域结缘的吗？

肖建国： 20 世纪 70 年代后期，我国刑事犯罪成为当时非常突出的社会问题，青少年犯罪呈现出高发态势，青少年犯罪占整个刑事犯罪的 70%—80%，1979 年上海出现了震动中央的恶性刑事案件，后来被法律界称为"控江路事件"。为此，1979 年党中央专门发了 58 号文件，号召全党加强对青少年犯罪问题研究，做好青少年犯罪预防工作。随后，全国几所主要的政法院校都先后成立了专门机构研究这一问题，华政地处上海，主要负责华东片区的青少年犯罪问题研究工作。复校后的华政校领导对这个问题非常重视，早在 1979 年就成立了青少年犯罪研究室。1982 年夏我从西南政法大学毕业来到华政工作，就分配到了青少年犯罪研究室，当时徐建老师是研究室主任，是我国青少年犯罪研究的开拓者之一，负责华东地区的青少年犯罪研究，我一开始就跟随徐建老师从事青少年犯罪问题的教学和研究工作。徐建老师有很大的影响力、号召力和组织力，他特别重视实地调研，常常组织老师、学生到上海各区县以及华东各地进行调研，华政地处上海长宁区，因此，长宁区更是我们经常走访的地方。刚到华政的第一年，我被安排到各地开展调研，在长宁区先后走访了区看守所、检察院、法院以及工读学校等机构，也因此与李成仁、胡惠乾、左燕等长宁法院第一代少年审判奠基人有了更多的沟通和交流，我们常常一起讨论案件、交流调研成果，大家合作得很紧密也很愉快。

访谈人：从青少年犯罪高发，到全国加强调研，再到新中国第一个少年法庭在长宁诞生，中间走过了怎样的历程？

肖建国：这就得说到当时的时代背景。1983 年秋，面对严峻的社会治安问题，我国采取了依法严厉打击刑事犯罪分子活动的政策，也就是今天所说的"严打"。那时候，对于犯罪行为的处理，基本原则是"从严从重从快"，但对于未成年人犯罪如何进行处理，则没有出台专门的规定。我们在法院调研时，和刑事法官的共同感受是，对未成年人犯罪的处理还是应该有别于成年人犯罪，这些未成年人，他们虽然犯了罪错，身上显示出来比较严重的违法犯罪病症，但导致其失足的病因却非常复杂，背后往往是与家庭、学校和社会没有给予他们正确的抚养、教育和引导有关，因此，当未成年人违法犯罪后，其责任不能只是归咎于这些孩子本身，并通过简单的"严打"手段来解决。我们从所接触到的案件中看到，绝大多数未成年犯他们主观恶性并不大，不是真正意义上的不可救药的"坏"孩子，经过我们的努力，基本上都是可以挽救过来的，如果一律按照严格的司法程序进行严厉惩处，可能会对这些孩子的身心造成难以弥补的伤害。我们有这方面的体会，而工作在一线的法官，他们直接接触这些未成年犯，感触则更深。当时我们和法官经常交流，都在思考在"严打"的背景下，如何根据未成年人的身心特点，办理好未成年人刑事案件，努力挽救失足的未成年人。当时华政非常重视翻译域外研究成果，从而接触到了很多东西，比如国家亲权理论、儿童福利理论、教育刑理论等，这些国际上主流的少年司法制度的理论，开阔了我们的视野。从域外经验来看，美国在1899年成立了全世界第一个少年法庭，将少年审判机构与成年人审判机构相分离，强调对未成年人的教育、感化。后来，英国、德国、日本、韩国等国家都发展出了独立的少年审判机构，尽管大家的名称有所不同，有的国家叫少年法庭，有的国家叫少年法院或家事法院，但总体方向都是将少年刑事案件交由专门的组织机构来审理，这样更有利于帮助这些未成年人回归社会，保护他们的健康成长，这是国际上少年司法发展的主要方向。正是在这样的时代背景和理论研究的基础上，大家萌生了一个想法，即我们能不能在我国法律没有明确规定的情况下，在审判实践中先行探索未成年人特殊审判机制？

访谈人：把"想法"变成"行动"，这个过程顺利吗？

肖建国：这个过程应该说是非常小心翼翼的。当时面临的首要问题就是审判机构合法性的问题。刚才说到从国际社会少年司法制度的一般发展规律来看，少年刑事案件最好由专门的机构来审判，但在我国法律没有明确规定的情况下，我们如何解决审判机构独立性的问题？如果法院要在刑庭之外成立一个独立编制的新庭，就需要有上级的批准，其难度是不言而喻的：一是与当时"严打"的社会背景不符，二是涉及增加新的编制，这两方面都不是基层法院能够轻易解决的。最后长宁法院经过反复研究讨论，决定成立一个专门的合议庭。我认为这确实是当时体制下的最佳选择，一方面它符合法律的规定，另一方面又能在未成年人刑事案件中探索特殊的审判方式。我记得1984年10月，长宁法院审委会通过了成立合议庭的决定，11月份开始正式办案。这个合议庭是新中国少年司法制度的开端，但它的建立是非常低调的，所有工作都在静悄悄地开展，因为没有先例，一切都是摸着石头过河，甚至难免还会受到一些质疑，所以在头一两年的时间里，长宁法院没有做过任何的宣传，甚至都没有给这个合议庭取名字。一直到1986年，合议庭才有了第一个名字，叫作"少年犯合议庭"。说到这个名字，还有一段值得回

忆的历史。1986 年夏天，我利用暑假时间到长宁法院去调研，了解到合议庭近两年的工作开展情况以及受到的一些非议，我就写了一篇报道，在这篇报道中，我给这个合议庭取了一个名字，叫作"少年犯合议庭"，这也是合议庭在正式媒体上出现的第一个名字。7 月中旬，我到北京、天津去招生期间，就把这篇报道交给了《中国法制报》的同志，希望他能帮我发表，当时其实没抱太大的希望。到了 8 月，我回到上海，发现大家都在找我，此时我才知道这篇报道发表后，最高人民法院院长郑天翔专门作了批示，要求上海法院好好总结经验作进一步的汇报。由于报道上面没有署名，只写了本报通讯员，因此大家都在找作者，包括上海市高级人民法院也在找，但一直没有找到，大家猜想可能是我写的，但我又不在上海，直到我回来后才得以确认。后来就让我一起参与写总结。可见，最高人民法院郑天翔院长的批示在中国少年审判的发展过程中发挥了至关重要的作用。

访谈人：您刚才说合议庭成立早期有争议，能说说是什么情况吗？

肖建国：一个争议就是审判机构合法性问题，有人认为设置新的机构的目的是增加编制和人员；另一个争议就是对少年犯轻判是否符合"严打"政策，合议庭成立的主要目的，是要对未成年人开展有别于成年人的审判，也就是实行"教育为主、惩罚为辅"的原则和"教育、感化、挽救"的方针，实际办案中就对很多未成年犯进行了轻判，因此社会上就有声音质疑它是违背了"严打"政策的，更有人认为审理未成年人犯罪案件的合议庭就是"慈善庭"，是为未成年人开脱罪责的。后来舆论环境开始好转，一方面是通过后来几起恶性案件的审判，法院表明了态度，对于未成年人犯罪，并不是一味地轻判，而是宽严结合，当宽则宽，当严则严；另一方面，最高人民法院于1988年在上海召开了第一次少年法庭工作会议，会上长宁法院进行了经验介绍，合议庭的做法受到了肯定。此外，徐建老师也带着我们积极发表文章，为长宁法院少年审判营造正面的舆论环境。

访谈人：听您讲述了少年法庭初创的过程，真的是非常不容易，作为亲历者，您有哪些体会？

肖建国：首先，今天回过头来看，我认为长宁法院创建少年法庭最大的意义在于，它是人民法院司法为民、以人民为中心的早期实践探索。少年法庭创建的初心，就是做一件符合国家利益、人民愿望的实事，这体现了司法为民的核心理念。少年法庭审理刑事案件的审判效果、社会效果为什么能够得到人民群众的广泛认可？因为我们审理的对象是未成年人，是我们自己的孩子，他们不是阶级敌人，这些孩子虽然犯了错，自己要负一定的法律责任，但家庭、学校和社会绝对不能够抛弃他们，法院根据他们的成长背景、个人情况和失足原因，采取有针对性的审判方法，让他们能够回到正常的人生轨道，做一个遵纪守法的公民，继续为国家作贡献，这是孩子家长最大的愿望，也符合国家和民族的根本利益，这就是少年法庭能够一步步发展起来的力量源泉。从 1984 年少年法庭在长宁法院发源，到 1987 年《上海市青少年保护条例》的出台，这些都是上海司法系统在未成年人保护方面的实践探索，也是司法为民理念在实践中的不断升华和落实。

其次是少年法庭的创建，关键在体制，核心在人。长宁法院在建立少年法庭的时候，是以问题为导向的。在"严打"背景下，没有特殊的规定，这些孩子怎么办？现实问题迫使我们去寻找突破口，从国际发展趋势看，少年司法要走专业化路线，就要解决体制问题，于是我们就探索建立既适合中国国情、具有时代特征，又符合司法规范的少年刑事案件审判机制和工作体系，因此就成立了这个合议庭。这个合议庭是在原有体制上的一种突破，是体制创新的一种尝试，现在看起来虽然不是完全独立的机制，但却为后来独立机制的建立提供了很好的舆论引导和实践经验，为中国少年司法制度开辟了道路。另外我要强调的是核心在人，长宁法院少年法庭的创建，是法院内外许多人共同努力的结果，这些人的精神状态非常让人感动，正是他们默默无闻，不计报酬，全力以赴甚至通宵达旦地工作，才有了第一个合议庭，如果没有这些人主观上的努力，这个合议庭是成立不了的。

访谈人：您认为哪些人物对长宁法院少年法庭的创建起到了关键作用？

肖建国：首先我认为是长宁法院的历任院领导高度重视，尤其是 20 世纪 80 年代初期的曹加雄院长和李成仁副院长。这里我要着重提及李成仁副院长，当时他在长宁法院分管刑事审判工作，对这件事情是倾注全力的，创建少年法庭他的贡献非常大，他对新生事物的追求，对未成年人的爱心，对理论研究的认可，这种精神面貌和人格力量对我们都有很深的影响。然后就是徐建老师，他在理论上为这个新生事物提供了强有力的支撑，很多理论都是他首先提出来的，他充分发挥自己的社会协调力和影响力，四处为少年司法去做宣传、去争取支持，这对当时舆论环境的改善影响是很大的。还有当时最高人民法院的郑天翔院长，他的批示代表了高层对这项工作的肯定，明确了发展少年司法制度是一条方向正确的道路，这给了我们巨大的鼓舞和信心，也为少年法庭后续的发展铺平了道路、增添了动力。法院系统不少人更是全身心地投入，做了大量的具体工作，例如，上海市高级人民法院研究室的杨传书、长宁法院研究室的张正富，以及在未成年人刑事审判第一线的胡惠乾、左燕、孙洪娣、陈建明等，他们的事业心、责任心和对犯了罪错的未成年人的爱心，都是非常感人的。他们在每一个案件中的付出、在每一个困难面前的努力突破，都对少年法庭的创建、发展发挥了很大的作用。再先进的理论、机制也要人来实践，所以我说关键在人。在少年法庭成立四十周年之际，我们不能够忘记他们当时的不懈努力和辛勤付出。

访谈人： 其中也离不开您的努力，真的让人很敬佩。当时大家为什么会有这样的精神状态？动力是什么？

肖建国： 我当时还是刚进校的年轻教师，有幸在徐建老师的领导下工作，也有幸与司法实务界的很多同志相识，接触到未成年人审判工作。正是在他们的精神鼓舞和无私帮助下，我开始从事这方面的教学研究工作，并爱上这份工作。我的感觉是，这么多的同志在保护未成年人这件事上，都是无私奉献、不求回报的。他们不仅仅将其作为一项工作来做，更是将其视为一项守护国家未来的伟大事业。就我个人而言，我在从事青少年犯罪研究工作过程中，自身也在不断地成长和提高。我想到一件事，我们有个案子，孩子的父亲被公派到国外工作，后来孩子在上海犯了罪，这位父亲说，我从工作上来讲，可以说是成功的，但等我回到国内，发现孩子已经犯罪了，后悔已经来不及了。他问我能不能做点善事，办个公司，把这些走错路的孩子招到公司来，让他们能够回归社会，找到工作自食其力。虽然后来因为种种原因这个想法没有实现，但就像这位父亲，当我们看到这些犯了错的孩子，就像看见自己的孩子，发自内心地希望能够帮助他们，教育、感化他们，多数犯了罪错的孩子是能够改造过来的，我们希望通过全社会的努力尽量地去帮助他们改过自新，不让一个孩子掉队。所以，我觉得自己从事青少年犯罪研究有意义、有价值，从来没有后悔过。

访谈人：在少年法庭创建及发展的过程中，您一直深度参与并开展调研工作，这个过程中有没有印象特别深刻的案件？

肖建国：确实，我在调研的过程中接触过许多的案件，并且一段时期我还担任过律师和人民陪审员，参与办理过不少案件，很多案件都给我留下深刻的印象。

我办过一个敲诈勒索案，被告人是一个男孩，他在长宁区天山路一带实施敲诈勒索，每次索要的钱财数量不大，但总共实施了二十七八次，在天山路一带就"出名"了，被称为"天山一只鼎"。我和孙洪娣法官一起到孩子家里做调查，了解到这个男孩来自一个离异家庭，父母离婚后，母亲离家，孩子跟着父亲共同生活。这个父亲是个酒鬼，每天以酒度日，没有正当收入，家里可谓是一贫如洗，就靠社区的接济补助生活。所以说，孩子为什么会走上犯罪道路，真的不能够简单去评价，背后都存在着家庭、学校和社会的因素。我们只有深入地去调查背后的因素，才能更加准确地作出司法判决并"对症下药"去挽救他。

我还办过一个盗窃案，一个女孩子在娱乐场所打工，实施盗窃，已经构成刑事犯罪，后来法院给她判了缓刑，处以罚金1000元。开庭时，她的父亲从安徽老家特地赶来，在法庭教育阶段，这个父亲说，非常后悔、自责没有在身边教育好女儿，害女儿走上了犯罪道路，为了凑齐这1000元罚金，他把家里的猪都卖掉了，希望缴清罚金后，女儿能够好好悔过，开始新的生活。当场所有人都被这位父亲的话说哭了，女孩也痛哭流涕，当庭保证一定痛改前非，绝不再犯。我发现，少年刑事案件，法庭教育阶段基本上都会一起流泪，这也说明少年审判这些特色工作机制是有成效的，是能直击人心、催人悔改的。少年法庭有很多这样的故事，大家都觉得处理效果很好，但我们回过头看，其实是因为法官做了很多审判之外的工作所以效果才好。由此可见，少年法庭法官在办案中的投入会更大，他们更值得社会的敬仰。

未成年人刑事案件大多数都是这类比较小的案件，但它们涉及这个孩子的未来，关系到这个家庭的完整，更深层次看，社会就是由家庭这一个一个细胞构成的，少年法庭的一个个办案实践挽救那些失足的孩子和失衡的家庭，在维护社会稳定、促进社会发展中，体现了少年司法制度的价值。

访谈人： 中国少年司法制度从上海长宁起步，您觉得其中有没有一些必然的因素？

肖建国： 任何事物的发展变化都与特定的社会背景相关。我认为，中国少年司法制度之所以从上海长宁起步，其中之一是与上海的理论和实践相结合的氛围有关。上海有个很明显的特点或者说是优势，就是理论界和实务界的关系非常紧密。作为高校教师，我的感受很深，我们与法院的联系是很紧密的，当时需要什么数据、案例、材料，只要和法院联系，法院都会非常及时、认真地准备好并提供给我们，这对我们从事理论研究的学者来说是非常重要的，因为理论研究永远不能脱离实践。而上海的实务部门也有着重视理论支持的传统，常常将一些实践中遇到的问题与理论界进行探讨，也把一些好的创新做法通过教学、科研进行归纳整理，注重形成制度理论。可以说，正是有了早年徐建老师等的理论研究和长宁法院的实践探索，二者相辅相成，才有了中国少年司法的起源与发展。

访谈人：中国少年司法制度发展了四十年，您觉得变的是什么？不变的是什么？

肖建国：确实，我们国家的经济、文化、社会在四十年间经历了高速的发展，未成年人的生活水平和受教育程度显著提升，未成年人犯罪比例已大幅下降，这个变化是让我们感到非常欣慰的，说明我们国家为未成年人创造了很好的生存、发展环境，当然也表明我们的未成年人犯罪预防工作取得了很好的成效。但经济文化、科学技术的急剧发展，也会产生一些新的问题，比如不良信息的影响、网络犯罪等，这都需要我们不断更新审判思维和方法去应对和预防。同时，现在的少年审判已从少年刑事案件拓展到涉少家事案件，如何在这些家事案件中，保护未成年人，尤其是预防和消除因家庭矛盾而产生的一些潜在不利影响，是今天少年审判法官们需要继续努力的方向。在这么多变化之中，我想需要保持不变的是保护少年儿童的那颗初心，保护孩子就是守护我们国家和民族的未来，这项事业永远不会过时，永远值得我们为之努力。

访谈人：2024 年中国少年司法制度将迎来四十周年，对于中国少年司法的未来发展，您有哪些建议或希望？

肖建国：我有两个希望，第一个希望是要学习贯彻习近平法治思想，对四十年来的发展历程进行深刻的总结，四十年的发展经验是非常宝贵的，长宁法院作为发源地，一定要用心做好总结工作，总结是为了更好地发展，是要通过总结找到未来发展的载体。少年司法制度十周年的时候，我也参与了总结工作，当时我们每天在长宁法院愚园路的老院区上班，几乎把所有案子的卷宗全部都调出来翻阅，就是为了作好第一个十年的总结，当时我们的总结报告重点围绕社会调查制度、建立独立少年法庭的必要性等五个问题展开，为此我们专门写了五篇文章去论证这五个问题，实际上是一边总结一边探寻未来的发展之路。现在少年司法制度已经发展了四十年，很多情况都发生了变化，少年司法制度如何面向未来，在新时代更好地发挥保护少年儿童的作用，是需要继续深入思考的。我认为长宁法院应该充分认识少年司法制度的发展规律，找到新的方向，继续引领中国少年司法制度向前发展。

第二个希望是要坚持创新，在新时代继续拓展少年司法的内涵。我认为，少年法庭创建和发展的动力就来自不断的开创性。从历史回顾中我们发现，无论是第一个合议庭的建立，还是后来一项项特色工作机制的推出，都离不开法院系统解放思想、开拓创新、大胆改革。在开始的十几年实践中，我们一直面临一个困惑，就是又要讲创新又要遵守既有法律，有时候感觉很难，我们现在回过头去看，当时许多的改革实际上就是要超越当时的法律，今天我们讲要在法律框架内创新，还是要把握好这二者之间的关系。当年的合议庭就是当时法律框架内最好的选择，充分体现了长宁法院的智慧。合议庭的建立是审判机构上的创新，但机构的建立不是目的，更重要的其实是内涵上的创新，就是不用普通的审判思维、习惯和方式来审理少年案件，长宁法院的很多工作机制都走在全国前列，比如最早提出社会调查、权利告知、法庭教育、社会协作等工作机制，在程序和综合治理方面的许多做法都是有创造性的，而且这些创造性的成果后来逐步被立法吸收、被最高人民法院采纳。当然，开拓创新的过程中，认识也在不断提高，好的做法要坚持下来，一些做法也在修正。我要强调的是，改革开拓创新，需要在真抓实干中不断总结，不断提高，不断完善，努力拓展少年司法的内涵。在我看来，长宁法院在改革创新方面一直有自己的特色和传统，希望你们能够继续保持。

继往开来，不断推进少年司法的独立和发展

访谈时间： 2023 年 4 月 12 日

访谈人物： 姚建龙，研究员、博士生导师，上海社会科学院党委副书记、法学研究所所长、《政治与法律》主编。

访谈人： 请问您是什么时候开始进行少年司法相关研究的呢？

姚建龙： 1999 年 6 月我大学毕业之后在重庆市劳教戒毒所做了一年多的管教民警，2000 年 9 月考上了华政刑法学专业（青少年犯罪方向）的研究生，开始接触少年司法相关研究，我的导师是我们国内著名的青少年犯罪问题研究专家徐建教授和肖建国教授。作为那一年学校刑法学专业（青少年犯罪方向）招录的唯一研究生，我对这个研究方向并不了解，只知道华政的青少年犯罪研究非

常出名，徐建老师和肖建国老师都在这个领域有非常深的造诣和影响力。

当时徐建老师和肖建国老师经常带我去参加司法实务部门的活动、会议，我就有机会和老师们一起参与案件的讨论，也就是这样的机会，让我跟长宁法院的少年法庭有了第一次接触交流，这种交流就这样一直保持了二十多年。在和长宁法院少年法庭的不断接触交流中，我逐步地把少年司法从一种书本上的理论还原为一种现实的、生动的司法实践。这也使我对少年司法产生了非常浓厚的兴趣。所以，从某种意义上说，我对少年司法相关的研究，是受到了长宁法院少年法庭的影响，长宁法院少年法庭的工作实践和优秀法官发挥了一种"带我入门"的作用。

访谈人： 您在进行少年司法研究的过程当中，是否遇到过一些让您印象深刻的案例？

姚建龙： 2000年至今，我接触过很多典型案例，有几件案子令我印象深刻。其中让我感触最深的是在南京发生的饿死女童案。

被告人乐某有多年吸毒史，曾因吸毒被行政处罚。在同居男友李某某因犯罪被羁押后，乐某依靠社区发放的救助和亲友、邻居的帮扶来抚养两个女儿李某甲、李某乙（被害人，殁年分别为两岁、一岁）。乐某因沉溺于毒品，疏于照料女儿，某日将两幼女置于住所的主卧室内，留下少量食物、饮水，用布条反复缠裹窗户锁扣并用尿不湿夹紧主卧房门以防止小孩跑出，之后离家未归。一个多月后，社区民警至乐某家探望时，通过锁匠打开房门，发现李某甲、李某乙已经死于主卧室内。经法医鉴定，两被害人无机械性损伤和常见食物中毒致死的依据，不排除因脱水、饥饿、疾病等因素死亡。法院认为，乐某的行为构成故意杀人罪，鉴于乐某审判时已经怀孕，且认罪态度良好，以故意杀人罪判处被告人乐某无期徒刑，剥夺政治权利终身。

这个典型案子让我看到了我国少年司法制度领域中存在的很多不足和缺陷，让我对未成年人保护制度的完善有了更全面的反思。我深刻地认识到事后的救济没有办法挽救悲剧的发生，如果能有更好的预警措施、机制来对类似情况进行及时处置，那么就可以防止此类悲剧再次发生，所以，不论在观念层面，还是在举措层面，我们的立法、执法部门都需要作更大的努力。2013年南京饿死女童案不仅直接推动了民政部门的改革，更极大促进了我们对家国关系认识的转变，我们开始逐渐意识到国家、政府必须站出来，保护"不合格"父母的未成年子女，这推动了我们国家未成年人保护法的完善，推动了我们国家国家亲权理论理念的确立。

相似的案例其实还有很多，如浙江温岭的颜某某虐童案。2012年10月24日浙江温岭发生一起民办幼儿园老师双手拎男童双耳致其双脚离地的事件。相关照片在网上曝光后，引发强烈社会关注。当事老师颜某随即被辞退。温岭市公安局10月25日立案，并对其采取刑事拘留的强制措施，10月29日提请温岭市人民检察院批准逮捕。浙江温岭幼儿教师颜某虐童一事引发社会关注，警方经深入侦查，认为涉案当事人颜某不构成犯罪，依法撤销刑事案件，对其作出行政拘留15日的处罚，羁押期限折抵行政拘留。

但当时颜某某并没有受到应有的法律处理，这也就反映出我们国家对防止虐待儿童的立法存在不足，更引发了我们在少年司法事件中如何保护困境未成年人方面的反思，也说明我们在体制机制方面存在很多需要改进的地方。后来的《刑法修正案（九）》《刑法修正案（十一）》很大程度上填补了这方面的漏洞，分别增设了虐待被监护、看护人罪，负有照护职责人员性侵罪等。

这些典型案件都表明司法实践可以大大地推动国家未成年人保护立法、司法改革的进步。在与长宁法院少年法庭的沟通交流中，我发现长宁法院也很擅长从一些典型案件中发现立法、司法中所存在的不足，这常常能达到"办理一案、治理一片"的效果，真正地做到通过办理未成年人案件来推动案件背后的社会问题、法律问题的解决，从而推动立法和司法的进步。长宁法院四十年的少年司法探索之路，也正是我们国家少年司法制度的改革和进步之路。1984年10月，长宁法院成立了新中国第一个"少年犯合议庭"。1987年11月长宁法院创设羁押、预审、起诉、审判、辩护、改造的公检法司相配套"政法一条龙"机制和政府、社会相关部门相衔接的"社会一条龙"机制，探索建立集家庭保护、学校保护、政府保护、社会保护、司法保护和自我保护于一体的未成年人综合保护网络，形成"两条龙"双龙共舞的长效机制，从而带动了全国法院少年审判工作和延伸工作的有效开展，在党委领导、政府支持、院校指导、社会协同、各方参与的未成年人保护社会化工作体系建设中发挥了重要作用。现在我们非常熟悉的寓教于审、强制亲职教育、犯罪记录封存、附条件不起诉制度等很大程度上都受到了长宁法院探索经验的影响，所以，在我看来，长宁法院不只是我们国家少年司法的发源地，更是中国少年司法改革的一个非常重要的引领者，对我们中国少年司法改革的推进、少年司法制度创新等，有着不可磨灭的独特贡献。

访谈人：在您进行少年司法研究的过程当中，我们看到您撰写了非常多的书。其中有一本比较特别的书叫作《呼噜噜与独角兽的幸福生活》，您为何想要编写这样一本童话书呢？

姚建龙：《呼噜噜与独角兽的幸福生活》是一本图文并茂的彩色法治童话书，站在儿童的视角，运用儿童的语言，结合少年儿童的生活现状，创作出了十六个生动有趣的故事，并配以几十幅彩色插图，这本书其实蕴含了一个父亲对孩子的期待，也是我与孩子的一种交流方式。我写这本法律童话一个很直接的动因来自我儿子，孩子两岁的时候，晚上需要我给他讲童话故事，当时我编了很多睡前故事讲给他听。《呼噜噜与独角兽的幸福生活》是我在他枕边给他讲的睡前故事中的一个系列，我将两岁到十八岁年龄段孩子需要懂得的未成年人相关法律知识融入其中，希望他通过听故事的形式去了解法律知识、了解父亲的职业，所以，虚构了"独角兽"这一孩子的守护精灵的形象，创造了"呼噜噜"这样一个孩子的形象。呼噜噜实质上是父母有时候照顾不到、看护不到的农村留守儿童的孩子形象。为了更好地说明孩子成长过程中遇到的风险、困难、挫折、不公平等，我凝练了十几个故事，然后把每一个主题都放到这个童话故事里面。比如说大家现在都在谈论的校园欺凌的问题怎么处理、遇到儿童拐卖怎么办、遇到性侵怎么办、见义勇为还是见义智为。再比如说如何去防止吸食毒品，如何防止加入团伙帮派，面临老师的体罚、虐待怎么办等，这些都是每一个孩子在成长过程中，可能会面临的问题。我想通过法律童话故事的方式，将故事串起来、讲出来，让孩子通过阅读这本书知道遇到这些困难，应该怎么做。在司法实践中，不论是未成年犯罪案件，还是未成年人被害案件，都是孩子的不幸，这些案子背后都会折射出我们真正需要去关注的问题。《呼噜噜与独角兽的幸福生活》这本书中所写的就是案子背后反映出的这些问题，通过对这些问题的注意与反思，可以为未成年人创造更好的成长环境。我这一想法得到了法律出版社的刘秀丽编辑的肯定，后来我就花了一年的时间写了这本童话书。

访谈人： 您撰写了很多的学术论文作品，您认为少年审判之于普通意义上的审判，有哪些比较特殊的需要更加关注的地方？

姚建龙： 少年审判是一个十分专业的概念，举个例子来说，如果小孩子生病了，我们肯定会选择去专业的儿童医院就诊，而不是选择去普通医院就诊。儿童医院就相当于专门的少年法庭，那么当孩子涉嫌犯罪，我们肯定是希望孩子可以接受专门的少年法庭的审判，因为少年法庭在实践中不仅仅体现了专业性，更体现了它的特殊性。少年法庭以"最有利于未成年人"为实践理念，有着特殊的程序和机制，将更有利于未成年人犯罪的矫正或者未成年受害人的保护。此外，少年法庭还配备了专业的少年法庭法官，少年法庭法官作为受过极为专业训练的特殊法官，他们熟悉未成年人特点，善于做未成年人思想教育工作。他们立足于审判实践，具有过硬的司法能力，又像春风化雨一样去温暖、呵护那些走入歧途或者因犯罪、家庭纠纷被侵袭的孩子，不论这些孩子遭受过什么样的不幸，做出过什么样的危害社会的行为，在这群法官眼里，他们都应该被关注、被爱护、被平等对待，他们都应该重拾信心，重塑自我，重新拥有光明的未来和前途。这就是少年审判非常特殊的地方，它的定位、理念、程序、承办法官都很特殊，而这种特殊正展现了我们法律的公正性和司法的人性化。例如，长宁法院创设的圆桌审判制度，将未成年被告人刑事案件、成年人侵犯未成年人人身权利的刑事案件从普通刑事案件中分离出来，就是为了营造富有人性化、亲和力的宽松刑事案件庭审环境，使未成年被告更容易接受审判、接受教育和接受改造，提高庭审效果。又例如调整少年审判收案范围，目前，长宁法院未成年人与家事案件综合审判庭不仅仅审理未成年人犯罪的刑事案件，还审理未成年人家事案件，将涉未成年人离婚案件、离婚后涉及未成年人权益保护的案件，包括抚养、收养、继承、探望权纠纷，以及涉及未成年人的侵权责任纠纷、监护权等特别程序的案件纳入少年综合审判收案范围，这样一方面有利于实现对未成年人的全面保护，另一方面可以细化少年审判的分工，使未成年人审判工作和延伸工作更加细致，也给孩子创造一个更好的成长环境，这也是我们少年司法审判模式专业、用心的表现。

访谈人：您刚刚提到，在少年法庭的法官眼中，不只有冷冰冰的法条，还有这些未成年人的未来，那请问您是如何看待这种法理和人情之间的关系？

姚建龙：少年审判对案件的处理要求更加符合人性、人情。对未成年人犯罪进行惩罚是应当的，但更重要的是，针对未成年人心智不成熟、可塑性大等特点，我们强调在审理未成年人案件时，应该秉持"教育、感化、挽救"的理念。少年审判对未成年人既不是一判了之，也不是重判重罚，更不是一概不罚，而是根据不同未成年人的心智特点和人格特性，为其制定符合具体情况的教育矫正措施，使其得以健康成长。少年法庭的工作重点是教育，而不是惩罚，"教育为主，惩罚为辅"的理念自少年法庭成立开始就贯彻少年法庭的发展始终。正因如此，我们少年司法针对未成年人犯罪有很多宽缓性的制度设计，例如，未达刑事责任年龄可以从轻或者减轻处罚，甚至有依法不予追究刑事责任的情形，此外，还制定了很多特殊的程序性设计，如犯罪记录封存等，这都有利于未成年人权利保障，有利于脱离正常发展轨道的未成年人尽早回归家庭、回归社会，达到良好的法律效果和社会效果。

虽然这种理念跟"他犯罪他就应该接受惩罚"的严罚主义、报应主义理念有一定的冲突，但这恰恰体现了少年司法的理性和特殊性。因为惩罚不能解决问题，如果惩罚可以解决问题，那么，这个世界就不会存在犯罪，也没有未成年人遭受侵害了。所以，当我们面对一个因为犯罪而走上歧途或者正在遭受侵害、处于困境中的孩子的时候，我们需要保持理性、耐心，用国家和社会的大爱去教育、感化、挽救，这是我们司法文明进步的结果，也是未成年人审判的应有之义。

访谈人： 1984 年 10 月，长宁法院创立了少年犯合议庭，您觉得从现在的眼光看当时中国的司法环境是怎样的？

姚建龙： 你刚刚提到 1984 年 10 月，其实这个时间也是我们经过考证得出来的。1984 年，国家各种规章制度还不够完善，当时的社会秩序相对来说比较混乱，因此，我们国家开始推行"严打"。在这一背景下，1984 年，长宁法院建立了我国首个"少年法庭"，诞生之初，它被称为"少年犯合议庭"。在"严打"的年代，青少年犯罪形势严峻，犯罪率一度攀升。长宁法院的法官们看到法庭上一张张稚气的面孔，他们意识到，对于青少年犯罪不能只注重打击，还是要教育挽救。这一理念在当时是极为后现代和颠覆主义的，也很难被所有人理解或者接受。而长宁法院作为中国少年司法的探索者和先行者，能在少年审判中秉持这一理念，足可以看到它有相当的政治勇气和专业担当。实践也证明，挽救和教育在当时产生了非常积极的社会效果，经过长宁法院少年法庭审理的未成年犯罪嫌疑人和被告人最终都得到了很好的改造，重新回归社会后，重新犯罪率特别低。

访谈人： 1987 年的时候，长宁法院的两条建议被我国首部《未成年人保护法》所吸收。您对《未成年人保护法》等法律也非常有研究，请问您认为《未成年人保护法》等法律的完善与长宁法院少年法庭的建成之间是否存在联系呢？

姚建龙：《未成年人保护法》的颁布、完善与长宁法院少年法庭之间存在着联系。《未成年人保护法》于 1991 年颁布，1992 年 1 月 1 日施行。在此之前，未成年人保护的法规都是地方性的，而我们国家第一部专门保护青少年的法规，就是上海市 1987 年制定的《上海市青少年保护条例》。所以说，上海是少年司法的发源地，是新中国少年审判的发源地，是新中国第一个少年法庭的诞生地，也是新中国第一部专门保护青少年法规的诞生地。上海之所以能在 1987 年率先制定保护未成年人的地方性法规并最终推动全国《未成年人保护法》的出台，和长宁法院少年法庭的探索和实践密切相关。在 1987 年《上海市青少年保护条例》中，很大一部分司法保护的内容都是对长宁法院少年法庭做法的确认和肯定，而这些受确认和肯定的内容也影响到了 1991 年《未成年人保护法》的制定和颁布。1991 年的《未成年人保护法》确立了司法保护，这里所说的司法保护是狭义的司法保护，也就是刑事上的司法保护，这种刑事上的司法保护就与长宁法院少年法庭所探索出的寓教于审、法庭教育、亲情会见等息息相关。

访谈人：依您看，长宁法院少年法庭的相关工作对我国青少年法庭的整个发展史有什么贡献和影响吗？

姚建龙：长宁法院不仅有我国少年法庭的首发庭，也不仅仅是少年法庭的创始地，更是我们国家少年司法制度、机制建设四十年来的实践地。第一个重要的贡献是在理念层面，长宁法院在司法实践中认真贯彻"双向保护、少年优先"的司法理念，将司法理念贯彻在少年审判组织不断独立化、专业化进程中，也贯彻在"两简"程序、分案审理等改革创新中；既衍生出"寓教于审、注重感化"程序理念，也演化为"教育为主、惩罚为辅"的实体理念，还培育出了"政法一条龙""社会一条龙"的综治理念和少年司法社会支持体系。在司法实践中，逐渐明晰了"最有利于未成年人""特殊保护""全面保护"原则。以促进未成年人健康成长为根本目的，坚持立足司法职能和主动延伸服务并举，探索出一条具有中国特色、法理与情理交融的少年审判之路，积累了一些可推广、可借鉴、可传播的宝贵经验，取得了良好的法律效果和社会效果。第二个重要的贡献是在程序层面。在少年刑事审判方面，长宁法院率先探索出了法庭教育制度、分案审理制度、社会调查制度、圆桌审判制度、刑事和解制度、心理疏导制度、轻罪封存制度等，在少年家事审判方面，长宁法院探索出了绿色通道制度、不公开审理制度、婚姻冷静期制度、亲职教育制度等。第三个重要的贡献就是设立了少年法庭这一专门机构。长宁法院率先将少年法庭从普通机构中分离出来，率先开始探索司法实践规则，对我们国家后续法律、司法解释的制定都起到了积极的作用，是我们国家少年司法制度改革的策源地。

访谈人： 那您认为中国少年法庭的成立对于整个中国的法治有怎样的意义和影响呢？

姚建龙： 少年司法是衡量司法进步性、文明性的重要指标。我国少年司法制度改革是司法改革中浓墨重彩的一笔，而少年法庭又是少年司法制度的核心内容。国际人权报告、我国的司法文明状况报告以及国务院新闻办公室的白皮书，都重点关注未成年人保护。而我们少年法庭能有今天的成就和经验，和长宁法院少年法庭四十年来所作出的探索息息相关。以长宁法院少年法庭为代表的少年审判机构组织在少年司法方面作出的努力和贡献，体现了我们国家司法文明现代化的程度，令我们国家在国际上因加强人权保障，赢得了更多赞誉。此外，少年法庭通过办理未成年人案件，从而揭示案件背后的社会问题，来推动相关部门在立法、司法、执法方面解决这些问题，改善存在的不足，发挥了重要桥梁作用。

访谈人：您一直致力于少年司法研究。所以，我们想问问您，您认为少年司法研究领域的发展对于中国法治的完善有怎样的影响呢？

姚建龙：少年司法制度某种意义上是我们国家司法制度的底线。一个国家如果没有专门的少年司法制度，或者如果少年司法制度不健全，则可以说明这个国家的司法制度就不是现代化的司法制度，也不是文明的司法制度。从某种意义上说，少年司法制度带动了我们国家司法制度的改革和发展。很多普通司法制度中运用得很好的做法，其实都是从少年司法制度中开始试点运用的，以附条件不起诉为例，目前附条件不起诉的范围限定在未成年人刑事案件，那么，我们在司法研究中，就会考虑是不是可以把附条件不起诉推广到其他案件中去。另外，大家所熟悉的缓刑、假释制度，都是先在未成年人的案件试用成熟后再推广到普通案件中适用的。

访谈人： 在我国的少年司法研究领域，我们的研究是否会借鉴一些国外的学术思想呢？

姚建龙： 法律、文明、法治，是全人类文明的共同的成果。司法文明的互相借鉴是一种客观的现象。每个国家都有适合自己国家特点的法治模式，但法治文明在各个国家应该是有很多共通性的。我们国家少年司法的实践改革和理论研究也都很重视吸收国外好的经验、成果。

例如，少年司法制度起源是以美国 1899 年伊利诺伊州《少年法院法》和少年法院的出现为标志。而 1984 年新中国建立第一个少年法庭其实也部分地受到了国外"少年法院运动"的影响，可以说，随着少年法院的影响席卷全球，开启了中国对少年法庭的认识序幕。而我们国家在少年审判方面的优秀经验，也受到了国际的学习和借鉴，比如，综合治理就被称为中国犯罪治理的智慧。此外，我们还就圆桌审判模式、寓教于审制度等在长宁法院跟德国的专家作了交流。这种交流互鉴可以促进司法制度和司法文明的不断进步。

访谈人： 那您认为我国现在的少年法庭与国外的少年法庭相比，是否存在一些差异？

姚建龙： "皮之不存，毛将焉附？"我国当前没有系统的《少年法》及《少年司法法》，而是将对未成年人的特殊保护方法及审理方式散落地规定在《刑事诉讼法》《未成年人保护法》以及《预防未成年人犯罪法》等法律当中，这是一个很大的遗憾，也是我们国家的少年司法制度未来进步的空间。纵观国外，很多国家早就建立了关于未成年人的法律体系。没有独立少年法的立法现状，使得在实践中审理未成年人犯罪案件时，难以较为周全地考虑到未成年人这一群体的特殊性，不能更加全面地保护未成年人的合法权益。从这个角度来与国外少年司法作比较的话，我们还有一段很长的路要走。但是，我也看到，最近几年，我们国家越来越重视少年司法改革，国家也在考虑未成年人司法法的制定，以进一步地改革完善我们国家少年司法制度。所以，我相信，我国的少年司法制度的明天会越来越好。

从实践中发现真问题，作为少年司法研究的方向

访谈时间： 2023 年 6 月 2 日

访谈人物： 田相夏，华东政法大学助理研究员、法学博士。上海市法学会未成年人法研究会副秘书长、中国法学会法学期刊研究会理事、上海预防中小学生校园欺凌三年专项计划项目组拓展组组长。

访谈人： 您长期从事少年司法方面的研究，并参与了多个关于未成年人保护方面的课题，也取得了很多的研究成果。请问您是何时开始从事少年司法研究工作的？又是什么契机让您投身于少年司法研究工作的呢？

田相夏： 我 2008 年考取华政青少年犯罪学专业，并在华政开始了系统的研究生学习。在恩师姚建龙老师指导下，当时我心里就

萌生了从事少年司法研究的种子。三年后，我研究生毕业选择留校，被分配到《青少年犯罪问题》编辑部工作，我感到十分幸运，这正好能够将自己的兴趣和工作相结合，因此我非常珍惜这份工作。要编辑《青少年犯罪问题》这本厚重的杂志，对我的专业知识亦提出了新的挑战，我也想继续深造，所以我一边学习一边工作。2014年，我又考取了西南政法大学的博士，继续主攻青少年犯罪学这个方向。可以说，从2008年至今，我的工作和学习一直都围绕着少年司法方面，我觉得少年司法研究是一项非常有意义的工作，所以我愿意在这块领域进行深耕，也参与了很多涉及未成年人的课题和研究。

访谈人：田老师，您认为我国少年司法经历了哪几个阶段，我国目前少年司法工作处于什么阶段呢？相较于您最开始接触少年司法的时候，有哪些改变和进步呢？

田相夏：应该说，少年司法的发展在我国经过很长时间，也取得了令人瞩目的成就。长宁法院是我们国家少年司法发展的起点。作为一个学者，我的观点和很多学者尤其是实务部门研究者的观点可能不太一样。根据我们国家少年司法相关法律的进程，中国少年司法的发展划分为三个阶段。

第一，百花齐放阶段。从改革开放、长宁法院少年法庭的诞生至2012年是第一阶段，这一阶段是在《刑事诉讼法》修改之前。这一阶段少年司法处于一个由各地探索实践的阶段，各地本着问题导向和责任导向，对少年司法遇到的问题，敢于探索、勇于探索，也实践出很多行之有效的经验，很多少年司法的经验都出自地方上的实践真知，并被 2012 年《刑事诉讼法》所吸收，成为未成年人刑事诉讼程序专章。这一阶段，少年司法主要停留在刑事方面。

第二，规范运转阶段。从 2012 年到 2018 年 2 月是第二阶段，这一阶段随着《刑事诉讼法》的修改完善，很多来自各地的少年司法探索和机制创新被《刑事诉讼法》所吸收，各地少年司法的任务就是贯彻执行法律的相关规定。也就是少年司法进入"车同轨、书同文"的规范化运转阶段。在这一阶段，少年司法主要还是刑事阶段，少年司法涉民事案件和经验也越来越多。

第三，强化社会支持阶段。2018 年 3 月至今是第三阶段，2018 年 3 月，共青团中央与最高人民检察院签订了《关于构建未成年人检察工作社会支持体系的合作框架协议》，标志着少年司法社会支持体系构筑和完善的开始。后续《未成年人保护法》《预防未成年人犯罪法》修改，都是围绕这个主攻方向，少年司法要扩大"朋友圈"，将少年司法往社会支持、社会工作这个方向进行拓展，实践也证明了，这个方向是正确的。这一阶段，少年司法已经将少年司法社会支持体系、涉民事案件和探索作为主流，并逐渐完善少年司法的"社会一条龙"体系。比如民政、教育、文旅、妇联团委等部门在整个体系中展现越来越大的担当。

访谈人：您是如何开展少年司法研究的呢？

田相夏：我认为开展少年司法研究和其他的法学研究一样，少年司法学科是高度的理论与实践探索相结合的学科。少年司法学科有很多前沿问题和司法实践中出现的疑难问题，光靠在学校里学习理论或者阅看文献综述，远不能满足或实际解决我们的需求。我认为，搞好少年司法研究，需要做好以下两件事。

首先，要进行系统的理论学习，完备自己的知识体系。要阅读少年司法研究相关的书籍、相关文献综述，学习前人一些观点和论述，让自己具有一个完备的知识体系。

其次，要从司法实践中去发现真问题，来确定研究的方向。通过和实践部门比如检察机关、教育局、法院等沟通，发现真问题，作为研究的方向，用自己的研究观点帮助司法实践解决真正的问题。

访谈人：众所周知，长宁法院少年法庭是新中国第一家少年法庭，那么相比于其他法庭，您认为少年法庭本身有什么独特之处，体现在哪里？

田相夏：这个问题很关键，我自己接触到少年司法的研究领域之后，发现少年司法和传统的刑事司法、民事司法最大的不同就是因主体不同而产生的理念差异。传统的刑事司法和民事司法的主体都是成年人，我们是从成年人的角度去思考和分析问题，但是未成年人跟成年人的特点是完全不一样的。借用姚建龙老师的观点来说就是，作为家长，更愿意将感冒生病的孩子送到专门的儿童医院去治疗，而非到成人医院去治疗。又如，我们成人吃药不管药的味道如何，秉着良药苦口的想法，总会把药喝下去，但是儿童吃药更愿意吃专门的儿童感冒药，因为无论在包装、口味还是疗效上都更考虑儿童的身心特点，更能够吸引儿童将"药"喝下去。少年司法制度是基于未成年人身心的特点专门设定的，办理成人案件，法官一个法槌敲下去，案件就案结事了。但对于未成年人而言，不论是民事案件还是刑事案件，法官一个法槌敲下去，可能案件有了判决结果，但是法官还有很多后续工作要做，比如对未成年罪犯的判后帮教，再比如判决夫妻双方离婚后，未成年人子女的抚养和探望问题。

访谈人：长宁法院少年法庭一直在少年司法领域敢为人先、积极探索，请问长宁法院在未成年人保护方面有什么做法或者法官、案件令您印象深刻吗？

田相夏：新中国的少年司法起源于我们上海长宁，我们长宁法院秉承了海派风格，一直敢为人先，在1984年10月的时候首创了"少年犯合议庭"。经过长法人一代又一代的努力，才有了今天少年法庭的规模。我接触的最早的就是长宁法院少年法庭的庭长陈建明，后续接触汪允侠、钱晓峰、顾薛磊、刘玉奇等这些老法师，我接触下来的感触就是发现他们都非常务实，始终秉持着解决问题的初心来开展少年司法的审判工作，而不是单纯地喊口号。长宁法院少年法庭开展司法宣传都是基于既有案例、在扎实的基础之上才对外宣传的。当时我在工作后，慢慢与顾薛磊交流也越来越多，发现顾老师对工作不但有情怀，更有非常扎实的法律基础和功底。特别是当时在判决"朵朵"监护权过程中，尽管整个过程非常坎坷，但我发现顾老师不但考虑非常周全，而且为了孩子的事情不遗余力。

访谈人：长宁法院的探索和实践对您的相关研究有什么启发吗？

田相夏：在长宁法院担任法官助理期间，我就在姚老师和少年法庭老师指导下，就当时比较有争议的少年强索问题，发表了第一篇学术文章。我记得自己在硕士期间写的第一篇真正意义上的学术论文，就是关于未成年人的强索案件。当时姚老师命题作文，把题目和框架都给我了，正好我在长宁法院实习，就参考和借鉴了长宁法院少年法庭刘玉奇法官的一篇论文的观点，刘法官论文的一些观点也是源于自己日常办理未成年人强索案件的经验总结。关于未成年人强索的案件，其中行为或者情节其实很简单，比如说就是几个小孩子纠集在一起在学校门口抢了同学几块钱。如果是成年人实施同等行为、根据刑法的一般规定来认定的话，那可能构成了抢劫行为；但根据未成年人的身心特点，从少年法庭的观点或者从我们少年司法的观点来说，我们可能认为它是一个强索类案件，不认定为抢劫更加合适。

访谈人：您曾参与《上海市预防未成年人犯罪条例》的立法调研工作、多次参与预防未成年人犯罪相关课题，在您看来，当下的少年法庭在法律建设和实践中有哪些瓶颈，如何突破呢？

田相夏：我们少年法庭的建设确实是存在瓶颈的，而且这个瓶颈不是一天两天，我自己感觉有十来年了。

首先，随着我国社会综合治理的加强，或者是中国式现代化的进一步发展之后，我们会发现刑事案件的总体数量越来越少，未成年人刑事案件数量更是越来越少。传统的民商事庭，每个法官手里可能一年有三四百个案件，而我们少年法庭的法官可能一年也就五六十个案件不到，我们的法律同行就会存在"鄙视链"，他们会觉得少年法庭法官案件量很小，由此产生一些错误的看法，甚至觉得少年法庭没有存在的必要了。

其次，少年法庭的工作不是一判了之，还需要法官发挥组织协调能力争取其他兄弟部门的帮助和支持。举个例子，我记得长宁法院少年法庭的顾薛磊庭长曾经办理过一起抚养纠纷案件（前边所说的"朵朵"的案件），顾庭长根据法律把这个案件判好了之后，小孩子到底归谁抚养已经明确了，但他发现这个小孩子非常可怜，他没有上海户籍，在上海读书接受教育和医疗保障都存在问题，对他今后的生活产生了重大的影响，这个时候就需要我们的少年法庭法官发挥综合协调能力，例如要协调妇联、协调教育部门、协调医疗部门等帮助这个小孩子解决医疗、教育等基本的生活保障问题。这个案件中，顾庭长也做了大量的沟通和协调工作，最后这个小孩子的问题都得到圆满的解决。而这些工作，其他人可能不太能看得见、感受得到。

如何突破，我认为有对应的两点：首先，更正理念，承认少年法庭的特殊性，虽然未成年人刑事案件数量越来越少，但是少年法庭存在还是很有必要，习近平总书记指出："少年儿童是祖国的未来，是中华民族的希望。"加强对未成年人犯罪的预防，做好少年司法审判理论的研究很有必要。其次，少年法庭的法官进一步提升专业能力和综合能力，少年法庭的法官，一个人就是一支队伍，少年法庭的法官不同于刑事法官、民事法官，不是只了解法律和司法解释就可以判案，少年法庭法官其实需要很强的专业能力，除了熟练运用和掌握刑法、民法之外，还要了解《未成年人保护法》《预防未成年人犯罪法》等法律，少年法庭的法官还需要很强的沟通协调能力，要提升和检察院、公安部门、妇联、教育部门的沟通、交流、协调的本事。

访谈人：当下随着社会的发展和网络的普及，您觉得青少年犯罪的形态是否有所改变？

田相夏：随着网络的普及，关于青少年犯罪我确实看到了很多发展变化。随着网络普及，未成年人上网越来越多，触网年龄越来越早，未成年人可能出现两种形态，一种是在网上遭受侵害，在上网的过程中被诈骗，造成经济损失；还有一种就是通过网络实施犯罪，呈现出以下三特点。（1）未成年人由于缺乏自我保护意识，不自觉成了犯罪的主体。比如说我们最近常见的帮助信息网络犯罪活动罪，即帮信犯罪，本罪是指自然人或者单位明知他人利用信息网络实施犯罪，为其犯罪提供互联网接入、服务器托管、网络存储、通信传输等技术支持，或者提供广告推广、支付结算等帮助，情节严重的行为。根据刑法，该种犯罪常见的情形之一是行为人明知他人开办银行卡可能用于实施电信网络诈骗等犯罪行为，仍帮助其开办银行卡。这些行为比较常见，往往是违法犯罪分子要求你用自己身份证办理几张银行卡，并承诺一张银行卡支付你多少费用。近年来这种犯罪越来越多。比如司法实践中很多犯罪分子利用同乡关系施以几十至几百元不等的小恩小惠让未成年人去办理银行卡实施网络电信诈骗，由于未成年人的法律意识和自我保护意识较差，不自觉就卷入了犯罪，未成年人自己都可能没有意识到这是违法行为。（2）犯罪方式越来越智能化。比如随着网络的兴起，社交方式也发生了巨大的变革，现在开始流行网络直播，诞生了很多网红，网络经济也很繁荣。顾老师曾经和我提起过一个案件，就是一个小孩子在看网红主播直播的时候，连续看了五六天就把网红的账号密码给盗了，那个网红直播的账号里其实有很多钱，大概几百万元，这个数额是非常大的，可能面临非常重的刑罚。（3）犯罪低龄化。随着网络的发展，小孩子触网的年龄越来越早，随之而来的就是未成年人犯罪呈现低龄化的趋势，比如十四周岁到十六周岁未成年人犯罪占比是 40%—50% 左右，随着未成年人触网年龄越来越早，犯罪年龄也越来越早，呈现一个低龄化趋势，这也是我们法官或者法院面临的一个挑战。

访谈人： 这些改变有没有对当下青少年犯罪的规制问题带来什么新的挑战？您对此是怎么看的呢？

田相夏： 我从一个刑法的"外行人"角度，很遗憾地看到《中华人民共和国刑法修正案（十一）》，将《刑法》第 17 条修改为："已满十六周岁的人犯罪，应当负刑事责任。已满十四周岁不满十六周岁的人，犯故意杀人、故意伤害致人重伤或者死亡、强奸、抢劫、贩卖毒品、放火、爆炸、投放危险物质罪的，应当负刑事责任。已满十二周岁不满十四周岁的人，犯故意杀人、故意伤害罪，致人死亡或者以特别残忍手段致人重伤造成严重残疾，情节恶劣，经最高人民检察院核准追诉的，应当负刑事责任。对依照前三款规定追究刑事责任的不满十八周岁的人，应当从轻或者减轻处罚。因不满十六周岁不予刑事处罚的，责令其父母或者其他监护人加以管教；在必要的时候，依法进行专门矫治教育。"这个条文就是将刑事责任年龄从十四周岁往下调，其实我认为这种调整治标不治本，可能通过刑法修正案将刑事责任年龄降低，解决了不到100个案件的刑法规制问题。同时这也是一种惩罚思维，而不是我们的教育保护思维。我们长远来看，如果十周岁以下的或者八周岁以下的未成年人犯罪，我们刑法还是管不了。

关爱未成年人、预防未成年人犯罪，最重要的一点就是"抓好前端，治好未病"。无论是法院、公安机关、检察院，需要把工作的端口前移，做好未成年人犯罪的预防。比如从2022年5月1日起正式实施的《中小学法治副校长聘任与管理办法》，由公安干警、检察院干警、法院干警、部分律师担任中小学法治副校长，目的在于把青少年犯罪预防工作提前延伸到学校这个层面，在学校开展普法教育，提高学生的法律意识和自我保护意识有助于防止帮信犯罪、性侵犯罪、猥亵犯罪的发生。除了学校这一抓手，我们还欣喜地看到2022年1月1日起施行的《中华人民共和国家庭教育促进法》，明确以法律的形式规定未成年人的父母或者其他监护人负责实施家庭教育。未成年人的成长和家庭环境息息相关，很多问题儿童的出现其实是因为家庭环境出现问题，家庭教育的缺失。《中华人民共和国家庭教育促进法》的施行，让父母或者监护人意识到自己的监护责任，父母或者其他监护人为促进未成年人全面健康成长，对其进行道德品质、身体素质、生活技能、文化修养、行为习惯等方面的培育、引导和影响，将预防未成年人犯罪的工作延伸到家庭，落实监护人的家庭教育责任，从根本上解决未成年人犯罪的问题。

访谈人： 结合您的研究和经历，您认为如何才能挽救失足少年，让他们早日回归社会？

田相夏： 随着少年司法的深入发展，目前我们可以欣喜地看到，整个上海未成年人刑事犯罪的数量和比例越来越低。比如 2021—2022 年，我们整个上海未成年人犯罪的数量不到 400 件。而且这 400 个案件中绝大部分都通过公安机关分流、检察机关分流，或者不起诉或者法院判缓刑进行社区矫正，最终在监狱或者未成年犯管教所行刑的数量极少，其实这也源于我们理念的转变，意识到对未成年人罪犯去监禁化、非刑罚化或社区矫正所获得的社会效果远远好于监狱服刑。

另外，专业化办案与社会化帮教要顺利配合衔接，充分体现在公安局、检察院、法院与青少年社工组织在涉案青少年违法犯罪再预防过程中的通力合作上。未成年人保护工作不能光靠法院单打独斗，更要整合多方力量。比如长宁法院在涉少民事案件审判过程中探索引入上海市阳光社区青少年事务中心长宁工作站参与诉讼，由社会观护员进社区调查、进学校听意见、进家庭做调解，避免未成年人因诉讼受到二次伤害，将家庭矛盾化解在法庭之外。上海市浦东新区人民法院少年家事庭携手上海中致社区服务社，派驻青少年事务社工常驻浦东新区人民法院少年家事庭，协助开展涉家事案件社会调查、庭前调解、家庭教育等工作。通过分享家事社会调查、判后跟进服务案例，建立常态化"司法审判＋观护帮教＋跟进干预"工作模式，提升和巩固家事少年案件审判质量，实现案结事了人和，促进家庭和谐，发挥家事审判和少年审判的社会功能。在司法审判结束后，安排街镇专业青少年事务社工为涉及家事案件的未成年人开展观护帮教服务，适当干预教养方式，指导家庭成员更好地抚育未成年人成长，形成未成年人司法审判与社会工作帮教服务有机结合，形成司法帮教闭环关爱服务。在观护帮教服务结束后，适时主动跟进走访未成年人所在社区、学校，联合驻校社工同时跟进，准确掌握思想动态，了解未成年人及其家庭变化情况，以全方位的动态关爱未成年人的成长，引导其更好地回归社会。同时，通过专业辅导、介入干预等方式开展家长亲职教育，为未成年人提供良好的家庭环境，预防和制止未成年人的不良行为和违法犯罪行为，努力实现"1+1>2"的效果。青少年事务社工以"柔性"的方式参与到家事案件的解决中，以助人精神体现人文关怀，有利于进一步完善家事审判前期、中期、后期的服务，补充司法服务力量，促进家事纠纷人性化妥善处置。

访谈人：当下校园欺凌已成为受社会广泛关注的热点话题，您如何看待校园欺凌问题，有没有什么好的建议或意见？

田相夏：我刚好有幸参与上海市教委开展的"上海预防中小学生校园欺凌三年专项计划（2021—2023）"。我是拓展组的负责人。我发现学生欺凌是一件既很小又很大的事情。说很小，是因为说绝大部分学生欺凌行为没有构成刑事犯罪，进入检察机关、进入法院审判阶段的很少，大部分学生欺凌事件都在学校内部或者教育部门解决了。所以说它很小，还没有达到治安案件的程度。但其实学生欺凌又很大，是因为发现很多小孩子因为学生欺凌，他的心理健康或者学习生活都受到了影响。这种影响不仅仅是遭受欺凌的孩子，同班同学也会受到影响。很多小孩子在遭受欺凌后很长一段时间内内心的创伤很难痊愈。有句话说得非常对，"不幸的童年可能需要一生去治愈"，这个小孩子在小学或初中阶段遭受欺凌，对他的心理影响非常大。所以我说它是一件既小又大的事情。

从目前的情况来看，我认为对于学生欺凌的处理可能存在两个误区。第一个误区就是从家长的角度来说，甩锅给学校。但凡小孩子在学校被欺负或者不高兴，比如在学校里被人扇耳光了、挨骂等，家长就认为学校没有做好教育学生的工作。第二个误区就是从学校或者教育部门角度来看，认为小学或者在初中阶段学生打打闹闹很正常，都属于正常行为，不认为是学生欺凌，是学生自己的矛盾和纠纷。这其实是两种极端的误区。

2017年我们跟着姚建龙老师，对全国数据开展了调研。从调研数据来看，校园欺凌是一个"常态"现象，在全世界的发生比例在三分之一左右，三分之一的孩子在成长过程中都会遭遇学生欺凌，或者实施过欺凌行为，发生比较严重后果的很少，或者根据我们姚建龙老师团队调研结论，是4%左右。通过调研我们发现绝大部分学生欺凌都是可以自愈的。比如说学生甲今天拿了学生乙的东西，学生乙就跟学生甲吵吵闹闹，学生甲揍了学生乙，第二天我们这两个学生可能就和好了。校园欺凌是一个普遍存在现象，而且是不能杜绝的，就和犯罪行为一样，只能预防和减少，不能从根本上杜绝，要合理去正视它或者是理解它。

上海在预防中小学生欺凌方面做了很多工作。一是对中小学教师开展培训。教师的本职工作是教学，教授专业课知识，遇到法律的问题其实非常棘手。我们在这三年对全市的中小学老师开展了三个层次的培训，包括教育局分管安全的领导、每个中小学分管安全的中层，一线班主任老师，一共培训了三万余人。让教师摆正理念，意识到学生欺凌是全世界普遍存在的现象，不能够简单进行回避。二是对校园欺凌进行摸底调研，发现学生欺凌的规律性。摸清楚上海地区学生欺凌的一个基本特点，比如在哪些群体身上比较多，哪个时间段存在比较多，或者哪些地方存在比较多，根据这个调研结果就会对不同的学生群体、不同的时间段、不同的地方开展有针对性的措施。三是制定中小学生预防欺凌手册。上海发布的《中小学生欺凌防治指导手册》，明确学生欺凌的五种常见形式包括肢体欺凌、言语欺凌、财物欺凌、社交欺凌、网络欺凌，并针对一些难点作出规范，针对"预防难"，手册就学生欺凌的五种主要类型提出针对性预防措施；针对"发现难"，提出加强重点场所监管、关注重点人群、开展专项调查等措施，并从"9个异常"角度提醒家长关注；针对"处置难"，规范学生欺凌处置的流程与具体方式，方便学校、教师掌握。手册在明确学校、教师、学生、家长责任的同时，还在学生欺凌处置环节创新性增设了需司法机关介入处置的学生欺凌一节，明确了报告和处置流程，以及学校、教师与司法机关配合衔接的具体义务等内容。通过将手册分发给老师、家长、学生，指导老师将学生欺凌防治的相关内容融入班会和课程中。

访谈人：您作为长期从事少年司法研究工作、与长宁法院打了多年交道的前辈，可否谈一谈您与长宁法院，特别是长宁法院少年法庭的结缘经历？

田相夏：我个人与长宁法院接触经历了三个阶段。第一阶段，我作为法官助理到长宁法院实习。因为当时是研究生助理，这个阶段其实是作为一个学生，当时我记得还是邹碧华院长、宓秀范、彭小萍等领导接待的我们，当时是中午吃饭时间，邹院长和各庭负责人、带教老师都非常忙，但仍专门组织了接待交流会，对我们学生非常关心和重视。邹院长组织各个部门的领导和我们这些学生助理一起开展交流会，传授一些宝贵的经验，让我们这些学生助理受益匪浅。第二阶段，我作为一名尚未大量接触实务的研究者，发现很多问题我不是很清楚，然后自己就"厚着脸皮"开始和长宁法院少年法庭的法官老师们进行讨教、交流和接触，他们对一些案件的看法和观点也让我受益匪浅。第三阶段从 2020 年开始，非常感谢当时长宁法院授予我首届长宁法院专家咨询会委员的职务，我感受到肩上沉甸甸的责任，也发挥自身优势，帮助长宁法院少年法庭做了很多工作。

一是"当先锋"，比如 2022 年在四部委《中小学法治副校长聘任与管理办法》公布之后，我在 2 月底某个周四下午就打电话给我们长宁法院的顾庭长、检察院的尤科长还有教育局的孙萍科长，提议长宁法院联合我们长宁区的职能部门制定长宁区的法治副校长聘任和管理办法，并且在同年 3 月 1 日我们就开会率先推行了长宁区的中小学法治副校长聘任和管理办法，同时也制定了长宁区的法治副校长防治学生欺凌管理办法，引发了很多关注。从学习研究、到长宁的办法落地，我们其实用了不到十天，我们通过扎实贯彻法律规定、把工作做得更实一点，实现了全国范围内的领跑。

二是"走出去"，将相关的做法经验在全市进行交流，帮助其他部门更好地履职。我作为上海台盟市委的法律专家，当时上海市委来调研，需要出具多元化纠纷矛盾解决参政议政的一个意见，并在上海开两会的时候提出来。我就向台盟上海市委推荐了长宁法院，当时王飞副院长带领各个部门前来座谈交流，我也有幸参与其中。我认为有幸将长宁法院相关做法经验提供给政协委员或者人大代表，帮助他们履职尽责，在发挥全过程人民民主对于少年司法的促进作用上，是很有意义的。

三是"请上台"，我觉得自己这些年非常重要的一项工作就是协助长宁法院的法官和法官助理做好调研论文的发表工作，帮助他们架起桥梁，让他们的真知灼见转化成学术论文，能够在期刊上发表，让更多人看见。

访谈人：目前正值法治中国建设的关键性阶段，在您看来，少年法庭的发展对于法治中国的整体建设有什么样的影响与意义呢？

田相夏：法治中国的建设是一个宏大的工程，任何宏大的工程都要细化成一个个分解动作。少年法庭的建设是其中一个很小的组成部分。而少年法庭的建设，也要再分解细化。比如说长宁法院少年法庭的发展，它不但需要培养专业人才，也需要相关配套机制。长宁法院探索了很多很好的制度，比如合适成年人参与制度、社会调查、圆桌审判等制度。还有像顾薛磊庭长先进个人事迹的宣传，可以起到"以点带面"的作用，可以帮助检察机关、公安机关、社会公众认识到我们少年法庭的重要性。整个法治中国的建设都应该遵循这个思路，才能夯实法治中国建设的基础。

访谈人：在长宁法院少年法庭成立四十周年之际，您有什么样的祝福呢？

田相夏：首先，非常感谢长宁法院提供这个机会，让我有幸参与长宁法院少年法庭成立四十周年活动。其次，还是希望我们长宁法院继续坚持海派风格，敢于探索、敢为人先。少年法庭的法官在办案的过程中能够结合案件在宏观法律规定的指导下探索具体的完善机制，想别人之未想，针对不同的事实创制一些具体的动作，在落实基础上再做一些探索或者创新。最后，就是祝福我们的少年法庭以后的发展更加辉煌，造就更多的人才，培养更多的人才。一代人有一代人的长征，不论是我们的法治中国建设还是少年法庭法官队伍建设，都是一代又一代人努力的结果，我们每一代人争取做到不辱使命，为少年法庭建设添砖加瓦。

维护未成年人健康成长的初心永远不变

访谈时间： 2023 年 6 月 28 日

访谈人物： 朱妙，上海市闵行区人民法院原副院长。曾任上海市高级人民法院未成年人案件综合审判庭庭长

访谈人： 我们知道，您是上海市高级人民法院少年法庭的首任庭长，可否向读者介绍一下，上海市高级人民法院未成年人案件综合审判庭的"诞生"过程？长宁法院少年法庭在上海法院这项工作中扮演了什么样的角色？

朱妙： 在上海市高级人民法院设立少年法庭之前，我就已经参与了少年审判的工作。那时，全市少年法庭的相关工作是归口上海市高级人民法院研究室指导的，我在担任研究室副主任后，负责的工作中包括少年法庭工作。后来这块工作独立出来，2010 年 9 月，上海市高级人民法院设立了少年法庭指导处，对全市法院的少年法庭工作进行指导，总结相关工作经验、探索创新工作机制，当时由我担任少年法庭指导处第一任处长。后来，根据《刑事诉讼法》的相关规定，少年法庭指导处变更为上海市高级人民法院未成年人案件综合审判庭，我则成了第一任庭长。谈到上海法院的少年法庭工作，长宁法院在 1984 年 10 月创立新中国首个少年犯合议庭，它是全国少年法庭工作的开端，同时也是上海少年司法的一颗"明珠"，意义非常重大。时任最高人民法院副院长王景荣评价说，少年法庭工作是"功在当代、利在千秋"。长宁法院创设少年法庭，是上海法院少年法庭发展脉络中的始创部分。长宁法院的首创，亦是上海法院的首创。

访谈人： 可否谈一谈上海法院少年法庭的发展脉络？

朱妙： 我们可以把上海法院少年审判工作划分为四个阶段：第一个阶段是萌芽创设阶段，时间是 1984 年至 1988 年。长宁法院创设少年犯合议庭的核心背景是青少年犯罪率上升，其中未成年人犯罪现象突出。少年犯合议庭创设之前，法院审理刑事案件时，对未成年被告人与成年被告人不加区别，没有考虑到未成年被告人的生理和心理特点。当时长宁法院提出了一个较为先进的理念——对于未成年人，惩罚不是目的，应当以教育挽救为主。这样，少年犯合议庭应运而生，在 1988 年 7 月，长宁法院又将少年犯合议庭升格为独立建制的少年审判庭。长宁法院迈出第一步之后，上海的其他基层法院像雨后春笋般建立了各自的少年法庭，并逐步培养了一支少年刑事法官队伍。第二个阶段是普及推广阶段，时间是 1989 年至 1993 年。这一时期，在最高人民法院的推广下，全国各地开始普遍设立未成年人案件刑事合议庭、未成年人案件刑事审判庭。第三个阶段是规范、提升阶段，时间是 1994 年至 2003 年。此时少年法庭工作的规范性得到明显加强，在审判工作中不断探索的经验、做法，被法律所吸收，《预防未成年人犯罪法》明确了"少年法庭"的名称。1999 年，在综合考虑少年法庭专业化发展情况的基础上，上海实行对未成年人刑事案件的指定管辖，由长宁、闵行、闸北、普陀 4 家法院的少年法庭对全市未成年人刑事案件进行集中指定管辖。第四个阶段是推进、完善阶段，时间是 2004 年至今。2006 年，最高人民法院在全国确立 17 家中级法院设立未成年人案件综合审判庭，至此，未成年人审判不再局限于刑事案件，开始包括涉及未成年人的民事、行政案件。随着案件数量的增加，浦东、宝山、虹口区人民法院也先后设立了少年法庭。2010 年，上海市高级人民法院在全国率先设立少年法庭指导处，后来撤处设立"未成年人案件综合审判庭"。上海法院设置的强有力的组织架构保障了少年法庭工作的持续发展。从这一系列的发展脉络中，我们可以看到，长宁法院少年法庭在开创上海乃至全国少年司法工作中作出的重要贡献。长宁法院的星星之火可以燎原，推动我们去发展适应未成年人保护工作需要的少年法庭组织体系。

访谈人：从整个上海法院的宏观角度，您在从事少年法庭工作期间，工作成效如何？

朱妙： 上海法院少年法庭的工作模式是"1+2+5+12"——1 是指上海市高级人民法院少年法庭指导处（后设立未成年人的综合审判庭）；2 是指两个中级法院，它们先后成立了未成年人案件综合审判庭；5 是指全市有五个基层法院设置了未成年人案件综合审判庭，集中管辖全市法院未成年人的刑事案件，以及本辖区的未成年人民事案件和行政案件；12 就是以上五个基层法院之外剩余的十二个基层法院，设立少年民事、行政案件合议庭，审理本辖区未成年人民事案件和行政案件。随着公检法司以及其他相关单位（如妇联、共青团）共同大力开展未成年人的保护工作和犯罪的预防工作，工作成效开始显现，上海的未成年犯罪率得到有效控制，未成年人权益受到全面保障。其中，长宁法院功不可没。

访谈人： 从您的视角看，长宁法院少年法庭工作最突出的创新点和亮点有哪些？

朱妙： 长宁法院早在 20 世纪 80 年代就做了大量的探索工作，创立了少年审判的一些特色程序，其后也从未停止探索创新的脚步。我印象比较深的是，长宁法院在 1988 年制定了《未成年人刑事审判工作细则》，对未成年被告人区别情况、宽严相济，依法分别予以从轻、减轻或免除处罚。从案件管辖、社会调查、审判程序、判后考察等方面，为未成年人"量身定制"了一套审理程序。其中，社会调查工作是长宁法院的首创，从少年犯合议庭创设之初，这项工作就开始开展了。具体做法是法院在受理未成年人刑事案件之后，要对未成年人被告人的成长经历、品行、兴趣、身心状况、学校学习、家庭环境等一系列的情况进行调查，特别关注他犯罪的原因等。未成年人刑事审判的指导方针是"教育为主、惩罚为辅"，要进行有针对性的教育、感化、挽救，需要对被告人的情况进行全面了解，社会观护。法庭教育工作也是长宁法院的特色亮点。法院在开庭审理过程中，查明被告人确实构成犯罪的，即根据前期社会调查形成的报告，进行有针对性的法庭教育。一是要分析未成年被告人犯罪的原因，对他进行教育感化，帮助他发自内心地改变；二是要释明法律，犯了罪就要接受处罚，要他认罪服法。三是与他一起分析今后的人生到底该怎么走，虽然犯了罪，今后仍然可以抬起头来重新做人，仍然可以有一个光明的前途，为此可以从哪些方面来努力……2004 年，上海长宁等法院开始了合适成年人参与制度的试点。即在讯问、审判犯罪嫌疑人、被告人时，如果其法定代理人不能到场，则由合适成年人到场。在实践探索的基础上，2007 年 6 月，长宁法院与指定管辖的浦东新区相关部门联合签订《关于合适成年人参与未成年人刑事诉讼活动的工作协议》，由合适成年人行使法定代理人的部分诉讼权利，并履行监督、沟通、抚慰、教育等职责，维护涉罪未成年人合法权益。综合审判以后，长宁法院探索了法律援助对未成年被告人、被害人全覆盖，对未成年人刑事案件、民事案件全覆盖。2008 年，长宁法院与区法律援助中心会签《关于对未成年人权益案件提供法律援助的工作协议》，将法律援助的惠及面拓展到涉及未成年人权益保护的民事、行政案件；与区司法局、区法律援助中心会签《长宁区未成年人法律援助帮教协作暂行办法》，共同搭建对犯罪未成年人的"社会调查—法庭辩护—法庭教育—判后帮教"工作体系，全面维护未成年人各项权益。后期又通过心理干预机制，不仅针对刑事案件中未成年被告人、被害人，还包括离婚、探望权纠纷等家事案件中的未成年人，抚慰、引导、降低诉讼可能给未成年人造成的伤害，体现了长宁法院在司法工作中的温情。其他还有很多，比如公、检、法、司"政法一条龙"的建立、判决书附"法官后语"的做法等，我就不一一穷尽了。

访谈人： 您能否向我们介绍一下您担任上海市高级人民法院少年法庭庭长期间，上海法院少年法庭包括长宁法院少年法庭遇到困难或者挑战是如何克服的呢？

朱妙： 其实少年法庭的发展过程当中困难和挑战一直存在，最大的困难是法律法规不健全。少年法庭建立之初，没有针对未成年人的专门立法，从刑法、民法等实体法再到程序法，都没有相应的特别规定，是我们的少年法庭一步一步探索创新，然后再由立法所吸收。比如我前面提到的社会调查和法庭教育等机制，后来就被新的《刑事诉讼法》吸收了，《刑事诉讼法》修订之后，也有了"未成年人刑事案件诉讼程序"这样一个专门的章节。虽然现在的规定也并非具体而全面，但相对之前已经大有改观。少年法庭工作者完全是"摸着石头过河"，面对立法空白的问题，我们秉持着一个原则，即"最有利于未成年人原则"，在具体方法上，我们不断探索不断创新，总结相关经验，提出立法建议。另外，就是实践当中会遇到很多现实的问题。我们在办理案件时，为了帮助未成年人解决实际问题，要主动去做许多司法延伸工作，在此过程中会遇到各种各样的困难。我印象很深的是我在担任市高级人民法院少年法庭庭长的时候，到长宁法院调研，时任长宁法院少年法庭审判长顾薛磊讲了一个案子：有一位单亲妈妈找到法院，她与某个已婚男子生育了一个女儿，之后另嫁他人，后来又离异，导致女孩无处落户。"孩子一天天长大，不能一直做'黑'孩子。"这个单亲妈妈将女孩的生父告上法庭，要求支付抚养费，并且解决女孩户口问题。户口问题不是法院判决肯定能解决的问题啊！但顾薛磊认为，这是矛盾的核心，如果无法解决，当事人之间会争执不休，而且户口问题实际影响到女孩的成长。孩子的家庭不完整，妈妈是外地来沪打工的，没有上海户口，孩子接下来没办法在上海继续读书。那么这样的困难如何解决？顾薛磊几次跑到公安局、派出所，不厌其烦地向工作人员讲述小女孩的特殊情况，请求他们能够特事特办，为女孩的成长作出特殊处理。在此过程中，我们少年法庭法官还会听到很多的"不理解"的声音——办理户籍又不是法官的工作，说不定还会带来后遗症，甩都甩不掉。但是，"案结事不了"不能维护孩子受教育的权利。了解到这些情况以后，我就觉得女孩情况特殊，让她跟妈妈回到原籍是不现实的，她出生在上海，长期在上海生活，回去也没有户口。为了让女孩有书可读，是不是能够给她解决上海户口？我有一次到市人大内司委参加调研，就讲了这个例子，当时就感觉到，社会的方方面面对少年法庭工作非常支持，一听到这个孩子的困难，都很想伸出手来帮一把，当时的市人大内司委副主任史秋琴表示，我带着你们一起到市公安局去反映反映情况，看看能不能给这个孩子争

取落实上海户籍。于是我们一起到了市公安局，但是公安机关也面临困难，因为这样的情况不是个案，如果这个解决了，其他的怎么办？当时的户籍政策又比较紧，所以没办法立刻解决。长宁法院始终坚持不懈地跟区里反映，区里再向市里打报告。后来是将女孩作为特例，以未成年人的身份担任户主，挂在她母亲的一套自购房下，大概做了半年的工作之后，终于帮这个孩子落了户，保障了她后续就读。类似的问题很多，是其他民事案件当中附带出现的问题，我们少年法庭法官从保护未成年人的角度出发，把这些孩子遇到的困难、问题，尽可能去协调、去解决。少年法庭包括长宁法院少年法庭这一路走来真不容易，特别特别不容易。

访谈人： 对于涉未成年人民事案件的审理，未成年人的利益如何得到最大的保护？长宁法院在这方面有什么探索？

朱妙： 民事案件中的未成年人虽然未满十八周岁，不具有完全民事行为能力，但我们还是应该听取他们的想法。如在涉及抚养权的离婚案件审理中，既存在父母都不要孩子抚养权的情况，又存在父母抢夺孩子抚养权的情况，而一方不要孩子、另一方要孩子的情况比较少，即使是对抚养权达成一致了，抚养费应该付多少又争论不休。有些父母观念有偏差，认为孩子跟了另一方，就跟我没关系了，抚养费能少给就少给……每个案件的情况都是不一样的，以上种种，容易对孩子的心理造成不良影响。在处理抚养权等问题时，我们要倾听孩子的意见，愿意跟爸爸还是愿意跟妈妈，既要尊重孩子自己的选择，又要尽最大努力创设最有利于孩子健康成长的环境。其中，社会观护制度起到了重要的作用。为避免未成年人因诉讼受到"二次伤害"，又能充分表达意愿，长宁法院在涉未成年人民事案件审判过程中探索完善引入第三方上海市阳光社区青少年事务中心长宁工作站社工作为观护员参与诉讼。2011年与区妇联、区团委、上海市阳光社区青少年事务中心长宁工作站会签《关于在未成年人民事案件中开展社会观护工作规程（试行）》，启动涉未成年人民事诉讼社会观护程序。社会观护员进社区调查、进学校听意见、进家庭做调解，逐步缓解、化解家庭矛盾，在案件审结后进行回访观护，了解裁判的履行情况，考察未成年人权益保护情况。这项社会观护工作，在2014年中央综治办、团中央和中国法学会联合主办的"未成年人健康成长法治保障"评比活动中被评选为"制度创新事例"，并为最高人民法院《关于进一步深化家事审判方式和工作机制改革的意见（试行）》、最高人民法院《关于加强新时代未成年人审判工作的意见》所吸收。

访谈人： 在民事案件中，对于父母抚养、教育孩子过程中的不当行为，少年法庭有何举措？

朱妙：父母离婚，其实最大受害人是孩子。处理不当，可能导致孩子出现自卑、孤僻、过度逆反等情况。长宁法院做了个统计，在审结的未成年人刑事案件被告人中，近 40% 来自离异单亲家庭。为帮助离异家庭的孩子，长宁法院探索了一项很有特色的工作，设立"为孩子父母学校"，早在 1989 年创办。学校秉持"一切为了孩子、为了孩子的一切"的宗旨，要求涉少家事案件当事人进入学校，引导他们怎么正确处理夫妻关系、亲子关系，努力修复家庭关系，为孩子成长营造和谐家庭氛围，在离婚分手的时候怎么保护孩子……"为孩子父母学校"截至 2023 年 12 月已举办 62 期，参加学习 6500 人次，接受咨询 8000 余人次，取得了很好的法律效果和社会效果。新修订的《未成年人保护法》中有一个规定叫"亲职教育"。我们常常说父母不是"持证上岗"的，启动亲职教育后，这种现象有所改观。孩子是祖国的花朵，国家是孩子的最高监护人。父母是第一责任人，我们要求父母做"合格"父母。对于那些愿意学习却找不到方法的父母来说，参与到"为孩子父母学校"学习，会得到提升，无论是从法律、社会学、心理学等角度，都会有所获益。而对于那些不愿负责的父母，长宁法院前期采用禁止令的方式，强制他们接受"亲职教育"。有个母亲，两度遗弃未成年孩子，犯下遗弃罪。长宁法院以禁止令方式强制这位母亲不得逃避家庭教育指导，强令其在缓刑期间不仅要接受社区矫正，还要接受专门的心理辅导和社会帮助。长宁法院通过"上课"和"考试"的方式，督促帮助这位母亲成为一位合格的家长。长宁法院强制亲职教育制度是全国首创，被 2022 年颁布的《家庭教育促进法》所吸收。现在家事案件中发现父母教育、监护孩子不当情形时，法院可以给他们发"家庭教育指导令"，强制他们接受家庭教育指导。

访谈人：您对少年法庭工作有何期待？

朱妙：如今已经进入了信息化的时代，是一个科技"爆棚"的时代，我们可以更多采用现代技术去服务于少年审判工作。尤其是在上海，这里是全国的经济、金融中心，也处在科技的前沿，理念更是应当领先。其实很多信息化的技术已经在用了，比如我们的上海法院少年法庭综合管理平台、上海市高级人民法院少年司法保护网的开发应用，使每个案子都有属于自己的一份独特档案，每个少年法庭法官都能查询需要的资料，每个少年法庭都能共享系统的数据分析以及公安、检察、民政等部门相关人员的名册汇总，同时这个平台还与外界其他部门的系统进行实时信息交互。但是，这个网站如何在保护未成年人权益方面发挥更大作用，如何让孩子、家长能够从中获益，如何能够更多地宣传未成年人保护工作，需要我们不断地学习、提升、转变思维。我相信，少年法庭还会有更多的创新举措。

访谈人：您能否谈一谈对未来少年法庭发展有何思考？

朱妙：到 2024 年，长宁法院少年法庭将迎来创建四十周年，这四十年走过来非常不容易。少年法庭的发展之路是曲折的，或者说是一种螺旋形上升的过程。每次遇到机构改革，少年法庭是最容易受伤的。但是我认为，保护孩子的工作不应该也绝对不能停止，还是要继续做下去。法院的资源是有限的，我们对法律问题比较擅长，但是教育部门、妇联、共青团、心理咨询机构等有更多的资源，更擅长做未成年人教育、保护工作。少年法庭一直和这些部门保持着密切的联系与合作。1987年11月，长宁法院创设了羁押、预审、起诉、审判、辩护、改造的公检法司相配套的"政法一条龙"机制和综治办、教育、民政、卫生、街镇、共青团、妇联、关工委等政府和社会相关部门相衔接的"社会一条龙"机制。司法和社会"两条龙"，探索建立了集家庭保护、学校保护、政府保护、社会保护、司法保护和自我保护于一体的未成年人综合保护网络，形成"两条龙"共舞的长效机制。在未来，少年法庭将"两条龙"功能进一步拓展，使未成年人保护的观念在全社会得到普及，让全社会都能主动参与到这项工作中来。

访谈人： 在少年法庭成立四十周年之际，您对长宁法院少年法庭有什么祝福？

朱妙： 长宁法院少年法庭的创立，是中国少年审判的开端，在这四十年中，一代代少年法庭工作者历经艰辛，但热爱孩子、维护祖国未来的初心没有改变。我们期待少年法庭不断发展成长，未来能够成立少年法院。我想这是我们共同的目标。我也祝愿长宁法院少年法庭发展得更好，开创更辉煌的未来。

没有天生的坏孩子，
哪里有孩子哪里就有我

访谈时间： 2023 年 6 月 30 日

访谈人物： 尤丽娜，上海市人民检察院第七检察部副主任。

访谈人： 2024 年是长宁法院少年法庭成立四十周年，也意味着中国少年司法走过了四十年。您从检以来，参与办理了多起有重大社会影响的案件，以专业的办案精神，精准保护涉案未成年人的合法权益。我们非常荣幸能邀请您来为我们讲述您从事未成年人检察工作中的故事。请问是怎样的契机让您选择成为一名检察官的？

尤丽娜： 我很荣幸能够参与到长宁法院的这个活动当中。其实，我成为一名检察官是一件非常机缘巧合的事情。一开始我在大学里学的是民商法，暑期在律所实习时我跟着带教老师去看守所会见一个犯罪嫌疑人。在此之前，我不知道犯罪嫌疑人的具体情况。等到在看守所见到犯罪嫌疑人时，我受到了很大的冲击。那是夏天，犯罪嫌疑人是一个孩子，他浑身长满痱子，双手紧握拳头，手指甲都陷到肉里去了。我的带教老师问他："你涉嫌故意伤害罪，怎么可以对自己的父亲下手？"当时只听到窗外树上的知了不停地叫着，而那个孩子却一直在沉默。不知道过了多久，孩子突然间喊了一句："为什么爸爸打妈妈不是犯罪，而我帮妈妈打爸爸你们就要抓我！"当时我在想，这个孩子曾经也是一个被害人，如果在他无助的时候，有人就能够帮助他，他现在就不用坐在看守所里了。学了这么多年的法律，我是不是可以做一点事，让这些孩子不要成为犯罪嫌疑人。

当天晚上我回去后就在网上查找少年司法、未成年人犯罪预防的相关资料，网页上跳出来"1984年长宁法院率先成立了少年法庭，1986年长宁检察院率先成立了少年起诉组"。当时看着网页，我就对自己说，我要去这个新中国少年司法的诞生地。之后考研究生，我就报考了华政青少年犯罪研究所的青少年犯罪研究专业，也很幸运地被录取了。读研期间，我到了长宁区人民检察院实习，很凑巧被分到了未检科，实习时我就深深地爱上了长宁区人民检察院和未检科。后来考公务员的时候，我义无反顾地报考了长宁区人民检察院未检科。

访谈人：能否请您跟我们介绍下检察院的未检工作内容？

尤丽娜："未检"其实就是"未成年人检察"工作的简称，主要是履行未成年人犯罪和侵害未成年人犯罪案件的审查逮捕、审查起诉和诉讼监督，未成年人司法保护和犯罪预防，以及涉及未成年人的民事、行政、公益诉讼、刑事执行检察监督等业务职能。简单来说，检察院将所有跟未成年人相关的职能统归给未检部门，并配备熟知未成年人心理的专业人才办理未成年人案件，工作内容可以分为办理跟未成年人相关的刑事案件、办理涉未成年人的民事、行政、公益诉讼、刑事执行案件等。当然我们的工作不仅仅局限在案件的办理，对于涉案未成年人，我们秉承着"惩罚不是唯一标准"，要关注孩子的成长过程和日后生活，坚持"教育、感化、挽救"的方针，让孩子真正知道自己错了，错在哪了，怎么改正，并监督改正的效果。对确实有困难的孩子，积极开展司法救助等。

所以我的工作内容非常丰富，经常有人说怎么哪里都有我？对，只要有孩子的地方就有我。

访谈人：从赋能未成年人保护出发，在未成年人刑事检察工作中，未检工作是如何与长宁法院少年法庭工作开展衔接的？

尤丽娜：在 1986 年，长宁区人民检察院就成立了全国第一个少年起诉组，从而使少年刑事检察工作从普通刑检工作中分离出来，成为我国未检机构的最早雏形，并与 1984 年诞生的长宁法院少年法庭一起构筑了中国少年司法的最基本体系。1994 年正式成立了未成年人案件刑事检察科。

在我国的司法系统中，检察机关是一个非常独特的存在，我们经常说检察院是承上启下的部门，前承公安、后接法院。所以我觉得我们检察机关在未成年人司法保护当中有义不容辞的责任，我们要用好我们的提前介入、支持起诉的关键职能，为更多的未成年人做好权益保护。

1998 年长宁区人民检察院率先试行了"捕、诉、防"一体化的办案模式。审查批捕、审查起诉、出庭公诉、犯罪预防等环节由同一承办人办理，将预防工作贯穿于办案的全过程，改变了捕、诉交叉的办案方式，使得寓教于审的工作有了良好的延续性。捕诉防一体化，检察官在审查批捕后更熟悉案情，对于一些并不复杂的案件可以建议公安机关对批捕的未成年人犯尽快侦查终结，移送审查起诉，而在审查起诉时，能够省去不必要的重复工作，尽快结案，移送法院，同时我们也会针对案情，建议法院适用速裁、简易或普通程序作出判决，以尽量缩短未成年犯在看守所羁押的期限，有利于未成年犯的身心健康和教育改造。对于起诉到法院的未成年人，移送起诉时，我们会主动与法院联系，介绍未成年犯的情况以及案件情况，并和法院少年法庭一起做好未成年犯的帮教工作。

另外，我们在《量刑建议书》中会提出我们对案件处理的相关意见，比如程某猥亵儿童案。2017 年 11 月至 2018 年 2 月，被告人程某通过某家教 APP 推荐，上门为一名七岁女童提供"一对一"教学辅导，其间程某趁机多次猥亵该女童，并诱骗其对此保密。家长在对该女童进行性教育时，偶然了解到孩子被猥亵的事实，遂向公安机关报案。次日，程某被公安机关抓获归案，对上述犯罪事实供认不讳。

为此，长宁区人民检察院建议长宁法院适用从业禁止期限规定，长宁法院对该建议进行了采纳，在作出刑事判决的同时，禁止程某在刑罚执行完毕之日起五年内从事对未成年人负有教育、培训、看护等特殊职责的职业。

访谈人：您竭力保护每一个脆弱无助的未成年人，其中有一个是涉嫌抢夺的十六岁花季少女。据说这个女孩来到检察院后始终不愿意开口说话，您是如何让她打开心结的？

尤丽娜：这个女孩子从外地来沪，在上海生活很不容易，每个月的打工收入在支付完房租后便所剩无几，晚饭经常只能用一碗简单的麻辣烫对付。这还是一个十六岁的花季少女呀，我不敢相信她犯的是抢夺罪，而且被害人还是一个比她高大的大学生。我问她，是不是有什么事情逼你走上了这条路？但她只是哭泣，只字不答。

当时我正好在学习心理学，便决定尝试用"房树人"这个心理学模型来打开她的心门。于是我说，既然你不愿意说话，那咱们来画幅画，这幅画要有房子、树和人这三个要素，其他的可以随便画。我记得她画的房子无门无窗、摇摇欲坠。从心理学上来初步判断，她的亲子关系一定是出现问题的，而且问题不小。我抓住这个突破口问她为什么一个人来上海，是否愿意跟妈妈打电话。她终于开口回答了，但是却说自己没有妈妈。我便接着引导，每个人都有妈妈，你是不是有什么困难？然后她一边擦眼泪，一边开始跟我说她的故事。

那个孩子生长在农村，有一对很疼爱她的父母。但她长大后却得知自己其实是被领养的，而亲生父母在上海。在得知这一事实后，她迫切地想要知道亲生父母为什么将她送养，于是她不辞而别、孤身一人来到上海，以为凭借别人提供的一点线索就能找到亲生父母。但上海的霓虹灯迷惑了她的眼睛，她连生存都做不到，更不要说去找妈妈了。所以在那天晚上，自己口袋里只剩 10 块钱，而对面却坐着一个背名牌包的大学生模样的女孩子。她感叹命运的不公，同为女孩子，为什么自己只能落魄地吃着最便宜的一碗麻辣烫，而别人却能光鲜亮丽？于是，她鬼使神差地就尾随被害人并冲上去抢走了名牌包。但翻看包内物品后，她就第一时间后悔了，觉得自己将身份证、学生证等物品带走，肯定会给这个被害人造成很大影响，认识到自己的行为是不对的，就用被害人的手机给被害人男朋友打了电话，告知自己捡到被害人的包，并告诉了他包的领取地点。结果在约定地点放下那些证件时当场就被公安机关抓获了。

听完这个故事后我感觉，虽然这个女孩触犯了法律，但她的故事很不幸。如果依据法律给她定罪量刑，那么她不幸的人生可能会越走越远。于是，经过深思熟虑，我们决定对她附条件不起诉，考察期为三个月。在跟这个女孩宣布这个决定的时候，我向她承诺自己的手机 24 小时为她开机，她有任何想法都可以跟我沟通，尤其是要反思自己的行为给被害人和自己的家人带来的伤害和影响。她当下就说了对不起，并真心希望被害人能够原谅。有好几个晚上，她会突然给我发微信说自己不想活了，她觉得自己在上海不仅待不下去了，现在又成了一个违法犯罪的人，没有脸面再见其他人了。我就告诉她，没有一个人保证自己永远不会犯错，重要的是你要明白自己今后的路该怎么走，现在的父母非常疼爱你，你不告而别给他们带来了多少担忧，是不是愿意跟他们聊一聊？然后她就在电话里哭了好久。三个月的考察期，她一直跟我保持密切联系。当得知被害人原谅自己后，她就深深呼了一口气，觉得内心的大石总算落地。她也和我说自己会想好如何来取舍两个妈妈。

三个月考察期结束，我们作出了不起诉的决定。在那个决定会上，她跟我说自己想通了，要回到老家去跟现在的父母好好生活，他们才是自己真正应该珍惜、孝顺的人。我记得她回去后没几天，给我打电话说她和妈妈一起来上海看我。那次她们给我送来一件她妈妈亲手做的大红棉袄，说感谢我让她知道了"女儿是妈妈的小棉袄"这句话的真正含义，坚持让我收下这件棉袄。这件棉袄现在就在我办公室里挂着，它时刻提醒我：用真心对待每一个孩子，他们就会用真心来对待你。

访谈人：您说过没有一个孩子天生会犯罪。对于叛逆少年您也会耐心沟通，帮助他们重启人生，可以和我们分享些这样的案例吗？

尤丽娜：刚才那个案例其实就比较典型的。我还处理过一个案子，这个案子里的男孩子学习成绩一般，不喜欢读书，总想着出去闯荡自己的一片天地，于是就跟父母不辞而别，到上海来投奔认识的朋友，在上海打工。

一天，他跟着朋友们去了现场才知道是朋友要打架。他内心知道打群架不对，但又碍于兄弟义气，不好意思离开，实际上他也没多动手，但确实参与了这次聚众斗殴，作为积极参与的一分子，也触犯了法律。案发后，他的认罪态度很好，父母也特地到了上海。当时我们想对他作出附条件不起诉的决定，但当我们告知说有六个月考验期时，他立刻就拒绝了，要求直接起诉，认为考验期六个月太费事。但他父母将我拉到另外一个办公室，差点跪下，希望我们能对孩子作出附条件不起诉，因为一旦判刑，孩子的人生就有了污点。看着家长这么诚恳，我又去跟这个男孩子谈话，提出将他安排在专门的观护基地，只要他遵守诺言、遵守监管规定。他思考了一下同意了。

在看了观护基地的条件后，他跟我说免费食宿挺好，但他想要出去打工，需要骑电瓶车上下班，可能不能在观护基地规定时间范围内回来。当时观护基地要求每天 17:30 返回。我便提议和他一起骑电瓶车，确定他上下班需要的具体时长，随后和观护基地协商规定他每天出入观护基地的时间。他不敢相信检察官也要骑电瓶车，提出路程要半个多小时。我说这有什么关系，我自己每天上下班就是半个多小时。在他工作的餐厅和观护基地之间来回骑过后，我确认了他的通勤时长，帮他与观护基地申请了变更返回基地时间，并提醒他上下班路上注意安全。他非常佩服我能够跟他一起骑一个多小时的电瓶车，承诺我六个月里一定遵守考察规定。考察期内他遵守了规矩，有时候会稍微晚一点，也会跟观护基地的老师提前请假。我每两周去看他一次，和他一起骑一次电瓶车，以至于后来他就叫我"电瓶车检察官"。六个月考察期顺利过去，我们宣布不起诉决定时，他爸爸妈妈再三感谢我们还给了他们一个没有污点的儿子。

青春期的孩子并没有我们想得那么复杂，他们只是需要自由，觉得我们限制了他的自由。其实，只要跟他讲道理，说明法律规定，表达我们是真心为他好，向他传递父母的关心，那么大部分孩子是能理解我们的。从事少年司法工作，就是要做好和涉案未成年人之间的沟通，很多问题其实就是沟通的问题，学会怎么和未成年人沟通，怎么和有点小问题的未成年人沟通，是少年司法工作者必须具备的一项重要能力。

访谈人：像这样迷途的未成年人还有很多，您从来没有放弃过对他们进行教育和挽救，为了更好地帮助他们，您还作过什么样的努力呢？

尤丽娜：我记得刚上班的时候，跟带教老师办过一个抢劫罪的案子，被告人周某在被起诉的时候已经成年，但犯罪时还未成年。他到上海来打工，但举目无亲，又没有一技之长。就在他差点要流浪的时候，一个大哥收留了他。他便暗下决心，滴水之恩当涌泉相报。后来有一天，大哥让周某跟着自己一起去一个人家里算账。他没有任何犹豫地就跟着去了。结果到了以后，大哥用胶带把那个人绑在凳子上，逼他还债。周某觉得大哥叫他去，他肯定要帮忙，所以他一直跟着这个大哥完成了入户抢劫的整个过程。完成之后，大哥给了他一点钱，告诉他这是犯罪，之后就各奔东西吧。当下周某就傻眼了，但事已至此，只能拿着大哥给的一点钱登上了火车，在外逃亡五年多。后来，周某在深圳帮教志愿者王金云创办的"中华失足者热线"上留言，倾诉心中的苦闷与压抑。经过帮教志愿者的多次劝说沟通，被告人周某最终鼓起勇气在帮教志愿者的陪伴下前往上海公安机关投案自首。周某在涉嫌犯罪时是十七岁，当他到我们检察院自首时已经二十二岁了。

少年法庭的法官在审理此案时，充分注意到本案系应当判处十年有期徒刑以上刑罚的入户抢劫案件，但同时根据案情、社会调查报告和帮教志愿者提供的材料，充分把握被告人在共同犯罪中的地位作用、犯罪的动机，犯罪后的认罪认罚态度，认为可以考虑对周某减轻处罚。但在是否适用缓刑上，由于周某系非沪籍被告人，当时存在是否能够落实缓刑帮教的顾虑。在此情况下，长宁法院少年法庭充分利用社会资源，积极与上海市司法局帮教志愿者协会开展合作，再由爱心企业组成帮教小组，为周某提供了就业机会并落实了居住条件，之后大胆对周某适用了非监禁刑，让其边工作边进行社区矫正。在判决的那一刻，他当场向着所有法官和检察官承诺，感谢法庭给他的机会，他一定回报社会，绝对不辜负社会和国家。在此期间，检察官和少年法庭法官也都定期到帮教基地回访周某，关心他的改造情况。

为了帮助周某，我们检察院联系了周某的父母，录制了他父母的视频，让他知道父母一直在寻找他、希望他不要自暴自弃、他仍然是父母的好儿子；我们还找到了周某的女朋友，也录制了视频，让他知道女朋友愿意等他服刑完毕。这个被告人每次看到这些视频都泪流满面，说深刻认识到五年逃亡生涯对他来说就是一种惩罚，认识到自己过去行为是严重的错误，并保证绝不再犯。

经过一段时间在上海的社区矫正后，被告人周某因家中特殊情况申请回陕西老家继续进行社区矫正，这又给少年法庭法官出了一个大难题。对于缓刑考验来说，这是一个巨大的难题，因为身在外地，上海的法官鞭长莫及，无法真正了解到周某的行为，更不能及时对其进行管控。为了给周某创造更好的条件，同时不放弃对他的挽救，少年法庭法官又积极联系了其陕西原籍帮教基地，让他能够回到陕西进行缓刑考察，同时及时获得他的情况反馈。此后，长宁法院少年法庭委托上海市帮教志愿者协会对被告人周某进行了不间断的监管，在三年缓刑考察期间，上海帮教志愿者曾三次亲自到陕西探望周某，了解他的实际生活与思想动态，少年法庭法官也定期通过电话给予周某回访帮教。

后来周某在当地有关部门的关心支持下，筹资10多万元开办了"车饰界汽车美容中心"，之后，在当地政府的扶持投资下，占地5000多平方米的三石汽车服务有限公司成立。经当地有关部门安排，周某所在三石公司被确定为新航之家安置帮教基地，陆续接受了数十名刑满释放人员进公司上班。周某不仅热心参与这些刑满释放人员的改造，帮助他们重新回归社会，还用自己的经历劝说三名在逃人员主动投案自首。周某说自己要现身说法，告诉那些迷途的孩子：第一，不要有侥幸心理，触犯了法律，就要勇敢地站出来接受应有的惩罚，不然整天都会活在痛苦和悔恨里；第二，即便一时糊涂犯了错，不要害怕，国家会给我们一次机会，要珍惜这次机会，认罪服法，国家也会给予我们帮助，要积极接受矫正教育，争取尽快重回正轨；第三，他的汽修厂会永远向失足少年敞开，愿意用自己的经历去帮助需要的人。

对周某的成功帮教，是深圳帮教志愿者组织、长宁法院少年法庭、上海帮教志愿者协会等紧密衔接、共同努力所取得的成果，同时也为少年审判中整合资源有效开展外来未成年人的帮教提供了有益的借鉴。

这个案子让我很感动，觉得自己的一切奔波和付出都是值得的，不仅仅挽救了他，挽救了一个家庭，还间接挽救了很多像他一样曾经失足的少年。

访谈人：在针对点播影院、电竞酒店这类经营问题展开的突击检查等司法实践中，有没有令您印象深刻的案例？

尤丽娜：其实我们在突击检查点播影院的时候倒是没有查到有违法接纳未成年人的现象。但是我们办理的好几起性侵案件却都发生在点播影院。为什么现在的未成年人这么喜欢去点播影院？

为了解答这一困惑，我们实地走访了一些点播影院，发现点播影院的一个特点是比较具有私密性，其中几个点播影院的管理并不规范，可以从房间里面自己锁门，门上预留的窗户是可以关上的。这些不规范为一些违法犯罪分子实施犯罪行为提供了温床。

这两年上海关于点播影院出台过一项行业规定，即《上海市点播影院建设技术要求和管理规范》，其中规定了"点播影院应对目测未满18周岁的未成年人顾客做到主动问询，若出现未成年人不是和法定监护人同行观影的情况，需要求提供未成年人本人、监护人及陪同人的身份信息，并做好详细登记备案等相关工作"。我们当时处理的一起未成年人在点播影院遭受性侵案件中，点播影院前台虽然觉得被害未成年人年龄挺小，但没有做登记。

所以，我们一方面严厉惩处性侵未成年人的被告人，另一方面支持被害人对案涉点播影院提起民事赔偿诉讼。长宁法院少年法庭也采纳了我们的意见，对案涉点播影院判处精神损害赔偿。我们希望通过这个案例警示教育其他点播影院，在追求商业收益的同时，一定要注重保护未成年人的合法权益，这是一个企业应当承担起的社会公德、社会责任。

访谈人：我们知道您在长宁区人民检察院曾带领部门打造了"宁萌护未"小程序，这个小程序已经嵌入上海长宁 APP，最初您是怎么想到开发这样一款小程序的呢？这个小程序有哪些功能？

尤丽娜："宁萌护未"小程序的全称是"宁萌护未"未成年人检察社会服务中心线上平台，在 2022 年 11 月正式上线。

我们当时想到开发这个小程序，主要是为了将预防未成年人遭受性侵的关口前移，实现性侵事件的早发现、早介入、早预防。未成年人遭受性侵的一个重要特点是隐蔽性，孩子们囿于心智发育，在受到侵害时可能不知道可以报告、应该报告，甚至不敢报告。2020 年 5 月，最高人民检察院等九部委联合印发了《关于建立侵害未成年人案件强制报告制度的意见（试行）》，共同建立关于侵害未成年人案件强制报告制度，明确规定九类未成年人遭受不法侵害情形，有关单位和个人须立即报案。2021 年 6 月新修订的《未成年人保护法》第 11 条也明确规定了强制报告制度。随着强制报告制度越来越深入人心，我们长宁区人民检察院向医院、学校等密切接触未成年人的工作人员提出，一旦工作当中发现未成年人疑似被侵害或可能被侵害的，必须及时向未保工作站报告，特别是现在我们长宁区每个街镇都有了未保工作站。未保工作站是专门从事未成年人保护工作的，及时发现受侵害的未成年人情况的人员，应上报街道未保站，未保站工作人员进行有效介入，形成自下而上的纵向发现机制。同时，未保站建立解决问题的联动机制，协同公检法、民政、教育等多部门，社工、心理咨询师、志愿者等多方力量，协力解决未成年人保护过程中遇到的各种问题。

那么怎样才能让这些线索第一时间、有效反馈到我们检察院呢？一般的报告方式是否可能涉及泄露被侵犯未成年人的隐私，使得他们遭受二次伤害？于是，我们就希望能够专门设计一个小程序，既能加快侵害线索报告的速度，同时又能够做好未成年人隐私保护，加大保护力度，这就是"宁萌护未"小程序的由来。

之后，我们结合未成年人保护实际情况和需要，立足未检职能，将"宁萌护未"小程序的功能进一步扩充。目前，"宁萌护未"小程序有机融合了长宁区未成年人检察社会服务中心的各项职能，界面清晰醒目、条块分明，共设置"社会服务""举报咨询""法治宣传"等版块，通过手机微信可快速方便转介服务需求、收集监督线索、开展法治宣传等，实现文书流转更高效、沟通联系更便捷、线索收集更畅通。

"宁萌护未"小程序从"未检＋政府保护"落实"政策找人"机制，为困境儿童"遮风挡雨"，到"未检＋家庭保护"设立"检社家宁萌共育坊"，唤醒家庭保护第一责任人；从"未检＋网络保护"督促平台上线"适龄提示"构筑网络防火墙，到"未检＋互联网"大数据平台赋能未成年人检察社会服务，长宁的未检社会支持体系"快速成长"，在链接各方资源帮助"一个孩子"的进程中积极探索。

访谈人：您获得过很多荣誉成就，比如全国检察机关优秀办案检察官、全国维护妇女儿童权益先进个人等，请问这些成就和荣誉对于您来说意味着什么？

尤丽娜：首先虽然这些荣誉的名字落在我个人身上，但它实际上是整个集体的荣誉，没有事情能只靠我一个人做成功，特别是未成年人保护，必须是凝聚集体的力量共同开展。我非常感恩自己能够有这样一个团队，这个荣誉是属于我们团队集体的。这些荣誉对我们来说，更是一种鞭策和激励，提醒我们要更加珍惜这份能为未成年人保护作出贡献的职业，做更多有益于未成年人的事情，保护更多的孩子。

访谈人：您认为目前我国未成年人法治建设取得了哪些成就？还有哪些地方需要进一步提升？

尤丽娜：我觉得我们整个国家、整个社会已经形成了关爱未成年人的共识，为了孩子做得再多都不为过。未成年人保护的社会氛围非常浓厚，特别是随着我们《未成年人保护法》《预防未成年人犯罪法》的实行，这也让未成年人保护上升为国策，这是一件非常可喜可贺的事。

同时，我们也看到，虽然相关法律已经在逐步完善细化，但是法律毕竟不能完全覆盖社会生活的方方面面，而且当前生活、经济高速发展，预防未成年人犯罪、未成年人保护工作出现了很多的新情况、新问题，比如刚才说的点播影院、电竞酒店这些新业态。新业态出来之后，司法机关在办理相关案件时经常会有一些困惑，出现法律空白时该怎么办？未成年人司法保护实践中，我们发现未成年人在很多领域都存在潜在的危险，比如《互联网上网服务营业场所管理条例》规定了"互联网上网服务营业场所经营单位不得接纳未成年人进入营业场所"，但实践中电竞酒店是能够提供游戏服务的营业场所，那是否意味着未成年人不能进入电竞酒店？相关涉少侵权案件发生时，大家都会有类似的困惑和争议。

所以作为少年司法的实践者，我特别渴望大家能达成一个共识：只要未成年人权益有较大可能受到侵害的，那么不妨大胆一点、跨前一步，把网织得密一点，能够提前预防的就提前预防，不要在孩子受到伤害了以后才引起重视，才去事后补救。

同时我也希望，法检可以更加紧密地协调联动，探索创新固化工作机制，完善政府、社区、家庭、学校一体化的未成年人保护格局，让更多社会力量加入我们，画好未成年人保护"同心圆"。

访谈人：2024 年是长宁法院少年法庭创立四十周年，您有什么话想对长宁法院少年法庭说吗？

尤丽娜：未成年人保护工作是一项系统工程，没有一家单位能够单打独斗完成，我们检察院的很多工作也得益于法院的支持，特别是在长宁这个新中国少年司法的诞生地。我希望长宁区人民检察院和长宁法院能够更加紧密合作，双剑合璧、打造少年司法的长宁品牌，形成更多维护未成年人权益的精品案例，为中国少年司法一同贡献长宁智慧。

3

第三部分
司法保护——最有利于未成年人
原则在案件办理中挺立

未成年人司法保护始终在路上。最有利于未成年人始终是司法保护的宗旨。努力让人民群众在少年司法案件中感受到公平正义始终是少年法庭法官努力追求的工作目标。

扩大案件受理范围实现全覆盖。2012 年 10 月，长宁法院少年法庭将成年人侵犯未成年人人身权利的刑事案件纳入收案范围，为被害人提供法律援助和司法救助，给予同等保护。2015 年 10 月，少年法庭在实行综合审判制度受理部分涉少民事案件基础上，扩大受理涉及未成年人抚养的离婚案件，走在了全国法院家事审判方式和工作机制改革试点工作的前列。2018 年 1 月，按照上海市高级人民法院通知要求全面受理家事案件，尝试对未成年人进行全面司法保护。

在少年司法历史长河中，长宁法院少年法庭积极奋战在预防未成年人犯罪和保护未成年人合法权益第一线，办理了诸多疑难复杂和重大影响的刑事案件和民事案件。据不完全统计，有一起民事案件和两起刑事案件先后入选 2013 年第 8 期、2016 年第 8 期、2018 年第 1 期《最高人民法院公报》，一起刑事案件入选 2014 年 3 月最高人民法院第二批保障民生典型案例，一起民事案件入选 2016 年 5 月最高人民法院关于侵害未成年人权益被撤销监护人资格典型案例，一起刑事案件入选 2017 年 6 月最高人民法院依法惩治侵害未成年人犯罪典型案例，一起八名被告人虐待被看护人案入选 2018 年度《人民法院报》十大刑事案件……这些案例成为少年审判一系列制度创新的经典案例，使少年司法始终保持旺盛生命力，长宁法院少年司法工作人员为此辛勤耕耘，甘于奉献，不懈努力，功不可没。

少年审判事业的探路者

　　胡惠乾，曾任上海市长宁区人民法院"少年犯合议庭"第一任审判长。

　　"三十年前，好像也是一个秋天，我们几个人聚集在一起，研究商议创建中国第一个少年法庭。"

　　这是 2014 年 10 月 31 日上海市高级人民法院为纪念少年法庭创立三十周年而拍摄的专题片《三十而立》片头的第一个画面。说这句话的人是当年长宁法院刑事审判庭"少年犯合议庭"首任审判长胡惠乾。

　　一头白发，额头上布满清晰可见的皱纹，胡惠乾当时已经八十一岁了，但只要一聊起少年审判，他的双眼就立即变得炯炯有神。

翻开历史画卷，聆听岁月述说。

三十八年前，《中国法制报》（《法治日报》前身）一则重磅消息映入广大读者眼帘，"上海长宁区法院针对未成年犯特点，设置'少年犯合议庭'"，该标题下报道了长宁法院"针对未成年犯的生理、心理特点和审判未成年犯的特殊性，在刑事审判庭内设立'少年犯合议庭'，集中审理未成年人犯的刑事案件"的情况。翌日，《人民日报》及其海外版等媒体相继转发，引起了党和国家以及全社会的高度关注。8月18日，时任最高人民法院院长郑天翔对少年犯合议庭的建立和发展作出批示："根据未成年犯的特点，把惩罚犯罪与矫治、预防犯罪相结合，上海市长宁区人民法院的经验值得各地法院借鉴。"时任最高人民法院副院长任建新批示："这是一个新生事物，请研究室通知上海市高级人民法院，就少年犯合议庭写出全面总结"，审判方式发生变革。

长宁法院在刑事审判庭内设立"少年犯合议庭"，专门负责对未成年人刑事案件的审理工作。如今，此事已被誉为开启新中国少年司法先河之举。说到这起重大事件来，还是胡惠乾等法官大胆创举的结晶呢。

事情要追溯到20世纪80年代初。那时候，改革开放刚刚起步，受国内外不良思潮的侵袭，在我国一些经济发达地区，未成年人犯罪占刑事犯罪案件总数突然从最初的1%—2%猛增至6%—7%，上海市长宁区更是上升至10%，并呈手段成人化、年龄低龄化趋势。一些未成年人实施一次犯罪之后，其犯罪心理未得到有效矫治而重新犯罪。一些二十五周岁以下成年人实施某种犯罪恰是其

未成年时期犯罪行为的延续。这都成为影响未成年人健康成长、危害社会治安的重要因素之一。

法庭上，被告人一张张稚气未脱的脸，深深地刺痛了胡惠乾等法官的心，孩子不珍惜，让人可惜、惋惜、痛惜！

1984年10月，长宁法院审判委员会经过认真讨论，决定在刑事审判庭的五个合议庭中，抽出一个合议庭，专门审理少年犯，取名"少年犯合议庭"，将未成年人刑事案件从普通刑事案件中分离出来，分庭审理，分案审理。自此，新中国第一个少年法庭在这里诞生了，从而在刑事审判制度和方法的改革上开始了初步的探索和尝试，审判理念发生了变化。

据胡惠乾介绍，合议庭成立后，他与两名人民陪审员一起组成合议庭，由他担任审判长，审理了"少年犯合议庭"成立后第一起未成年人刑事案件，他们采取不同于审理成年人犯罪的方式方法，一方面有益于提高审判质量，促使未成年被告人认罪服法，收到较好的审判效果，另一方面有助于统一量刑标准，逐步熟悉和掌握未成年人犯罪案件的审理规律，适应司法专业化和技术化的发展趋势。

1984年5月中旬，幼女张某（1970年出生）因与家人感情不和，在被告人喻某某面前流露欲去外地的想法。被告人喻某某遂于同年5月23日将张某及少女黄某带至浙江绍兴某公社某大队亲属楼某某家。当晚，被告人喻某某与张、黄两女同宿一室，便趁机奸淫了黄某；而后，又对张某实施猥亵。次日晚，被告人喻某某与张、黄两女同睡一床，对张某实施奸淫。第三天晚上，被告人喻某某在其祖母家，仍与张、黄两女同睡一床，当被告人喻某某欲奸淫张某时，遭到张某反抗而未遂。

另查，被告人喻某某1983年在工读学校期间，还因多次猥亵侮辱少女被学校处理。

在天真烂漫的年纪产生的阴影会像一团乌云，裹挟着未成年人明媚的世界。其实，少年审判不仅是案件的审判，其背后还有教育、感化、挽救、预防、矫治、修复等复合的功能和作用。一件涉及未成年人的案件，牵动的是整个社会的关注，影响的是家庭的和谐幸福。

本案中，胡惠乾法官通过阅卷和社会调查，发现导致被告人喻某某犯罪的主要原因有二：一是交往不良群体，其交往的朋友圈多为不良青少年，在案发前即有猥亵其他女性的行为；二是家庭的溺爱，其作为家中独子，父母及五个姐姐对其有求必应。他到其居住地居委会走访居委干部，到学校走访其老师，到家中走访其父母、亲属，听取和了解家长、亲属、居委干部等各方面的意见，了解喻某某的成长过程、身心状况、家庭状况、在校期间表现等情况，在判决前做到心中有数。

案件审理过程中，胡惠乾运用未成年人能够接受的语言和交谈方式，与喻某某进行面对面、语气平和的交谈，拉近彼此间的距离，与其谈论家庭、日常生活情况，从而消除其对立、惧怕和疑虑情绪，待其情绪稳定、思维冷静后，再对其启发、疏导，唤醒其内心的愧疚感，让其明白当中的利害关系，认识到自己行为的恶劣性质，如实供述自己的犯罪事实，从而真正达到教育、感化和挽救的目的。

定罪量刑时，在充分掌握喻某某犯罪前后各方面表现情况后，法院综合考量其罪行轻重、主观恶性大小及改造需要，最终认为，被告人喻某某曾因流氓行为多次被公安机关教育处理，不思悔改，又奸淫不满十四周岁的幼女，其行为已经构成奸淫幼女罪，依法应当承担刑事责任，本应予以严惩。鉴于其实施犯罪时不满十八周岁，依法应当从轻处罚。1984 年 11 月 29 日，为保护幼女的身心健康，严肃法纪，法院依法判决被告人喻某某犯奸淫幼女罪，判处有期徒刑三年，从而合理平衡惩罚犯罪和教育挽救失足未成年人关系，注重发挥刑罚的教育功能。

调查表明，人民法院审理未成年人刑事案件实行社会调查制度，对于帮助少年法庭全面了解涉案未成年人的背景情况和成长经历，在审理中做到因人施教、对症下药，在刑罚适用上尽量体现个别化原则，是十分有益的。

"'少年犯合议庭'在审理这些未成年犯罪案件时，以教育感化为主，旨在教会未成年犯分清是非，辨明罪错，促其自我认识，自我发现，唤起悔罪良知，从而告别旧我，走向新岸，做一个对社会有用之人，以预防和减少社会犯罪率，维护社会治安，争取社会治安的根本好转"，胡惠乾这样说。

少年审判，不单单是少年法庭的事。未成年人保护工作是一项复杂的社会工程，需要家庭、学校、社会组织、企业单位、司法和政府联动发力。1987 年 11 月，长宁法院创设羁押、预审、起诉、审判、辩护、改造的公检法司相配套的"政法一条龙"机制和综治办、教育、民政、卫生、街镇、共青团、妇联、关工委等政府和社会相关部门相衔接的"社会一条龙"机制，探索建立集家庭保护、学校保护、政府保护、社会保护、司法保护和自我保护于一体的未成年人综合保护网络，积极构建分工明确、体系严密的未成年人权益保护和犯罪预防体系机制，从而带动了全国法院少年审判工作和延伸工作的有效开展，"两条龙"协作机制形成。

1988 年 5 月，最高人民法院在上海召开全国法院审理未成年人刑事案件经验交流会，明确提出"成立少年法庭是刑事审判制度的一项改革，有条件的法院可以推广"。之后，江苏、北京、福建等地积极仿效上海的经验和做法，少年法庭在全国各地纷纷建立，审判机构发生变迁。

1999 年 4 月，上海法院少年法庭机构改革，长宁法院根据上海市高级人民法院、上海市人民检察院、上海市公安局、上海市司法

局《关于对本市未成年人刑事案件指定管辖的意见》，受理长宁、南市、卢湾、徐汇、浦东五区未成年人刑事犯罪案件。2018 年 7 月，因行政区划变更和司法体制改革，管辖范围再一次调整为受理长宁、徐汇、闵行和松江四区未成年人刑事犯罪案件，审判区域范围变大。

2006 年 9 月，上海市第一中级人民法院被最高人民法院确定为全国法院少年综合审判改革试点法院。根据上海市高级人民法院要求，我院作为试点法院配套单位同步改革，收案范围也得到了拓展，从单一审理涉少刑事案件扩展至也受理部分涉少民事和行政案件。2015 年 10 月扩大至受理涉及未成年人抚养的离婚案件，走在了全国部分法院家事审判方式和工作机制改革试点工作的前列。2018 年 1 月按照上海市高级人民法院通知要求全面受理家事案件，尝试对未成年人进行全面司法保护，审判职能发生变更。

少年法庭的建立和发展得到了华政等院校大力支持。2009 年 10 月，为纪念少年法庭成立二十五周年，长宁法院编写并出版《少年法庭的创设与探索》，从理论研究和制度创新上对少年法庭的发展进行系统回顾、梳理和总结，为立法提供借鉴，为司法提供样本，为孩子创造未来。2019 年 10 月，长宁法院和上海市法学会未成年人法研究会共同召开少年法庭成立三十五周年暨"儿童最大利益原则的探索与实践"研讨会，由长宁法院编辑、法律出版社出版的《未成年人司法保护的探索和实践》一书以及未成年人刑事与家事审判两本白皮书在会上一并向媒体发布。这些汇集的理论研究成果和创新制度曾被我国刑事诉讼法及其司法解释吸纳，使有别于成年人的未成年人刑事审判制度通过法律形式加以确立。2017 年 7 月，长宁法院少年审判庭被团中央命名为"全国预防青少年犯罪研究基地"。2018 年 5 月，最高人民法院启动《关于适用〈中华人民共和国刑事诉讼法〉的解释》修改工作，并就"未成年人刑事案件诉讼程序"一章指定长宁法院作为唯一一家基层法院参与修改工作，少年审判制度变强。

这是一个特别的法庭，法官们肩负的是特殊的使命！看到长宁法院少年法庭不断发展取得如此辉煌的成绩，胡惠乾很是欣慰。在他看来，这个法庭在审判实践中创造了"五个注重"，采取了一系列不同于审理成年被告人的方法，是取得实效的重要源泉。

对于"五个注重"，胡惠乾是这样诠释的：少年人案件与成年人案件不同，光查案件事实还不行，还要做到"阅卷、调查注重搞清导致少年犯罪的具体原因，为有针对性地进行思想感化工作作好准备；审理中注重启发式、疏导式教育方法；审理中注意选择'感化点'；对少年被告人的处罚注重实效；判决后注重做好未成年被告人家长思想工作以及回访考察工作"，通过采取挽救一个孩子，拯救一个家庭，维护社会治安等一系列"教育感化挽救"举措保护好未成年人，为平安上海、平安中国建设作出积极贡献。

征途漫漫，岁月如歌。在少年法庭创立、探索、创新和发展的历史长河中，胡惠乾等老一辈法官功不可没。在少年司法的一些重大纪念日，胡惠乾总会向我们法官讲历史、谈心路、话未来。受其影响和引领，长宁法院少年法庭工作经受全面依法治国和全面深化司法改革浪潮的洗礼后得到了磨炼。长宁法院法官们办理的案件因在审判实践中对保护未成年人合法权益具有指导意义，多次入选《最高人民法院公报》。少年审判庭也在改革的浪潮中茁壮成长：2014 年 11 月和 2016 年 1 月，少年审判庭被最高人民法院先后授予"全国法院少年法庭工作先进集体"和"全国法院先进集体"称号，2017 年 11 月又被中共中央精神文明建设指导委员会授予"第四届全国未成年人思想道德建设工作先进单位"称号，这是三十多年来获得的最高荣誉，为保护未成年人合法权益、预防未成年人犯罪作出了一份努力。

改革开放四十余载，少年法庭也即将迈入四十年成长发展史。这是中国少年司法制度解放思想、锐意进取的创业史，也是少年法庭攻坚克难、开拓创新的改革史，更是全国少年法庭机构专业化、队伍专业化建设的奋斗史。

2016 年 2 月，在庆祝中国共产党成立 100 周年之际，胡惠乾获得中共中央颁发的"光荣在党 50 年"纪念章。

2023 年 2 月 1 日，胡惠乾老师因病去世，享年九十岁。长宁法院少年法庭的后辈一直铭记胡惠乾老师对中国少年司法事业作出的贡献，在他去世后，送了他最后一程，并在院公众号发文追思。在新设立的长宁法院少年法庭陈列室，有胡惠乾老师生前照片和他审判第一起少年法庭案件时的照片。胡惠乾老师作为少年司法改革的先锋，将永远为我们怀念。在全社会共同关心未成年人合法权益、营造未成年人健康成长良好环境的氛围中，少年法庭将以胡惠乾等老一辈法律工作者的创业精神为动力，在少年司法改革浪潮中不忘初心、砥砺前行。愿长宁法院少年法庭，花开更艳丽，果结倍丰硕！

（撰稿人：上海市长宁区人民法院少年家事综合审判庭原庭长王建平）

用心用情给予失足少年温暖温情

访谈时间： 2023 年 6 月 9 日

访谈人物： 滕道荣，中共上海市长宁区委巡察组原组长。曾任上海市长宁区人民法院少年审判庭庭长助理、立案庭副庭长（信访办主任）、上海市长宁区人大常委会内务司法委员会主任。

访谈人： 是什么样的契机让您进入少年法庭工作的？您进入少年法庭以后的工作情况是什么样的？

滕道荣： 部队复员后，我在 1984 年 5 月进入长宁法院刑事审判庭工作。当时长宁法院还没有专门的少年法庭。1984 年 10 月，在各方支持下，长宁法院成立了新中国第一个少年犯合议庭，我在这个合议庭做书记员，之后少年犯合议庭逐步成长，在 1988 年 7

月成为独立建制的少年刑事审判庭。

那以后未成年人犯罪总量下降，上海本市未成年人的犯罪数在减少，但是外地来沪未成年人的犯罪率却在上升。为了把少年审判工作做得更精细化、更有开拓性、更富创新性，1999年4月，上海法院实行少年法庭机构改革，少年刑事案件实行指定管辖集中审理制度，由长宁、闵行、静安、普陀四家法院成立专门的少年法庭，其中长宁法院少年法庭受理长宁、南市、卢湾、徐汇、浦东五区的未成年人刑事犯罪案件。

当时，我在长宁法院刑事审判庭担任审判员，1998年那一年，我办结44个刑事自诉案件，而且都是调解，且履行完毕。时任院长丁院长说，全国范围内像我这样会做刑事自诉调解工作的，还真的从来没见过，说我很有爱心，于是就提出让我到少年法庭工作。大约在1998年底、1999年初，我被正式调到了少年法庭工作。

刚开始我对丁院长将我调到少年法庭是有抵触的，觉得在刑事审判庭干得好好的，为什么要把我调到少年法庭。

但到了少年法庭后，我又有了新的认识。长宁法院开了新中国少年司法的先河，并始终走在全国前列。当时最高人民法院、上海市高级人民法院要求我们在原有基础上进一步开拓、创新、提升，所以1999年到少年法庭，了解了少年法庭的辉煌过往以及上级领导对我们的期许后，我感觉到肩上的担子很重，有责任将长宁法院少年审判做得更好。更重要的是，从个案本身来讲，事实证据并不复杂，但少年审判更重要的、更需要的是法官更多的爱心，要关注走上犯罪道路的失足未成年人，并且要教育、感化、挽救他们，让他们能够重新回归正确的人生轨道。这些失足少年走上犯罪道路的原因是多方面的，有原生家庭因素，也有结交不良朋辈的影响，其实很多失足少年自身品质并不差。我们当时有"三个像"的办案原则：要像医生对待病人那样，像老师对待学生那样，像家长对待孩子那样。不厌其烦地拯救这些失足少年，这应当是少年审判永恒的主题。

访谈人：当时少年法庭主要受理哪些案件？有没有令您印象比较深刻的案件？

滕道荣：当时的少年法庭还是少年刑事审判庭，主要受理的案件类型有盗窃、抢劫、放火、强奸，这四类受理量较大，当然还有故意伤害。

我在少年法庭办的很多案子都让我印象深刻。比如我刚来时办理的一起放火罪案件。这个男孩子平时喜欢玩火，一天晚上，他跟另一个同学两个人在自己家楼道里面玩火，结果一把火把整个楼道都烧掉了，就被公诉机关以放火罪起诉到我们法院，父母为此一夜白头。通过翻阅卷宗和社会调查，我们发现这个未成年人其实是偶尔的失足犯罪，本身的劣根性并不强，于是我们决定对他实行监管令。判决后，我们经常到他的社区里回访，了解他改造的具体情况和进展，这个案子最终取得了很好的效果。监管令的探索对于劣根性不强、初犯偶犯的失足少年来说有很好的教育、感化和挽救作用，对他们以后工作、成家、前途不会产生不利影响，是一项非常成功的创举。

我还审理过一件盗窃案，这个孩子的父母离异，自己一个人在外生活，为了生存不得已实施盗窃。在案件审理过程中，孩子的远房亲戚找到了我，提出孩子的思想其实并不成熟，还有很强的可塑性，如果简单送到监狱服刑，显然是不利的。这个孩子的一个远房亲戚表示愿意做孩子的监护人，希望法院能够判处缓刑，给孩子一个改过自新的机会。我们最终充分考虑了这位亲戚的意见，让孩子在监外执行。后来，我们通过判后回访得知，这个孩子用自己的智慧开办了一个小企业，当时经营还比较成功，我们也为当时的做法感到庆幸。

访谈人： 这两个案子确实非常成功，让我们看到了少年审判这一"特殊希望工程"的意义所在。但我们想，您这么多年少年审判生涯中肯定遇到过让您感到特别棘手的案件，能否请您跟我们分享一下是怎么攻克这些难案的？

滕道荣： 不管是多么优秀的法官，他的职业生涯中肯定多少会碰到难啃的"骨头案"，我也一样。

记得 2002 年春节前的一天，时任庭长陈建明将我叫去办公室，将一摞厚厚的卷宗放在我面前，跟我简要介绍了案情。

被告人无力赔偿，被害人父母丧子之痛难以平复，被害人的尸体尚未火化。显然，这是一起矛盾激化案件。我觉得庭长将这件棘手难案交给我，是对自己业务能力的肯定。我暗下决心，一定要把这个案子平稳办好。

考虑到已临近春节这一中国人民十分重视的传统节日，为了让大家能够过好一个祥和的春节，我用最短时间将案卷翻阅完毕，对案件情况有了整体、全面的了解。在起诉书查明的事实背后，这个案子很具有故事性。被害人小李和被告人小袁两个人都是外地来沪打工的未成年人，同在徐汇区某酒店打工，二人在跑菜过程中发生口角，进而准备在酒店里打架，但被老板劝阻。于是两人便约定下班后到外面去打一架。下班以后，他们两个人来到衡山绿地，被害人小李就拿起了砖块准备砸被告人小袁，小袁拿起地上的棒子，"咚咚"两下打在小李的头盖骨上。双方扭打结束后，双方冰释前嫌，惺惺相惜，结拜为兄弟，并约定谁都不把今天发生的事情说出去。之后两人便分开回去了。小李骑着自行车回到了宿舍以后，开始出现呕吐、头晕等症状，同住的老乡问他怎么回事，小李说是自己不小心骑车时撞到电线杆了。休息片刻后，小李仍呕吐不止，老乡便陪同小李到了上海市第六人民医院就诊。医院做了 CT 显示小李颅内出血，必须立即开刀手术，但因小李自己身上没有那么多钱，远在安徽凤阳的小李父母接到电话后东拼西凑，凑了两万多元匆匆赶来上海，结果因拖延诊治，小李颅内出血已经止不住了、无法开刀，最终不幸去世。小李的父母在收拾儿子生前衣物时和被告人小袁闲聊。小李父母不解为何刚到上海的孩子就这么一下子没了，小袁一失口提到了前两天和小李打架的事情。小李父母听说后便立即报警。

上海市公安局所作的尸体检验报告结论为小李系生前因外伤致颅脑损伤而死亡。而死者小李看病时对医生称是因骑车不小心撞在电线杆上导致头痛、呕吐十余次，对于这份医院证明与被告人小袁的供述，以及公安机关的尸检报告中写明的系外伤致颅脑损伤而死亡的结论，这三者之间还无法连接成为一个完整的证据链。我觉得这是办案过程中的第一个难点。

第二个难点也是最大的难点在于如何安抚小李父母的丧子之痛，妥善解决刑事附带民事诉讼。被害人小李的父母在侦查阶段提出了十万余元的刑事附带民事赔偿请求，然而由于种种原因双方一直未能达成协议，处于僵持状态。随着诉讼的推进，小李父母的情绪愈加愤怒，一触即发。论常理，十万余元的赔偿请求在故意伤害致死的案件中并不过分，但被告人小袁的身世和家庭具有特殊性：他是遗腹子，出生后母亲也另行改嫁、将他抛弃。根据相关法律规定，未成年人对他人造成损害的，由其法定代理人（即父母）来承担赔偿责任。因为被告人小袁的父母缺位，被害人小李父母的赔偿请求迟迟不能得到解决。

为了解决第一个难题，我决定重新对小李的死因做司法鉴定。司法鉴定研究所的六个专家对小李的尸体重新鉴定，鉴定结果是：右额颞部遭受钝性外力作用致右颞肌前部出血，右顶骨、额骨内板骨折，右冠状缝渗血，右额部硬脑膜外血肿，小脑扁桃体疝，终因中枢神经功能衰竭死亡。其颅脑损伤符合颅骨局部变形的受力表现，直接外力（棒击）可以形成。这个鉴定结论就与被告人小袁的供述形成了完整的证据锁链。

为了解决第二个难题，我从四个方面入手。首先，我找到了被告人小袁在上海的表哥、表嫂，做通工作，希望两人作为小袁在上海仅有的两位亲戚帮助小袁赔偿被害人小李的父母。其次，我亲自到了看守所提审被告人小袁。此时的小袁对自己的行为悔恨万分，我就因势利导，你现在把你好兄弟小李给打死了，千万个懊悔都无法抚平小李父母的丧子之痛，将来谁来为两位老人家养老送终呢？小袁当即痛哭流泪地写下承诺书，表示刑满释放后要做小李父母的儿子，替小李尽孝。对于赔偿，他也请求表哥、表嫂在力所能及的范围内给予帮助，将来一定如数奉还。再次，我还多次联系被害人小李的父母，面对面接待，转达小袁的承诺，宽慰他们的丧子之痛，给予他们充分的支持和理解。最后，在被害人小李父母起诉第六人民医院的赔偿案件中，我积极与徐汇区人民法院承办法官联系，多次冒着酷暑和承办法官一同做医院赔偿的调解工作。

　　法庭最后以故意伤害罪判处小袁有期徒刑四年。法槌落下的同时发生了戏剧性的一幕——庭审结束后，法官问小袁还有什么想对小李父母说的吗，小袁痛哭不已地跪倒在地，对小李父母说要认他们为父母，替小李为他们尽孝，小李父母眼中噙着泪水，嘱咐小袁要好好改造，重新做人。原本势不两立、剑拔弩张的双方，被人世间最真挚的情感感动，让法庭洋溢着人间的融融春意。这是对我辛勤调解、沟通工作的最好回报，也是实现未成年人刑事审判法律效果与社会效果的统一的最好体现。后续，我也延续了长宁法院少年法庭的传统，坚持对被告人小袁进行判后回访，为其改造增强信心。在小袁接受改造期间，小李的父母也和他一直保持着书信联系，时不时地就会拎着大包小包的东西去看守所看他，激励他好好改造，为他鼓劲。在 2005 年春节前夕，服刑三年七个月的小袁，因为表现良好，即将被提前释放。此时五十多岁的小李父母，从安徽赶到上海，天刚亮，他们便在监狱门外，等候小袁出狱。

这个案子在当时引起了强烈的社会反响，上海电视台《案件聚集》《庭审纪实》，安徽电视台《家人》，中央电视台《今日说法》《聊天》等节目纷纷予以报道；社会各界纷纷作出反应，伸出援助之手。一位叫王寒茹的企业家在了解了这个故事后，表示每月都给小李父母寄 200 元，一直到他们过世。而被告人小袁则得到他人资助在少年管教所学习烹调技术，并有一企业提出愿意在他服刑期满后接纳他到该企业工作。这一案件也很好地体现了现在倡导的案结、事了、人和的审判工作理念，可谓是将情法兼顾做到位了。

访谈人：您在办理涉少刑事案件时是如何贯彻"教育、感化、挽救"方针的？

滕道荣：其实，每个人情况都不一样，每个人走上犯罪道路的轨迹也是不一样的，所以不能千篇一律。作为法官，审理案件，如果单纯按照法律判，错了吗？纯粹从法律条文角度出发并没错，但是如果我们从少年审判这个角度出发，从少年审判教育、感化、挽救的主旨出发，我们对失足未成年人应当还有别的思考和考量。未成年人是祖国的未来，未成年人犯罪不像成年人犯罪。青少年犯罪在很多情况下是他们的天资等各方面还不成熟造成的，还有很多是他们的原生家庭造成的。少年审判法官在办理每一起案件过程中，

要因人而异，每件案件就是一个故事，要更多地像医生对待病人那样，像老师对待学生那样，像家长对待孩子那样，每一个案子都要把脉把准，这样切入点才找得准。

涉少刑事案件中的被告人大多是十八周岁以下的孩子，他们需要更多的关爱和教育，而不是一味地惩罚，要让他们通过审判感觉到，即使走上犯罪道路了，社会并没有放弃他们，社会仍然希望能够通过审判让他们获得重新改造的机会，能够帮助他们重新走上新的人生道路，这是很重要的。

像前面我说的被告人小袁故意伤害致人死亡的案件中，小袁是个不错的孩子，只是偶尔失足、走上了违法犯罪道路。对于这样的未成年人，我们有责任拉他们一把。

访谈人：您到了少年法庭之后，有没有提出哪些创新机制？对我们的审判工作有哪些影响呢？

滕道荣：我印象比较深刻的是，我当时提出的创设"未成年人犯罪情况剖析及防治对策跟踪表"，也就是"一卡制"。

"一卡制"，是指少年法庭将未成年被告人在审判前、审判中、审判后的表现情况全面反映在一张特制的卡片中，依靠各方力量跟踪回访、考察帮教，从而达到剖析犯罪根源，落实帮教措施，预防重新犯罪的一种综合治理方法。"一卡制"是一种简称，其具体的形式用一张表来反映。表格的全名为"未成年人犯罪情况剖析跟踪表"。"一卡制"的实施有利于采用系统化、流程化的规范方法对处于不同阶段的失足少年进行管理和适用不同的对策；有利于方便快捷地查阅、了解有关案情，提高工作效率；有利于协调帮教措施的落实；有利于总结审判工作经验，提高整体审判水平；有利于提供一整套行之有效的工作模式，并依据情势变更而不断创新，改进工作方法和思路；有利于真正、切实保障未成年被告人的合法权益。

具体来说，"一卡制"由四部分组成。

第一部分是未成年被告人基本情况和案件审理的基本情况。主要包括未成年人的姓名、出生年月、文化程度、被采取强制措施情况、基本案情、量刑情节以及家庭情况等内容，"一案一卡"，帮助法官全面了解情况，也为有针对性的帮教找出"切入点"。此外，也便于法官对案件进行分析总结，从而更好地指导审判实践。

第二部分是犯罪前未成年人在家庭、学校、社会的情况。探究未成年人犯罪的根源，通过原因分析，更有针对性地采取帮教措施。及时发现问题，督促家庭、学校及社会三方面承担起各自教育、保护、管理未成年人的职责，注意职责的衔接、补充，避免"三不管"

情况发生。

第三部分是犯罪后判决前未成年人犯罪原因剖析及自身悔罪表现。由法官根据对前两部分的调查总结，初步分析出未成年人犯罪的主客观原因，然后根据在审理案件过程中的所见所闻，了解未成年被告人的认罪悔罪表现及态度，最后找到庭审教育的感化点，实现寓教于审。这一部分对于指导缺乏实践经验和感性认识，迫切需要了解和熟悉少年刑事案件审理的新同志开展涉少刑事审判工作无疑具有传授经验的作用。

第四部分是判决后法院对未成年犯罪人矫治工作的延伸情况。主要包括：监管场所对判处实刑的未成年人采取的改造措施，法院对未成年缓刑人员开展综合防治的工作记录，社会帮教人员开展综合治理工作的记录，以及未成年缓刑人员在学习、就业上的困难及法院采取帮助解决困难的方式。这能真正帮助他们顺利过好五关（思想关、劳动关、学习关、交友关、生活关），实现对失足未成年人的顺利改造。

在审判过程中，我深深感到未成年人走上违法犯罪道路都是有一个过程的，谁都不是天生的犯罪人。所以，我想是不是能够有一种方式来完整记录未成年人的失足过程，记录从不良行为、严重不良行为到犯罪行为的发展过程，从而能够尽早干预，实现未成年人犯罪预防关口的前移。

同时，如何认识未成年人犯罪问题、如何促进社会各方面对失足未成年人切实有效地实施帮教，这些是我们亟待解决的共同问题，如果缺乏可操作的制度，全社会的帮教协调只能是一句空话。"一卡制"将未成年人犯罪的自身原因、家庭因素、社会原因及在案件诉讼过程中法院如何根据未成年罪犯的特点实施"寓教于审"的方法，以及对未成年人实施刑罚处罚后如何贯彻"教育、感化、挽救"的方针，社会帮教部门的个案帮教措施等内容都体现在内，完整地反映未成年人罪犯被教育挽救成新人的过程，实现了对未成年人犯罪改造的全程追踪，也能提高少年犯罪案件的档案管理效率，促进各方面协调工作。

我提出创设"一卡制"的主要目的有两个，其一，深刻剖析青少年犯罪根源，寻找帮教的切入点；其二，协调社会各方面力量，将帮教措施落到实处。让他尽量不留污点，更好地和其他未成年人一样共同成长。

访谈人：回顾少年法庭这么多年走过的道路，您认为针对青少年犯罪预防还需要作出什么努力，对于当下少年法庭发展瓶颈的突破您有什么建议？

滕道荣：长宁法院从 1984 年 10 月设立新中国第一个少年法庭起，就始终注重经验总结、探索创新。今后少年法庭的"再进一步"，我觉得要结合时代背景，针对未成年人犯罪的新情况、新特点、新问题，在既有经验的基础上再作探索，这很重要，但也确实很难，因为前人已经把该做的事情都做了，我们后面的人是站在巨人的肩膀上，踮起脚尖再往上攀登。

习近平总书记指出："法治建设既要抓末端、治已病，更要抓前端、治未病。"最高人民法院张军院长要求："少年司法审判工作要在'抓前端、治未病'上下功夫。"当前家事审判改革，我们审理的范围已经不局限于未成年人刑事案件，还涉及婚姻家庭、涉少民事等内容，已经成为一个综合性的庭室，我觉得我们有必要在未成年人的融合保护上下功夫、动脑筋，为有中国特色的少年审判之路贡献长宁智慧。

另外，我也知道，在国外是专门设有少年法院的，我们国家目前还没有成立。作为少年审判法官，其实我们的内心是非常期待专门少年法院的成立的。

访谈人： 在长宁法院少年法庭成立四十周年之际，您对少年法庭有什么祝福呢？

滕道荣： 我觉得现在少年法庭，包括我们的孙培江院长、王飞副院长，还有我们的"法官爸爸"顾薛磊庭长，都在积极努力开展更多的创新性、开拓性工作，把长宁法院少年审判的金字招牌擦得更亮。我希望在走过四十年风雨后，少年法庭能够培养出更多有爱心、有责任感的好法官，继续立足本职岗位，更好地用更宽广的胸怀审理未成年人案件，助力少年审判事业的发展更上一层楼。

利用调解技巧，有的放矢开展疏导工作

访谈时间： 2023 年 5 月 25 日

访谈人物： 孟祥芝，曾任上海市长宁区人民法院民事审判庭副庭长。

访谈人： 能否和我们分享一下您的个人经历，您是在什么机缘下进入法院从事审判工作的，当时是怎样的工作状态？

孟祥芝： 我已经从法院退休二十多年了。回顾我的学生时代，当时我的理想和现在大多数年轻人其实是一样的，能够顺利完成学业争取考上大学。但由于历史原因我初中二年级就停止学业，之后进入全面到农村插队落户高潮。我赴安徽石台县六都公社老里大队插队落户。面对现实，我也很无奈，只能踏踏实实在农村扎下去，跟着农民爬山越岭、下农田，与贫下中农打成一片干农活，得到农村基层、公社、县级的好评。后来，由于表现出色，我开始担任大队的干部工作，1972年6月加入中国共产党。同年10月被石台县组织部选拔成为正式的国家干部，在组织部的定案部门清理"文革"遗留的案件。1974年全国陆续恢复法院建制，石台县人民法院恢复建制时，院长向组织部选调一位女同志，我很意外也很幸运地被正式调入石台县人民法院，分配在民事审判庭工作，从此和审判行业结下不解之缘。当年我才二十几岁，法律懂得甚少，那时成文法律也不多，记忆中只有宪法、婚姻法，没有其他成文的法律，院长跟我谈话时，要求我跟着有办案经验的老同志学习法律业务办理民事案件，我印象中当时民事案件主要是婚姻案件，其他案件很少。我们的办案场所也不在县城法院办公室里，每一个民事案件都是分别到农村基层大队去就地办案，当时提倡源自抗战时期陕甘宁边区的"马锡五审判方式"，是审判与调解相结合的办案模式。当时我所在的法院位于山区，每次我和其他同事带上数个民事案件，前往公社大队进行审理和调解。那会儿条件十分艰苦，不像现在有现代化的交通工具，办案全靠两条腿爬山越岭。在农村基层轮回办理好每一个案件，是我青春时期从事法律工作最好的实践锻炼。在那个时候我因为长期下乡和人民群众打交道，为日后的调解技能打下了扎实的基础，让我在以后的工作中受益匪浅。

由于夫妻长期分居两地，1986年6月组织上将我正式调入长宁法院，此后我继续从事民事审判工作，因长宁法院办公室不足，民事审判庭基本在街道分别设立办公室（审判站）。我被分配到长宁区城乡接合部的北新泾法庭。上海是个大城市，我体验到城市与农村的民事案件还是有点区别的，但毕竟我在安徽省石台县人民法院民事审判庭工作十几年，积累了宝贵的办案调解经验，很快便适应了在上海这个大城市办理民事案件的审判工作，大部分民事案件以调解方式审理结案。

访谈人： 2024 年是长宁法院少年法庭成立四十周年，长宁法院是少年法庭的起源地，我们知道，家庭是未成年人的港湾，家事审判与未成年人权益的保护关系十分密切，您长期从事法院民事审判工作，能否分享一下在家事审判中对未成年人权益的保障开展了哪些积极的探索？

孟祥芝： 我从 1974 年开始在法院从事审判工作直至退休，从事审判工作时间是比较长的。1986 年我调入长宁法院工作时，长宁法院已经首创了少年法庭，探索创设对未成年人的司法保护，虽然我本人没有在少年法庭工作过，但少年法庭在预防未成年人犯罪、保护未成年人合法权益上的点点滴滴与未成年人司法保护机制的理念也还是知晓的。少年法庭开了未成年人审判工作的先河，少年法庭是在刑事案件中保护未成年人，民事审判庭各类民事案件中也涉及未成年人的保护。后来，长宁法院少年审判庭开始受理涉未成年人抚养、离婚案件，又走在了家事案件审判方式与工作机制改革的前列，将未成年人司法保护的力度与广度提升到保护未成年人的利益最大化。长宁法院进行内设机构改革后，结合少年审判与家事审判理念相通、程序相近，成立"未成年人与家事案件综合审判庭"，全面受理未成年人及家事纠纷案件，创新了审判机制和方法。我是长期从事民事审判工作的老法官，我从未从事过未成年人刑事审判工作，但因家事案件审判方式与工作机制改革，我又办理了大量的离婚案件，对其中涉及的未成年人利益保护也非常重视。我认为，离婚意味家庭解体，受到影响的不仅仅是离婚的双方，在某种程度上他们的子女心灵受到伤害最大，家庭生活对他们尤为重要，良好的家庭结构与家风，能给未成年人带来正面影响；反之，则可能使孩子受到严重的心理伤害，从少年法庭审理的未成年人的犯罪案件来看，单亲家庭子女犯罪为数不少，因父母离婚而家庭分裂给未成年人心理、生理上造成很大伤害，曾经发生孩子走上犯罪或自杀道路的惨痛事例。少年审判与家事审判有序融合、优势互补进行未成年人案件综合审判庭改革，涉及婚姻家庭的未成年人综合保护，从体制和程序上有效保护涉案未成年人权利。

在我办理众多的家事案件中，许多离婚案件中当事人本身缺乏维系家庭、抚育子女的能力，对子女缺乏关爱与责任感，加之离婚诉讼同时涉及情感纠纷和财产处置，双方矛盾激烈，导致许多离婚案件当事人对子女言行不当：或在离婚诉讼中拿子女"出气"，恶语相向、拳脚相加；或遗弃子女，或为抚养费问题斤斤计较；或不顾子女本人意愿争夺、藏匿子女，甚至还有将子女作为争夺财产的筹码的，这一切都严重干扰了未成年子女的正常学习与生活，侵害了未成年子女身心健康。未成年人犯罪除自身主观原因外，多与家庭失管有关。

未成年人与家事案件综合审判庭的创设，令未成年人利益最大化保护更为完善。少年法庭的理念，是把少年罪犯作为一个孩子，而不是把孩子作为一个罪犯。因而未成年人司法理念的价值取向是挽救而非惩罚，与以惩罚犯罪、保护人民为立法目的的成年人犯罪刑事处罚理念完全不同。这就需要少年法庭对犯罪的未成年人实行"教育、感化、挽救"的方针，坚持教育为主、惩罚为辅的原则。所以，少年司法的目的是让成长中出现问题的未成年人得到帮助与支持，通过适当的处理方式，避免他们失去健康发展的机会，最终帮助他们回归社会，融入社会。将预防未成年人犯罪、保护未成年人合法权益的实践经验上升为理论。长宁法院作为少年审判事业的起源地，家事庭高度重视未成年人的家庭保护工作，围绕家事案件审理中未成年人权益的保障开展了积极探索，最典型的就是创办"为孩子父母学校"。"为孩子父母学校"是以未成年人利益最大化为宗旨，以父母为教育对象的法庭课堂。我记忆中在 1989 年 8 月，长宁法院与长宁区妇联等相关单位联合创办"为孩子父母学校"，办校初期，主要针对家事案件中的离婚案件，让未成年人摆脱"父母离婚的阴影"。"为孩子父母学校"在保护被离婚阴影笼罩的未成年人的合法权益方面进行探索，办校思路是融情、理、法于一体，对离婚双方进行法学、伦理学、社会学、心理学等综合教育，旨在建立一种新型的、民主的、和睦的、文明的婚姻家庭关系。未成年人是离婚家庭受害最深的无辜者，因此应强化父母的法律责任，使他们离婚时着重考虑未成年人的感受。"为孩子父母学校"办学主题就是："为了孩子，请慎重作出你的选择；为了孩子，请切实履行你的职责。"前一句是说为了孩子，父母要慎重选择离婚还是不离婚；感情未彻底破裂的，尽可能不离。后一句是说，不管离婚与否，父母都要对孩子履行抚养、教育义务。

"为孩子父母学校"办校至今已三十多年了，在调和家庭矛盾，保护未成年人权益方面发挥了重要作用。我退休之前，每次开班，我基本上都参与了。我承办的案件中，参加学习的当事人，或多或少都有收获和触动。我印象比较深的是，有一次回访离婚案件的当事人，女方对我说，"参加了'为孩子父母学校'的学习，我经过认真思考，觉得组成家庭确实不容易。如果我和孩子的爸爸离婚，孩子归他，我舍不得，孩子离开亲妈我怎么放得下；孩子离开亲爹，出力的事谁来承担，家庭的担子一个人挑，总不如两个人扛省力。况且，孩子的爸爸在法官面前已写下保证，表示改正以往的不足，要求和好。思前想后，我觉得没有坚持离婚的必要。后来，我们经调解和好至今已有一年，夫妻关系确实得到了改善，我们一家现在生活很幸福，我们的孩子很快乐"。还有一个离婚案件，在当事人的回访中，男方说，"经过'为孩子父母学校'学习及法官的批评教育，我像突然醒悟过来一样，感到事情闹大了，万一有个三长两短不是开玩笑的。婚姻大事不能小看，一个家庭'三位一体'谁也不能缺谁，我很喜欢女儿，不愿看到女儿缺爹少娘的。没有双亲关心和爱护，女儿怎么能健康成长"。还有一个案例也让我印象深刻，一位父母已离婚但仍得到父爱母爱的未成年人说，"原来父母吵吵闹闹，我感到很苦闷，甚至有时在学校上课还担心父母爆发'战争'因而思想无法集中，学习成绩下降。后来父母参加'为孩子父母学校'学习后，他们态度发生了很大改变，虽然他们离婚了，但是他们都很关心和疼爱我，我现在心情好了，学习成绩也上去了"。

访谈人： 孟法官，在您办理的案件中，有没有让您印象深刻的保护未成年人的案例？

孟祥芝： 印象深刻的案件有不少，我就列举其中几个案例。

我记得当时我们借用天山绣品厂的地点进行办公，因为在法院办公太拥挤了。有一次我受理了一件离婚案件，由于男女双方当事人情绪对立严重，争吵不断，导致矛盾激化，男女双方均不顾女儿，一走了之，将五岁小女孩丢在我们办公室。领导就指派我和书记员将小女孩送回家，但是我送了几处，当事人的家门紧闭，单位也不知当事人的行踪，兜了一圈以后，我就问小女孩，奶奶家在哪里？小女孩告知我奶奶家在愚园路上，我就根据指引到愚园路上找到了孩子的奶奶家，但是没想到小女孩的奶奶一口回绝，坚持不肯收留孩子。我没有办法只能反复做孩子奶奶的工作，但是也没有做通工作，仍没有地方安顿小女孩。按照当时这种情况，如我们强行将小孩丢下，肯定会对孩子造成不好的影响。当时是深秋季节，早晚比较凉，天色已经很晚，因为小女孩穿的衣服少，不停叫我"大妈妈"，说她好冷。看着冻得瑟瑟发抖的小孩，考虑到孩子的人身安全，也担心小孩受寒生病，我们又折返回孩子奶奶家门口，我和书记员站在门口敲门，听到里面的指责和谩骂声，误解我们将小孩丢给他们。我对孩子家人在婚姻家庭诉讼中拿子女"出气"、遗弃小孩，并对法官和书记员恶语相加的行为，感到十分难受，内心五味杂陈，但考虑我们的责任，我和书记员只好站在门口反复做工作。我告诉孩子的爷爷奶奶说"孙女冷得受不了，看在孙女面上，家里有小孩的衣服，稍微拿几件给我们，我们给孩子穿上"，就这样僵持了一个多小时，在我许诺不将孩子丢下的情况下，孩子的奶奶态度有了松动，同意拿几件衣服出来。我接过孩子衣服，随手拿了一件厚衣服给小孩穿好。看着没有着落、无人看护的小女孩，我非常心疼和怜悯，同时也对这对不负责任的父母的做法感到非常气愤，想到自己作为党员和人民公仆身上肩负的责任，我和书记员一商量，就把小女孩带回家了，我像带自己孩子一样，上下班都带着，整整带了一个星期。为了解决这个纠纷，我分别电话联系双方做疏通工作，从女方的代理律师入手，劝说女方律师和单位出面做女方工作，同时和女方律师商量让其陪同女方到法院谈话，对女方进行批评教育，动之以情，晓之以理，经过在场的单位人员、律师和承办法官反复做工作，女方在得知我那么尽心尽力照料她的女儿，加上小女孩舍不得妈妈，一直抱着女方的大腿，女方在我们的劝说下总算将小女孩带回家。孩子的抚养事宜终于得到了妥善处理。我迅速组织双方开庭，在查明案件事实的基础上，对该起离婚案件作出判决，准予双方离婚，双方婚生女随女方共同生活，由男方支付抚养费。男方对法院判决不服，判决当天男方在法院堵截女方，为了避免矛盾激化，我们派车将女方送出法院大门口。事后，男方冷静下来，也想明白了，这件离婚案件平稳处理完毕。

还有一起离婚案件，当事人家住长宁区延安西路中山西路口，两夫妻与公婆住在一起，因为老房屋面积小，家庭生活中难免存在一些摩擦，造成婆媳关系紧张，经常发生吵架。女方丢下在读小学四年级的女儿回了娘家并向法院提出离婚诉讼。案件在调解过程中，女方要求离婚的态度十分坚决，并说可以解决居住问题，但要求婚生女随男方，不要求分割夫妻共同财产，因为婚后无夫妻共同财产，婚前财产归各人所有。男方表示同意离婚，女方提出的财产分割要求可以接受，唯独婚生女不能随他共同生活，理由是女儿已经长大，随他生活不方便，加上自己在公交公司上早中班，不能照管女儿，对女儿健康成长各方面都不利。基于双方都愿意离婚，该案件的主要争议焦点在于双方婚生女到底由谁抚养，所以我就把侧重点放在怎样最有利于未成年人生活问题上，对离婚暂采取冷处理。我先到实地察看夫妻俩居住的房屋，随后便到房屋所在地的天山街道延西居委会了解情况。据邻居们反映，"他们与男方的父母住一起，因为房子逼仄拥挤，三天两头吵架，导致婆媳关系恶劣。其实他们夫妻关系还可以，双方对女儿很好，夫妻俩经常带女儿外出游玩"。同时，我又接触了双方的女儿，发现孩子很机灵，得知爸爸妈妈要离婚，她哭着对我说："爸爸妈妈都喜欢我，法官阿姨，我不要我爸妈离婚。"我接着对小孩说："你愿意配合法官阿姨做你爸妈的工作吗？"小孩子冲我点点头。居委会同时还透露，他们地块已纳入延安西路高架扩建动迁范围，什么时候动迁不能确定。掌握情况后，我便联系男方沟通做工作，男方认为夫妻关系紧张的主要原因是住在父母的房屋内，房屋面积拥挤，生活起居十分不便，根本无法正常生活，加之婆媳关系逐渐紧张而导致夫妻矛盾加重，故老婆提出离婚。他还透露说，夫妻之间感情一直很好。嗣后，我又倾听了女方的想法，她认为，婚后长期生活在这种让人无法喘息的环境下，夫妻关系很难改善的，长痛不如短痛，分手也是一种解脱。随后我问她：“你们夫妻俩闹离婚，最受伤的肯定是你们的女儿，就不考虑女儿的感受和利益吗？”她表示在这种环境下生活，不离婚，同样对女儿不利，她坚持要求离婚。根据上述状况，我理了理办案思路，这对夫妻感情未彻底破裂，可以考虑做调解夫妻和好的工作，通过以下两个思路入手：一是利用孩子出面做工作，有感召力，男女双方为了孩子的利益，慎重作离婚或不离婚选择；二是如果调解和好成功，需要巩固改善夫妻关系，只能改变当前居住环境，可以动员他们暂时在外租借一间小房屋，夫妻带着孩子搬出父母的房屋，换个环境生活，夫妻恢复到正常生活中，有利于未成年人的成长。有了这个想法后，租借房屋事宜我先与不同意离婚的男方沟通，要求男方主动与女方接触，让其感受到丈夫的关爱，另建议男方是否暂时花钱到外面租房改善居住环境，有利于改善夫妻感情。男方考虑了几天，表示同意暂时在外租房居住的方案，等待地块动迁，三口之家分配到房屋，就能够实现夫妻真正和好。在此基础上，我通知双方到法院开展调解工作，男方将女儿带来，孩子一到调解室，见到妈妈就大声哭叫着“爸爸妈妈你们不要离婚，你们离婚了，我该怎么办啊”。孩子的话不多，但是亲情的感召力很强，在场人员包括我在内都被触动得流泪，女方心软下来，不再坚持离婚了，男方将准备在外租房居住的方案告知女方，女方考虑片刻便决定尝试在外租房居住，开启新生活。在我的努力下，这对小夫妻调解和好了，挽救了一个破碎的家庭。我对这个案件印象深刻，还有一个偶然的原因，就是我退休后，外出有事正好乘坐公交车，突然有人喊了一声"孟法官"，我就迎上去，时隔十几年，我已认不出了。他自我介绍，我方才认出他就是我离婚案件的男方当事人，他说："孟法官，你接触人多，不认识我属于正常，但我不能忘记你，是你挽救了我的家庭和我女儿。法院调解我们夫妻和好，我们先租借了小房子，时隔不久，延西地块就动迁了，我们单独分配了房屋，三口之家生活得很好，我女儿明年准备考大学了。"听到了他的这番话，我感到很欣慰，也很有成就感。

访谈人：您谈到办理了很多离婚涉少案件，在这些案件中，您庭前庭后做了很多具体的工作，能够把您的经验分享一下吗？

孟祥芝：在我处理家事案件时，我的总原则就是对夫妻双方有子女的离婚案件，本着给小孩一个完整的家庭的理念，尽量做疏导工作，能不离尽量不离，最后调解和好的相当多，夫妻和好成功率很高。

就像我刚才提到的小女孩被遗弃在法院的离婚案件，如果法院前期疏导工作没有做好，就案办案，肯定会留下很多后遗症。所以作为法官，在处理涉及未成年人的离婚案件中，一定要考虑周到，要多做点工作，不能一判了事，要做到案了事了，不留后遗症，这和我们现在最高人民法院提到的预防程序空转的理念其实是一致的。

比如判决不离婚的案件，我的侧重点放在做不同意离婚的被告疏导工作上，指导他或她如何处理家庭矛盾，克服不利于家庭和睦的语言和行为，主动改善关系让对方感受到家庭的关爱。讲到判不离婚，我又回忆起一个案件。基本案情是男方以性格不合，加上女方有洁癖提出离婚，在调解过程中女方苦苦哀求男方，要求为了女儿不要离婚，但男方态度生硬，拒不接受夫妻和好，坚决要求离婚。女方坚决不同意离婚，还多次来到法院找我，表示害怕法院判决离婚。她每次找我，我都明确告知她，男方离婚态度坚决，冰冻三尺，非一日之寒，作为妻子你得想想办法如何融化他，并指导她主动与丈夫沟通，继续关心感化，经过一段时间的努力，男方也有所触动。经我与男方谈话核实，男方态度有所松动，希望能给女儿一个完整的家庭，男方也认可女方比以前有所改变，但男方与我挑明，他不愿意法院以调解和好方式解决，理由是他提出离婚，如果同意调解，面子上过不去，向我表明要求法院以判决不准离婚的方式结案，让女方有点压力，观察一段时间。最后，我综合双方的想法，判决双方不准离婚审结此案。时隔几个月，我回访了这对夫妻，他们的女儿对我说爸爸妈妈和好了。当时的陪审员李秀华也参与了这个案件，她讲，"这个案件矛盾很尖锐，双方对立情绪很严重，女方坚决不离婚，男方坚决要离婚，孟法官你为了他们的女儿，做了很多工作，女方很服帖你，愿意听你的指导意见，也确实按照你指导的处理家庭矛盾的方法努力去做了，判决不准离婚的当事人重新和睦相处甚少，你本事真大"。

家事审判中，以家庭关系修复为核心，以未成年人合法权益保护为重点，家事案件融入少年审判改革中，是最有利于未成年人原则的体现，符合家事审判规律，顺应少年法庭的司法改革形势。秉承"特殊、优先"保护理念，以预防未成年人犯罪为重点，以保护未成年人合法权益为目标，从单一审理未成年人犯罪刑事案件、审理涉及未成年被害人刑事案件，逐渐向增加受理未成年人家事案件方向拓展，在未成年人审判工作中创设了一些特色制度，积累了一些可供借鉴的经验，为坚持少年家事审判改革发展方向及其合理化路径构建奠定了基础。

凭我们的经验，家事案件要掌握当事人心理状况，利用自己积累的调解技巧和方法，有的放矢开展疏导工作，应该是有一点成效的。特别是以小孩这条线做双方当事人工作效果特别好，因为离婚当事人两个人的感情好与不好，直接影响小孩的成长，单亲家庭里的孩子幼小的心灵或多或少会受到创伤。比如学校小孩接送问题，正常家庭小孩都有父母接送，单亲家庭总是缺少完整家庭的关爱，对孩子的心理健康不利。

访谈人：您面对这些不同的案件，一定会接收到很多负面情绪，您如何调节这种情感的波动或者情绪的变化？

孟祥芝：我自二十三岁进入法院工作一直到退休，在审判工作干了一辈子，我热爱本职工作并热衷于研究法律问题。其实，我自己的想法很简单，就是帮助那些到法院诉讼的当事人解决争议，做到案了事了。至于个人情感和个人情绪，在办理了那么多案件中我已磨炼出来，抑制自己的情绪，尽量理性对待案件和当事人。在法院审判工作中，我是在审理每一个案件中逐步成长起来的，首先是法律知识逐步加深，其次就是实际运用法律和适用法律。在我最初进入法院工作的时候，当时法院领导要求我们，在处理案件中"骂不还口，打不还手"。这句话说起来容易，但很难做到。我的理解，就是在审判工作中为争议双方当事人解决问题的时候，要抑制自己的情绪，不应该带有情绪的，法官不能自己套住自己，控制好情绪就是保护法官本身，法官要有威严，但讲话有方式和技巧，最好用询问的口气在法庭中和每一个当事人和代理人对话。

回想起来，我干了这一行，积累了很多疏导负面情绪的经验，也可能就是我自己喜欢民事审判工作，办案习惯了，也适应了这方面的工作带来的负面情绪吧。

访谈人：您作为一名"老法师"，能否送现在的年轻法官一两句话？

孟祥芝：现在法官整日忙于办案，工作非常辛苦，我知道，他们都是高才生，法律功底强，学习能力也强。长江后浪追前浪，青出于蓝而胜于蓝。我希望现在的年轻法官能用好法律功底去办理每一个案件，在每一个不同的案件中去积累经验，不断总结办案经验。希望他们能够越做越好，为中国法治事业添砖加瓦。

护航孩子的成长，比任何事都要紧

访谈时间： 2023 年 5 月 26 日

访谈人物： 虞雅芬，曾任上海市长宁区人民法院少年审判庭审判员。

访谈人： 我们知道，您长期在长宁法院少年法庭工作，曾被亲切地称为"法官阿姨"。您是何时进入这一工作岗位的？

虞雅芬： 我成长的年代物质条件有限。高中毕业时，因为家中经济困难，没能上大学，组织安排进法院参加了工作。因理论知识有所欠缺，所以在工作中坚持自学，同时不断向老同志学习。"文革"结束以后，经组织同意，我报名参加高考，并考取了上海大学法学院（原名政法管理干部学院）。1987 年，我学成毕业了，组织上安排我进入少年犯合议庭工作。当时我四十几岁，刑事案件、民事案件都办理过，有一定的积累，但这项工作是新的。长宁法院的少年犯合议庭，成立于1984年，在当时是一个创新之举。少年犯合议庭成立之前，刑事案件无论是否涉及未成年人，都是用一样的程序审理。成立之后，根据未成年人的特点，采取了特殊的审理方式和方法，以"教育、感化、挽救"为原则，把刑事惩罚与教育挽救、把刑事审判与综合治理有机结合起来。我进入少年犯合议庭工作之时，它的做法、效果虽已经初露端倪，但仍旧在"摸着石头过河"。

访谈人：您接到组织的这一安排时，当时是什么想法？

虞雅芬：一方面感受到了组织上的认可，感到很光荣，另一方面我心里也在"打鼓"，因为少年审判是一种全新的模式，对我也是一个全新的挑战。长宁法院少年法庭是新中国第一家少年法庭，我们没有任何的先例可遵循。这条路该怎么走，没有确定的答案，很多事情需要我们自己去摸索。而且，这案子不能办错啊，因为它影响到未成年人的一生。所以，我自己还是比较担心的。不过，既然组织上已经决定了，我自己又是个党员，我很清楚一点——必须服从组织决定，尽最大的努力将它做好。我的想法是，虽然前路崎岖，但中国特色的少年审判之路，是要靠我们去走出来的，我们要大胆地去实践、去探索、去创造，用饱满的工作热情、严谨的工作态度、扎实的工作方法，去承担起这份重任。

访谈人： 当时少年法庭是什么样的状态？

虞雅芬： 物质条件是很有限的，法庭相对简陋，办公环境也比较糟糕，和现在比是存在很大差距的，但是我们也不计较，工作条件不能成为我们的限制，工作嘛，尽自己的努力把它干好就是了。另外，我们做工作很累、很辛苦，要走很多路，要讲很多话。不分上下班时间，不知道节假日、休息天。当时我儿子也很小，为此常常一个人在家。有一次我回家，发现他晕倒在地，我简直怕得要死，还好后来送到医院叫醒了。做我们这个工作，家庭和工作是无法兼顾的。虽然很苦很累，但是看到犯错的孩子真心回头，确实很高兴。有些孩子和我结下了深厚的感情，后来常常写信给我，我觉得他们也像我的孩子一样。

访谈人： 您刚才提到，长宁法院的少年审判没有先例可遵循，唯有靠你们自己探索，那么具体而言，当时你们要做哪些工作呢？

虞雅芬： 虽然我对于一般的刑事案件办理程序是熟悉的，但少年审判的程序，我没有现成的储备。相对于一般案件，涉少案件的任务是比较重的，也是比较繁琐的。办刑事案子的时候，只要把事实、证据查清楚，依照法律判下去就可以了，但是少年审判我要投入的精力，比原来办的刑事案件不知多了多少倍。我们少年法庭成立的目的，是要挽救一个个失足的少年。而要教育挽救一个人，光凭空口说白话是不行的，那么怎么做呢？第一步，我们需要了解少年。在庭前调查工作中我发现，有的孩子原来其实蛮好的，是因为各种各样的原因误入歧途。那么要去找到案件发生的原因，问题出在哪里，像医生看病一样，对症才能下药。为此，我们往往要迈开腿、张开嘴、动脑筋。所谓迈开腿，就是跑调查。张开嘴，就是去找未成年人、家长、老师、警察、社区工作人员沟通。往往工作不是跑一次、谈一次就能做通的，有时候人家也不理解你。你要人家理解、接受你的做法，就得一次次地去跑、去说，在此过程中，要思考、动脑筋。要让人家放下顾虑，是一件特别难的事情。第二步，我们要抓好法庭教育这个重要环节。少年法庭是一个特殊的教育阵地，只有利用好这一阵地，做到"寓教于审"，才能将教育挽救的目的真正落到实处。以审理一般刑事案件的方式一判了之，对于未成年人来说是不行的，得不到应有的效果。对未成年人，我们要做很多思想上的引导工作，与他们一起分析自身面临的问题，站在他们的角度设身处地地为他们着想，这样的教育他们才听得进去，才会真正感受到自身行为是不正确的，发自内心地去改正。另外，判后的持续矫治也很重要，通过跟踪回访，不断地了解未成年人的情况，与他们沟通谈心，避免他们再度犯罪。我们投入了大量精力，使他们成为健康的人，对社会有用的人。

访谈人：媒体曾报道过您的一个"口罩蚊帐"的故事，是否能讲述一下细节？

虞雅芬：有个刑事犯罪未成年被告人，才十几岁，家庭对他也缺乏关心，是一个孤独无依的孩子。收到这个案子之后，我仔细做了一些工作，依法定罪量刑。在这个孩子服刑期间，我也经常去探望他，算是对他所缺乏的家庭关爱提供一些替代吧。这个孩子刑满释放后，面临工作问题，怎么办呢？我又帮他找了一处观护基地。当时条件差，夏天有蚊虫。看孩子要受苦，我心里也不是滋味。但是那个年代，物质条件缺乏，我们法官的经济条件也不好。我就开动脑筋，想办法解决这个问题。当时我恰好收集到一批劳防用品——口罩。我灵机一动，想着把口罩纱网一个一个拆开，再把它们一张一张缝接起来，不就能做成一顶蚊帐了吗？我说干就干，花了好几个晚上，最后把这顶"口罩蚊帐"做出来了。我的举动，使他在回归社会的道路上能够顺利前进。

访谈人：工作中还遇到过什么印象比较深的案件吗？

虞雅芬：有一个未成年人是知青子女，父母在支援新疆，为了让孩子有更好的教育环境，让孩子到上海读书，平时委托上海的亲戚照看，孩子是独自一人生活。在父母身边的时候，这孩子是很乖的，因为父母管得紧。突然之间把他孤零零的放在这个地方，他怎么适应得了？为了缓解孤独寂寞，他逛马路、看电影、逛公园，来打发时间。有一次偶然的机会，看到有辆自行车在外面没锁，他当时去看电影的，为了寻找刺激，就去偷了这车。他说他第一次实施偷窃行为的时候，手在发抖，但是后来成功了，回家以后感到很刺激、很高兴。这下完蛋了，这个头一开，就像一个无底洞一样，好好的一个孩子就进来了。看见出现问题了，父母着急得不得了。他的母亲给我写了一封很长的信，内容有两个部分，一部分是教育自己的孩子，另一部分是请法官救救她的儿子。唉哟，看了这信以后，我的心无比沉重！哪一个母亲不是望子成龙望女成凤，结果孩子走上犯罪道路，作为母亲一定是非常痛心的。我也是做母亲的人，我能够理解。所以我下定决心一定要做好这个工作，这是我的责任，也是我的使命！在开庭以前，我多次跟孩子谈心、交心，让他看到自己怎么走错路了，带来一些什么危害，对社会、对自己、对家里有什么影响，引发他的反思。同时，我还告知他法庭审理的流程，让他对于开庭有个思想准备，毕竟他是个孩子，没见过这个场面。开庭当天，我通知了他在上海的亲戚到场。我对他的法庭教育，就用了他母亲写给我的那封长信。当我在法庭上对他宣读这封信的时候，孩子低下了头，他的头越来越低，到最后终于控制不住，泪水哗啦哗啦流了下来。他非常悔恨地表示，父母亲在像我一样的年龄去建设边疆了，而我呢，却成了囚犯，我对不起父母。这一法庭教育效果非常好。孩子的外在表现是落泪了，内心则是真诚悔罪。本案判决之后，孩子可以说是彻底改头换面，确实表现不错，在工作上埋头苦干，回到家里还会主动做家务。我们去回访的时候，看他就像是换了一个人一样，连邻居都对他交口称赞。

还有一个孩子，本身很优秀，已经考进了一个名校，结果有点得意忘形了，误入歧途犯了罪。我收到他的案子之后，觉得这孩子真的很可惜。我便叫了他母亲一起参与法庭教育。他的母亲提到一个情节，说学校开学的时候，我看到孩子们背着书包上学去了，我想到了我的孩子还在看守所里……就这一个情节，把在场人听得潸然泪下。原本法庭是严肃的，孩子母亲的教育让氛围变得十分感人。她没有什么花言巧语，而是实实在在地吐露一个母亲对儿子的寄语。就这样，儿子也看到了自己的不当之处，表示悔改。后来，我同看守所联系，让他在里面好好复习，再次参加考试。这个孩子还是比较争气的，最后仍旧考上了好学校。

这两个案子让我感觉到，利用好法庭教育这个关键阵地，对于挽救孩子特别有效。

访谈人： 在少年审判工作中有没有遇到过什么困难？

虞雅芬： 有一些案件是比较棘手的。有一个孩子，我庭前与他接触的时候，他给我讲的第一句话是——我要见我的妈妈。我觉得很奇怪，见妈妈也不是一件很难的事情，他怎么会提这个要求？后来我了解到，他进来后提过这一要求，但是这个问题没有解决。我便请他的妈妈到法院来，但是她来了之后对我非常抵触，不愿和我交谈，更不让我做笔录。我告知她，你是孩子的法定代理人，她说我不做法定代理人，也不愿意出庭。再谈下去呢，她说是她儿子不要她。这位母亲的对立情绪是比较少见的，但我肯定不能放弃，于是展开了深入调查。通过调查我发现，这个家庭很特殊，这孩子小时候父母就离异了，孩子随母亲生活。后来他母亲又再婚了，继父人也不错，重组家庭还是挺温暖的，孩子成长也不错。但是后来，生父又出现了，给孩子带来了心理波动，孩子开始读书逃学、在家里捣蛋，甚至产生了犯罪行为。在派出所侦查过程中，这个孩子不仅不肯认错，还去报社讲他母亲和继父的不是。实际上母亲和继父对他做得很好的呀！这样一来我就知道了，为什么母亲的态度是这样的。那我怎么做的呢？一方面，我找到这个孩子，通过回忆的方法，让他一点点发现，问题是怎么出现的，今天的局面是怎么来的，谁应该承担责任。这个孩子也不是笨孩子，慢慢地就理解了。另一方面，我认为还是要做通孩子母亲的工作。她有抵触情绪，我不能去当面找她，我就给她写信，从一个母亲的角度跟她沟通。我给她写了信，她一封也没有回，我只好再次主动上门去找她。这次我发现，她的态度转变了，讲话的语气比较温和了，开始跟我分享她的委屈、她的苦恼、她的难处，于是我们的沟通有转机了。我就根据她的思路去引导她、开导她，这次的对话简直是马拉松，到最后我做到了，这个母亲同意了和儿子见面。这样我才安排了一次会面，会面前，我一早就去了看守所，做好孩子的思想工作，告诉他错了就要认、要改正，要拿出勇气来，这样才能重新开始。谈好以后，我再让妈妈进来，让他们自己母子谈话。小家伙能够认错了，那么我在里面再帮他们说和，他的母亲一点点变化了，看到孩子哭了还帮他擦眼泪，谈着谈着，母子俩抱头痛哭，关系得到恢复，问题最终得到了解决。我们的工作确实经常遇到各种各样的问题，有时候会面临不好的态度，但是我们不能带着情绪去处理案件，而是必须从挽救未成年人的角度出发，尽心尽力想办法。不管是未成年人啊、家属呀，以心换心，人非草木、孰能无情，你把心给他，人家是会有感觉的。

访谈人： 从您所说的案例看来，很多孩子走上犯罪道路，是因为家庭教育不足、家庭关系紧张，您是如何破解难题的？

虞雅芬： 确实是这样的。习近平总书记指出，家庭是人生的第一所学校，家长是孩子的第一任老师。孩子的成长分为很多阶段，从依赖父母到独立自主的过渡阶段，是最容易出问题的。我在工作中发现，有些家长不了解孩子。比如一个孩子判了刑以后，孩子母亲找到我哭诉，说她为了自己的事业、为了买房子，努力奋斗，忽略了对孩子的管教，没有关注孩子在看什么书、交什么朋友，等到孩子走上了不该走的路，父母后悔都来不及。所以，家长一定要认识到，家庭教育是很重要的。这也是我们要经常去做法治宣传的原因，我们需要向家长们传播这个意识。法治宣传工作要花很多心血，也取得了良好的效果，获得了很多家长的认可。家长们很相信我，把我当成大姐，有事情会一大早到法院门口等我。有一次，一个家长来找我，说孩子在法院审判之后，一开始是好的，慢慢地坏毛病又抬头了。家长觉得，孩子还是听我的，希望我帮帮孩子。这孩子原本犯罪，也是父母在管教上有点问题。妈妈爸爸对他管得很紧，一点零花钱都不给他，孩子和同学相处也没有自由，结果孩子产生了逆反心理。他跟同学们交往，同学请他吃饭他没有办法回请，光吃人家的觉得没面子，一次偶然的机会，他就下手去偷窃了。这个孩子，我单独找他几次，我对他说，你有学习读书的基础，犯罪很可惜，应该要明确自己的目标，继续努力学习。后来我在工作之余，换便衣去看看他，看到他确实是在读书在复习，我也就放心了。后来他学业也考出来了，有了一份比较理想的工作，遇到找对象等人生大事的时候，还咨询我意见。实际上，孩子们一定程度上把我们当成了家长，这就是他们会称呼我为"法官阿姨"的原因。

访谈人：通过您的讲述，感觉这份工作价值感很强，您的认真付出得到了孩子们的认可。您在工作中有什么感悟？

虞雅芬：我感到我们是做"人"的工作，护航孩子的成长，塑造孩子的人性，我觉得这比做任何其他事情都要紧、都有价值。"为了一切孩子，为了孩子的一切"，这是我们的工作使命，是我们的责任，所以必须深入每个案件，投入每个孩子的人生。我在办案的时候，只要看到百分之一的希望，我就会付出百分之百的努力，我一定要把误入歧途的孩子拉回来，走上一条正路，成为有用的人。在犯罪的那个阶段，小家伙们可能是还没懂事，到懂了以后，他们会给我写信。有个孩子信里对我保证，他要做个"真正的大写的人"，他还说感谢我的再造之恩。小家伙蛮有心的！看到这样的信件，我感到我们这工作虽然累虽然苦，但很值得。

访谈人：您认为现在的少年审判，和当年是否有变化？

虞雅芬：我退休以后，身体也不是很好，所以对于少年审判工作参与得少了。但我还是能直观感受到，现在的社会情况和以前不一样了，社会上对于未成年人的帮助、关心的机构多了，各方面机制也得到了完善。从立法的角度，法律规定越来越健全了，现在有《未成年人保护法》等法律，我们那个年代是没有的。从司法的角度，涉少审判的流程已经梳理得比较清晰、规范了，有章可循。从社会联动的角度，越来越多的机构、社会主体都参与到保护未成年人的工作中。我刚参与少年审判的那个年代，方方面面都要我们自己去做，后来有了"两条龙"机制，有了社工介入……我觉得现在开展少年审判工作的同志们应该比我们当年幸福一些，遭受的阻力会小一些。现在的孩子也比以前幸福了，物质条件、教育条件都要好不少，最重要的是，未成年人保护的观念在社会上比较普及了，以前单位知道犯过罪是不招录的，现在有犯罪记录封存制度，未成年人能有一份稳定工作，能够帮助他走出那段经历，逐步走上正路。另外，对于家长的家庭教育理念和方式，我们也充分关注到了，给家长提供了很多的资源，间接地、更广泛地帮助到孩子，比如我们的"为孩子父母学校"就提供了这一平台。我们那个年代的家长，对孩子只有一点朴素感情，但是教育理念和方法都是没有的。对于孩子，我们怎样挽他、护他，怎样把他送上正路，是需要方法的。现在的家长，观念得到了一些普及，也掌握了一定的方法。但是，新时代一定也会面临新问题。新的问题就需要这一代、下一代的少年审判工作者去面对、去克服了。

访谈人： 那您对现在、后来的少年审判人员有什么建议吗？

虞雅芬： 我从各种信息了解到，虽然现在孩子的物质生活条件丰富了，但是心理上似乎变得脆弱了。一方面，来自学业的压力越来越大了。另一方面，可能人与人之间的关系不再那么简单了。离婚率、再婚率上升，社会环境纷繁复杂，变化很快。条件变化了，人也随之变化。孩子们的鉴别能力没有成年人那么强，容易阴差阳错，迷失方向。所以在新时代我们可能还要把少年审判工作的关口前移，更多地重视犯罪预防工作，就像打预防针防治病毒一样，为孩子构建起心理上的屏障，让他们能够自主辨别是非，针对性地解决问题。孩子是祖国的花朵，孩子安定了，社会才会更安定。

访谈人： 在长宁法院少年法庭成立四十周年之际，您对长宁法院和对中国未来少年审判事业发展有什么想法？

虞雅芬： 我是长宁法院少年法庭老一代的法官，我希望年轻一代的法官能够在我们老一代的基础上，更上一层楼，把少年审判事业做得更辉煌、更成功！年轻一代教育程度更高、眼界更开阔，肯定比我们老一辈能干。2024 年我们迎来了少年法庭成立四十周年，在这个历史的十字路口，我们既要回望过去，又要展望未来。过去的积淀和传承不能忘，未来的开拓创新也不会止步。我相信，只要我们"不忘初心、牢记使命"，中国的少年审判事业一定能不断地再创辉煌。

有苦更有甜的"专职考察官"

访谈时间： 2023 年 12 月 28 日

访谈人物： 张凌颖，曾任上海市长宁区人民法院少年法庭审判员。

访谈人： 2024 年是长宁法院少年法庭成立四十周年，作为在少年法庭工作了整整十五年的资深少年审判法官，能介绍一下您与少年法庭结缘的历程和您对自身少年审判工作生涯的总体印象吗？

张凌颖： 我到法院工作以前，最开始是在街道幼儿园工作，那时起就培养了对孩子们的感情。后到街道团委工作，主要是负责团结教育当时的一批待业青年和街道集体事业单位的青年思想政治工作，与青年打成一片。之后调岗到街道妇联，负责全街道的妇联工作，更多地接触到了家庭、孩子。在这期间，试点了在天山居委会妇联开展全国首创"五好家庭""文明大楼"的文明建设活动，由于效果显著，天山居委会妇联荣获了"全国三八红旗集体"称号。这里不仅倾注了我一份心血，更使我对"家庭是社会的细胞"有了更深刻的认识。后创建"五好家庭""文明大楼"的精神文明建设活动在全市、全国轰轰烈烈开展。1985年我报考了全国妇联女干部法律大专班。毕业后调至法院工作，开始在人事科工作，又获得了华政法律系业余自学本科学历。由于知识和实践脱节，我利用业余时间向同事们请教，如参加刑庭合议庭案件审理，调解民事案件，追缴抚育费执行等。1994年至2008年退休，在少年法庭一干就是十五年。

那么多年各种工作，最喜欢、最自豪的还是少年法庭的工作，最忙最累、晚上睡不着觉的也还是少年法庭的工作。我始终有自己的宗旨："教育、感化、挽救"，"孩子是家庭的掌上明珠，挽救了一个孩子，就是挽救了一个家庭，挽救了十个家庭，就是建设社会的一支生力军"，我常常以此鞭策自己。退休已多年，但少年法庭的工作一直萦绕在我的脑海中，退休时曾想再年轻十岁多好。

访谈人：您在少年法庭工作时的工作内容主要有哪些？

张凌颖：我在少年法庭十五年，主要还是牢记和力争做好原来的庭领导留下的四件事情。

第一件事：办精品案件。什么叫精品案件？就是围绕着"教育、感化、挽救"失足未成年人的宗旨，办好每一个案件，这是老领导给我留下的第一个任务。

第二件事：法庭教育。这里说的法庭教育，不仅仅指案子审理过程中对失足未成年人的教育，还包括案件审理前的介入教育和庭后跟踪教育。

第三件事：探索非上海籍的失足未成年人的缓刑考察工作的方向和措施。

第四件事：建立建好"失足未成年人考察基地"。实践中跟踪回访失足少年"考察基地"的功能意义重大。

除此之外，根据工作还撰写了很多故事、论文，发表在《中国少年报》《上海少年报》《上海法制报》《青少年犯罪心理学》《上海人大月刊》等。此外，寒暑假最后几天，或开学后几天，总会奔走于各中小学、高校、职业学校进行法治教育。

访谈人：作为少年法庭的资深法官，您经办的许多案件都成了长宁法院少年法庭历史上的感人案例，请问您是如何将案件办成"精品"的呢？

张凌颖：我对自己的要求，每个案件都要能精、能细、能透，做到"精细透"。

拿到案件的第一步，阅卷后骑着自行车满大街跑，到学校、社区、家庭、看守所。首先要了解失足少年的家庭环境、社会环境、结交的朋友。其次要到看守所两三次会见失足少年，不谈案件只谈心，要让失足少年信任法官，才能真正了解其性格、爱好、不良品行、犯罪动机等。

第二步，试行并确立法庭教育程序。在庭审中设置了一段教育程序，在这段教育程序中，由检察官、律师、帮教老师、法官从不同的角度对失足少年进行教育发言，启发良知，纠正其扭曲的思想行为，使失足少年在法庭上深受教育，有的痛哭流涕，由衷地表示悔改。聘请的帮教老师在今后较长的一段时间内还会帮助跟踪教育。

我讲一个案例。有个孩子，外貌好、学习好、家庭条件好，初三时竟然犯了盗窃罪。老师想不通，父母更是想不通，外婆、阿姨都在美国，零花钱根本是不缺的，为什么会去盗窃呢？我走访了小学的老师，老师说班里也曾有同学漂亮的铅笔刀或各种小东西不见了，因为价格比较低，老师就没有深究。中学老师也有同样反馈，但都没有往该少年身上想。该少年在公安局、检察院都不吐露心理动态。我找他谈心多次后，他袒露了心迹，原来他从小看见人家的东西漂亮的、好玩的，而他又买不到的，就很羡慕。所以在小学的时候就顺手牵羊，同学去做广播操，他是班干部，趁打扫卫生的时候就拿走了。在中学也是，打球时会把同学脱下的有个性的球衣拿走，他把拿来的东西都放在自己房间床底下的小箱子里，高兴了就拿出来看看。父母从来不知道，当从床底下拿出小箱子时，父母都惊呆傻眼了。

该案审理进入教育程序时，检察官、律师、学校老师、法官、大家娓娓道来，由浅入深、从小事讲到品行，从品行讲到触犯法律的后果，最终他痛哭流涕，说知道小偷小摸行为不对，但自以为不过是一个小错而已，现在小洞却酿成了触犯法律的大祸。少年法庭对愿意悔过自新的少年，采取了"暂缓判决"，安排到我们的少年考察基地，这个基地是个护理院，服务于老人和病人。该少年在父母的教育支持下悔改态度诚恳，表现突出，大年夜至春节七天，每天按时上下班全心全意服务老人，用他的话说，服务爷爷奶奶使自己很安心，用服务回报社会，洗涤心灵，痛改前非。该失足少年在思想上有了质的进步和提升，法官释怀了。该案适用了《刑法》第 37 条，作出了免于刑事处罚的判决。之后，该少年一直参加业余学习，业余大学毕业后出国了。

还有一个案子，失足少年的爸爸在他三岁时被判刑到青海服刑。妈妈离婚走了，少年从小由姑姑抚养，姑姑条件也不太好，少年生活也不尽如人意。少年初中时与单亲的女同桌很默契，两个人时常形影不离。有天放学回家路上，两人被四个校霸拦住，其中两校霸是本校的，这四人蛮横地说不让男孩和女同学一起走，还扬言以后两人还不许讲话，甚至还跟踪到男孩家门口，警告他晚饭后到小区花园讲讲清楚。天黑后四校霸在窗口乱叫，少年怕影响姑姑，出门路过厨房顺手带了把小刀。在小区花园校霸们不仅用话刺激少年，还轮番对他拳打脚踢，少年气不过就把刀拿出来划伤了其中一人，其他三个人见刀逃了。该失足少年难以自控愤怒的情绪，追着被划伤的校霸在其肚子上又猛戳三刀，校霸由于出血过多死亡。这案件很棘手，被害人也是一个独生子，他的家长天天到法院门口坐着，并要求刑事附带民事赔偿，姑姑表示家庭困难，只能拿出借来的 3000 元。两个孩子都是未成年怎么办？

我通过走访被害人的家庭、社区、原就读学校，了解到被害少年逃学捣蛋闯祸，父母在，不回家，父母不在，乱翻家，父母已经几次要求派出所把孩子关起来教育。找到了突破口，我先和孩子的爸爸几轮谈心，"想想你们的孩子三天两头在外面闯祸，你们也管不住，不是事后赔礼道歉，就是在家生气怨恨孩子，听派出所同志说，你们也表示对孩子没有信心放弃了教育。我们不如反过来想想，你的孩子在外蛮不讲理，无事生非，防不定有一天动手把人打伤或也带刀伤人犯罪了，接下来就是判刑，刑期肯定不会短的，你们要不要月月去探监，要不要继续教育，刑满后要不要帮助他生活，你的孩子会不会服从你们的管教。回到本案，伤害到你儿子的这个少年原本是没有过错的，从他的角度看问题，也是面对你儿子等人的蛮横无理，忍无可忍，自控能力差才导致了这起案件，作为长辈，我们能否从对方孩子的生活环境、心理特点、所处环境等多理解一点犯罪少年呢？"

经过多次的思想交流，加上居委会帮忙调和，被害人父亲接受了事实。就此再通过父亲和派出所、居委等各方面多次做母亲的工作，同时我也多次到看守所找失足少年谈话，该少年也诚恳地向被害人父母写了道歉悔过书。我对被害人母亲说，你的孩子有亲生父母教育还不听管教，对方孩子只有姑姑，原本有平静的生活，现在锒铛入狱，同样是孩子是不是应该给予他悔过自新的机会？最后被害人的父母终于被说服了，不再到法院门口闹，而且还放弃了刑事附带民事赔偿。

这个少年到少年管教所后，思想反复很大，也没有亲人探监，一度吞调羹自杀，我一直跟踪他到出狱。

类似这样的案件，就是我们当时说的"精品案件"。要把案子办得透、办得细、办得深，一切还是要回归到少年法庭的宗旨，从根本上去"教育、感化、挽救"孩子。

访谈人： 从您刚才介绍的案例中，我们深感您在做好法庭教育方面很有心得，能谈一谈您对于法庭教育的作用和注意事项的体会吗？

张凌颖： 法庭教育主要是分析失足未成年人的品行、道德、法律意识、犯罪根源，帮助失足少年端正人生观、价值观、法律观，矫正不良行为、习惯和心态，促使他们认罪悔罪，更加重要的是法庭教育是依靠法庭这个严肃的、庄严的场地，撞击失足少年的心灵，启迪失足少年的良知，重在预防他们重新犯罪。当然失足少年的教育不是法庭上一朝一夕能解决的，必须庭前了解庭后跟踪，才能使失足少年真正从思想上行为上回归社会。

要注意的是，法庭教育不是形式，不是走过场，而是要对每个案子、每个未成年人有足够的了解，法庭教育要有足够的针对性和触动性。

做好法庭教育，功夫在庭前，最起码要认识到我们的对象区别于成年人，要了解失足少年为什么会犯罪，他的心理活动是怎么样的，要与他能聊得起来，如果"你讲大道理、他讲小九九"，那就是对牛弹琴，他不会讲心里话，也听不进法官讲的。所以首先要了解失足少年的成长背景、性格特点、所思所想，家庭情况也尤为重要，所以我们的教育和调查工作必须跨前一步。

案子判决很容易，法庭教育的延续才刚刚开始。我们还试行改革了少年刑事案件的法律文书，在法律文书中专列段落，把法庭教育的精髓打印在裁判文书中，对失足少年警钟长鸣。经实践效果很好，也得到了最高人民法院的首肯，有一案的法律文书被最高人民法院评为全国优秀法律文书，还将我们的法律文书作为全国少年法庭裁判文书的格式样本。

最后有一点要着重说一下，对失足未成年人，能判缓刑的尽量要判缓刑，罪犯之间很容易相互影响相互感染，哪怕把未成年人罪犯集中关押服刑，帮教的效果和判缓刑后在社会上帮教的效果相比，也远不尽如人意。

访谈人：您刚才提到了非上海户籍的失足未成年人的缓刑考察的试点和探索，为何要特意强调"非上海户籍失足未成年人"呢？

张凌颖：在此之前，对非上海籍的失足少年是全部判实刑的，因为判缓刑的少年是由派出所负责监管，而这些缓刑少年并不会回到原籍向派出所报到接受监管，而是仍流浪在社会上，他们的思想有的还是停留在原先的无所谓的状态，这样的缓刑少年重犯率很高。但如果对案情相同的少年，尤其是同一案件的少年，上海籍判缓刑、非上海籍判处实刑，在法律上不太公正，也有失情理，而且非上海籍少年心里也会产生不平衡，不利于悔改。

后来我们就设想，是否可以把非上海籍少年的缓刑考察放在上海开展跟踪教育，辅导他们走过缓刑的道路，这样也实现了对本市籍和非本市籍失足未成年人的平等保护，老领导就让我负责这项试点工作。

说起我办理的第一件非上海籍少年的缓刑案件，我还记得很清楚。这个少年跟着同村人来上海，被介绍在一电动车修理店打工。一次趁老板不在偷偷翻看老板的 DVD。老板娘周日把两岁的女儿带过来，女儿和这个叫叔叔的少年玩耍，懵懂的少年受 DVD 片段的影响，猥亵了小女孩，老板娘报警，少年被关押。该少年为非上海籍未成年人，按此前的惯例判决，肯定是要送监的。

分析这个案件，店老板首先有过错，虽然 DVD 并不是淫秽片，但失足少年从偏远农村来城市见识少，十七岁的懵懂期心智很不成熟，在成人眼中不起眼的镜头，该未成年人就很容易受影响。所以我批评了该老板，一是没有放好自己的东西，二是没有照顾好自己的孩子。老板也认可，该少年平时工作很认真，修理处的什么脏活、粗活他都很努力干，他本质还是不坏的，且女儿也没有什么伤害，愿意谅解该失足少年。

综合考虑本案，是否可以适用缓刑？试探与老板商量是否可以安排该少年仍在他那里工作，接受考察。一开始老板当然是不同意的，经多次做思想工作，我也就近联系了天山派出所民警，并请介绍少年来店工作的同村人一起管教关心失足少年。之后少年勤勤恳恳地工作，认认真真地悔改，少年的父母特地来法院致谢，老板也对法院挽救失足少年的工作心服口服。

这个案子花了很多精力，也给了我很多感触，作为少年审判法官，对每一起非上海籍案件都要精益求精，都要仔细了解方方面面的情况，绝对不能匆匆判决，要始终牢记少年审判的宗旨和本质，从最有利于教育挽救未成年人的角度出发，思考如何最大程度减轻犯罪对未成年人人生的负面影响。

访谈人：您提到自己后来成了少年法庭的"专职考察法官"，为什么对孩子的考察教育需要由一位法官来专职负责？

张凌颖： 未成年少年的思想是最活跃的，动机往往是很单纯的，不考虑后果是经常的，那时候审理案件最害怕缓刑少年又重返法庭。故对于所有判缓刑的少年需要定期了解他们的思想动态，也就是老领导说的原则：判后还要送一程。那时少年法庭判决的缓刑少年，少则二三十人、多则六七十人，而且这些少年的情况都各不相同，需要因材施教，工作量很大，后来就有了专职考察法官，专门负责缓刑考察工作。因为当时需要考察和回访的少年实在太多了，我就对工作做了些安排，除了特殊的少年需要花特殊精力，对已经经过一段时间考察基本走上正规道路的少年，就让他们每个月底的周五来少年法庭汇报思想动态，提交书面悔改报告，然后我把他们写的思想汇报都编成《考察动态》，再返还他们互相学习，鼓励共同进步，同时一季度召开家长会，互通有无，交流教育少年的心得。至我退休《考察动态》连续刊登了近六十期。

访谈人： 当时我们少年法庭主要是通过哪些平台来帮教失足未成年人的？

张凌颖： 主要是依托两个平台，一个是"工读学校法制园地"，一个是"失足未成年人考察基地"。

先说"工读学校法制园地"，我们一直在讲，少年法庭的涉上海籍未成年人案子，有部分就是来自工读学校。①

---

① 工读教育是对有违法和轻微犯罪行为而不适合在一般学校就读的青少年实施的一种特殊教育。其特点是半工半读，并带有一定的强制性。每个学生能否毕业，除了考察学习成绩外，还主要考察是否真正认识和改正了错误。工读学校自成立之时，就被社会上很多人误认为是少管所。为了消除社会的误解、解除家长的后顾之忧和保护未成年人隐私，2012 年修正的《未成年人保护法》将"工读学校"改为"专门学校"，2020 年新修订的《未成年人保护法》沿用了专门学校的名称。

长宁区有个工读学校，是全区集中管理有不良行为学生的学校，一个星期家长带学生回家一次，如果没有家长带就不能回家。为了从苗子教育挽救未成年人，减少少年法庭的案件，少年法庭与长宁区青保办签订了为期三年的"工读学校法制园地"。老领导又把这项工作交给我完成。由于本身已有审判工作，再加上"法制园地"的教育工作肯定会应接不暇，而又不能马虎应对必须出成绩。经过一番思考，我就联系了华政的学生会，聘请了12名大二的优秀学生，作为工读学校辅导员，分成四组，每星期三、五到工读学校组织各种活动，寓教育于活动中。工读学校学生虽然学习不好、品行不良，但大扫除、打球、乒乓、游戏等，动手能力很强。半年之后，长宁区教育局又利用工读学校校园，从全区转进了初二年级的职校生7个班级，这7个班级的学生也成了"法制园地"的学员。为此又聘请了10名大学生辅导员。我们在园地开展了各种活动，如升旗仪式、夏令营军训、法制讲评、模拟法庭、谜语奖励、体育比赛、春节联欢会等，工读生与职校生在共同活动中，最有体会的是工读生，他们说再没有人看不起我们了。另外，我思考职校生只是在学习上有困难，道德品行与工读生不同，就根据职校生的特点与大学生一起在学校开展月底周五团课活动，并吸收了27名在校的职校生加入了共青团组织，顺利地把他们送上了社会道路。同时很欣慰，功夫不负有心人，三年来没有工读生到少年法庭报到。

另一平台就是"失足未成年人考察基地"，即上面所说的"少年法庭周五考察日"及《考察动态》和"程家桥老年护理院考察基地"。该"程家桥老年护理院考察基地"是我少年法庭多年合作的失足少年考察基地。少年法庭对适用暂缓判决的失足少年、判缓刑的失足少年，安排到基地进行悔改教育考察，要求失足少年通过为老人服务，增强劳动意识、社会意识、自新意识，用实际行动为社会做好事来弥补自己的不良行为。上述第一个案例的少年就是在该基地接受考察的。

由于当时浦东少年刑事案件也由我院少年法庭审理，而浦东离长宁区"考察基地"路远。我就走访了浦东老干部局，利用老干部的威信、力量和场地，与"浦东老干部活动中心"合作共同教育挽救下一代。由此又成立了"浦东老干部活动中心未成年人考察基地"，每个老干部帮教一个少年，还时时事事做好笔记，在基地考察的少年按时到"活动中心"上下班，或是为老干部倒茶水，或是整理书架、棋类，还有的教老干部学习电脑操作。同时少年法庭还利用"活动中心"宽敞的场地开展各种交流讲评活动。有一个显著的例子是四个失足少年，经考察基地帮教活动，进步很快。他们说，爷爷奶奶的革命故事深深地触动了他们，爷爷奶奶十几岁在战场上保卫国家，我们十几岁不好好读书，不知天高地厚做坏事，想想太不值了。后来他们四个，一个去参加了消防兵，两个考上了大学，另一个孩子参加了工作。

访谈人： 您将判后回访列为自己的四大主要工作任务之一，能谈一谈为何在您心中判后回访工作如此重要，在您回访的案子中又有哪些让您印象深刻的案例？

张凌颖： 对失足未成年人判决后的回访和追踪教育，按理少年法庭是可以不用再操心了，有少年管教所专门负责。但我觉得法官仍然非常有必要辅助少管所追踪教育。为什么呢？因为我们了解这些失足少年的方方面面，我们讲话他们更能听进去。所以我对自己办的案子始终坚持回访，如上述第二个案例，该少年刑期较长，到少管所后一度思想波动较大不服管教，我一直跟踪到他回归社会。有的孩子回归社会还经常来法院看我，谈谈他们在家庭工作中遇到的问题，寻求解决的方法。

每月少年管教所家属接待日我都会去。有个案件，有次碰到一个女孩的妈妈带着一大袋内裤到少管所，我很奇怪就问上月不是送过了吗，管教人员告知这女孩从来不洗自己的内裤，每天丢掉一条，她的父母还特别宠，每月送一袋来。我当时就关照妈妈从此以后不要带内裤来，一定要让她学会从小事做起。又与管教人员商议，有意对其进行劳动教育管理，如平整绿化带、打扫车间场地，用劳动帮助她戒除好逸恶劳的习性，学会重新做人。后来她参加了监狱文化科学校，考取了职业证书，二十一岁出狱，很快找到了工作。

对失足未成年人的回访，除了帮教之外，还有关心和保护。一次在少年管教所寝室时，有个少年拉住我说有事，我一看并不是长宁法院的案件。他轻轻地说，我在外面打架做过手术，肩上有钢钉三个月要再手术取下，现在已经过期了，父母在外地自己刚来也不敢讲。我立即汇报给监狱领导，监狱很重视马上联系了医院完成了该少年的手术。另外，在回访中还发现经常有家长带近视眼镜给少年。经仔细询问，原来监狱劳动的车间很大，灯光高，尤其是下雨阴暗，原来就有近视的未成年人用眼就更不行了。向监狱汇报后监狱马上加强了照明。

在上海市少年管教所成立五十周年的纪念大会上，我被授予"特殊贡献"胸章。每月一次到少年管教所的回访工作，一直持续到退休后的第七年。

对判缓刑回归社会的失足少年回访考察更为重要了，这里谈两个案例。

第一个案例是个未成年女孩，犯盗窃罪，案子受理前曾被取保候审一个月，但公安机关未注明为什么。从开庭审理到判决，她始终低着头，问什么答什么，语音很低沉，连被宣告判处缓刑时都是一副无动于衷的神态，我当时感到其中必有蹊跷，就把她列为重点考察对象。

有一次回访考察时，正赶上有个三四十岁的男人正在追赶她，她看到我时，竟一下子扑在我身上大哭起来，那人见我就溜走了。但该女孩不肯告知我为什么，扭头走了。第二天一早我又来到她的居住地。她姐姐告知了原委。原来女孩十六岁跟随父母到上海开茶叶店，因为生意清淡维持不了一家五口人的生活，尤其是付不出弟弟在上海借读学校的学费，女孩就经姐姐帮佣的雇主介绍到一个酒家的厨房打杂，但女孩心细，也不甘心长期干杂活，就偷偷学餐厅服务员三个手指托盘走一字路，回家后还对着镜子看口型学普通话。后被酒店的男领班发现了，就花言巧语、软硬兼施，骗走了女孩的贞操。结果女孩不仅没被安排进餐厅，还被恶意诋毁乡下人话也说不清还想做餐厅服务员。为了讨好餐厅的小姐姐小哥哥，女孩竟然趁其姐姐帮佣的雇主不在上海时，把餐厅的小姐姐小哥哥带去雇主家玩，谎称是自己的家，把东西随便送人，这才犯了盗窃罪。

被关押期间女民警发现女孩怀孕了，就取保候审一个月做流产手术，但那个领班却不闻不问，手术费也不承担。没想到女孩被判缓刑后，这个领班又出现在她面前，花言巧语地对她进行骚扰，女孩父母又缺乏文化知识和法律知识，还百般责骂女孩。后来又听信了领班的花言巧语，觉得孩子将来能嫁个上海有钱人也不错，由着领班来骚扰，弄得女孩终日精神恍惚，心灵创伤真是难以启齿。

我感到问题很严重，何况还是一个未成年人！为此我一方面几次上门和女孩的父母谈保护未成年人的合法权利和婚姻法的规定，一方面做好女孩的思想工作，鼓励她自尊、自爱、自强，树立信心，同时与暂住地的居委会和派出所联系，制止男领班再来骚扰，为女孩人身安全采取了保护措施。后来这女孩走出了阴霾，生活得很好。

第二个案子是个男孩，也是犯了盗窃罪。他本来有挺温暖的家，妈妈虽然大字不识一个，但把家安排得井井有条、温馨舒适。爸爸几年前辞去工作做生意，倒也攒了一大笔钱。想不到孩子爸爸因为有了钱，染上了赌博的嗜好，赌了一年输光了存款，还在生意场上欠下了一大笔的债。一天夜里孩子的爸爸离家出走再也没了音信，妈妈就靠在物业为居民通下水道的微薄工资养家。男孩的学费自然也成了问题，老师催款、同学讥笑，男孩受不了就逃学了。流浪中和一伙人混迹于游戏机房，为了满足打游戏机，男孩偷了邻居家的钱。缓刑考察期间男孩表现较好，也吸取了教训不再去游戏房了，还找了一份工作能养活自己补贴妈妈。

一天，男孩突然来法院找我。原来他爸爸的债主天天来催债，好不容易积攒起来的三个月的工资刚被他们拿走，今天刚下班还没进家门，就听见这伙债主大声叫喊"父债子还、天经地义"，妈妈则边哭边恳求宽恕。男孩急了，进门就拎起一把椅子吼道，"再逼大家都不要活了"，幸好被闻讯赶来的居委会干部拦住，才没有闹出大事。但男孩不服，就来找我诉说委屈：凭什么父债子还呀？

我立即放下了手中的工作与他一起来到居委会并联系了派出所。经过商议，由派出所居委会出面将债权人找来，给他们做了普法教育，他们的这些债务并没有用在家人的生活上，而且家里也没有男孩父亲的私有财产，"父债子还"是行不通的。这场风波总算过去了。后来这男孩感慨地说，如果不是法官介入，我差一点又要做出违法的事了。

像这样回访失足未成年人的案例，我们少年法庭还有很多，这项工作说实话很辛苦，但看到许多未成年人在我们的帮教下走上了正道，不但不再危害社会，还成了对社会有用的人，那种成就感真是让人前所未有地感到欣慰和满足。

访谈人： 您在少年法庭工作遇到过什么困难吗？

张凌颖： 主要的困难有两点。

第一是时间不够用，我们当时办案的时候，徐汇区案件提审都要我们自己开车过去。有时开庭还要赶去浦东，开庭到下午一两点钟，中午饭都没得吃。办理少年案件要想做得精细透就必须花心血，要花心血就必须花时间。前期工作、法庭审理、法律文书，都很费心思，失足少年个体怎么教育更是绞尽脑汁，时间真不够用。

第二是对非上海籍未成年人的考察也很难，如果这些失足少年没人管教怎么办，比如上述非上海籍车行少年缓刑的案件，我们把他放在那个车行考察，如果老板不负责，他溜了又去犯罪怎么办？所以我当时心思很重，牵挂很多。一直想着要如何才能有效地"教育、感化、挽救"好这些失足少年。好在工作只要做得细，以后有好多非上海籍缓刑少年的考察都很顺利。

回想起来，那时庭里有好几个小伙子，他们有的大学一毕业就到少年法庭工作了，跟着我们一起吃苦，也得到了锻炼，成长很快，两个已经走上了庭领导岗位，顾薛磊已经是现任少年法庭庭长、新一代的"法官爸爸"了。

访谈人： 您对少年法庭的法官们有什么寄语？对他们有什么期待？

张凌颖： 当然，第一是要热爱未成年人的工作。一开始谈不上热爱没关系，在工作中会慢慢感受到青少年保护是全社会的共同事业，也是我们义不容辞的责任。现在的家庭很多都是独生子女，教育好一个孩子、帮助了一个孩子，就是帮助了一个家庭，家庭是生活细胞，对促进社会风气、社会文明建设的作用非常重要。当代孩子的想法和以前也不一样了，对青少年要多花心思琢磨，他们能接收的信息更多、想法也更超前，我们少年审判法官一定要跟上社会发展，学好自己的本事，这是做好少年审判工作的前提。

第二是要保重好身体，少年审判是一件很劳心劳力的工作，以前搞少年审判时经常熬夜，晚上一两点钟脑袋里想的还都是案子：共同犯罪案件为什么有人要判三年，另一个可以判两个月；有的要判实刑，有的可以适用缓刑，还有的可以经过考察免于刑事处罚。这需要我们反复地、不停地思考。帮教失足少年也要费很多心血，要有针对性地教育才能敲开失足少年的心灵。回访工作更是需要东奔西跑不辞辛苦。希望少年法庭的各位同仁一定要把握好工作频率和节奏，注意自己的身体健康，毕竟身体是革命的本钱，健康没有了，一切就都没有了。

访谈人：在长宁法院少年法庭成立四十周年之际，您对长宁法庭少年法庭有什么祝福和寄语？

张凌颖：祝愿少年法庭更上一层楼，相信我们长宁法院少年法庭一定会越来越好。记得我在少年法庭工作的时候，青少年犯罪率比较高，现在全社会对青少年教育工作非常重视，犯罪率已经很低了，随着社会的发展，我认为少年审判事业从判决走向保护青少年成长意义更大。也希望各级领导多关心少年法庭、多关爱少年法庭的法官们，因为他们都很辛苦，他们都是默默无闻地在付出，所做的工作都难以用数字来汇报。我个人最大的期待就是绝大多数失足未成年人的问题都能在上法庭之前、法庭之中、法庭之后，帮教挽救到位，也就是"抓前端、治病兆、除后患"，实现"教育、感化、挽救"体系化。

将少年法庭具体工作做得完美，是我的追求

访谈时间： 2023 年 12 月 28 日

访谈人物： 张栋，上海市长宁区人民法院审判监督庭副庭长。曾任上海市长宁区人民法院少年法庭书记员。

访谈人： 很荣幸能够在长宁法院少年法庭成立四十周年这一具有纪念意义的日子里代表观众与您进行对话，同您回忆少年法庭过去、串联当下的发展。您是何时进入少年法庭工作的？在这里工作了多久？

张栋： 大约是 1994—1995 年，我进入少年法庭工作。我大学的专业是经济法，进入法院之后，最初是分在民事审判庭做书记员。以我的专业，分在民庭是对口的，也初步积累了部分工作经验。后

来，组织上调动我进入少年法庭担任书记员。在少年法庭待了三年之后，我又被调往执行局担任助理审判员。在少年法庭的日子，还是我事业的起步阶段。那时候我还很年轻，还没有成家。时间过得好快，一眨眼都要三十年了，而少年法庭都要成立四十周年了。不禁令人感叹，时间的流逝，带走了我们几代人的青春，也让少年审判事业逐渐成长壮大。很遗憾的是，少年犯合议庭第一任审判长胡惠乾在今年年初永远地离开了我们。我觉得，他对于自己所从事过的少年审判工作，一定是感到自豪的。胡法官是我们的前辈。现在我也快要退休了，但很开心地看到新一代未审人不断地涌现出来，这让我感到长宁法院少年审判工作薪火相传、绵延不绝。

访谈人： 在少年法庭担任书记员工作，和其他法庭是否有所不同？对您来说，是否存在挑战？

张栋： 存在极大的挑战。当时少年法庭在全国还算一个新鲜事物，我在校读书的时候从未听说过，也没有学习过相关的内容。我最开始在民庭，做的工作还比较常规，容易适应。但进入少年法庭之后，一切都要从头学起，它的工作内容、方法、程序，和普通的民事案件，甚至是刑事案件都是不一样的。第一，每个未成年人刑事案件，都要进行详尽的社会调查。收案之后，我们至少要对未成年被告人提审两次，我们还要至少进一次社区、跑一次学校、见一次家长……穷尽一切手段了解未成年被告人的成长背景、犯罪原因，争取一切资源对其开展教育、挽救措施。当时，法院里的警车很少，我们出去做调查，都是依赖坐公交。每次出门，可能就是大半天，甚至一整天。当时也没有网络地图导航，我们要用纸质地图查公交线路，费时费力。第二，未成年人刑事案件有一整套特殊的程序。虽然国家立法中还没有相应的规定，但是我记得当时我们长宁自己制定了一个《未成年人刑事审判工作细则（试行）》（1988年10月4日制定）。这是我们具体工作中的重要指南，不仅明确了社会调查怎么开展，应当调查哪些内容，还明确了审判、结案以及判后考察的细则。这些内容不仅对审判员提出了要求，对于我们书记员来说也是有挑战性的。很多程序是原来没见过的。相对于一般案件来说，程序更多、更复杂、更细致，要求我们投入更多的精力和脑力。第三，未成年人刑事案件有特殊的送达材料。我们长宁法院少年法庭首创向被告人及其法定代理人发送诉讼须知，详细告知未成年被告人的诉讼权利及程序注意事项，使未成年被告人的合法权益得到切实维护。虽然我在少年法庭期间担任书记员，更多负责的是一些程序性、事务性工作，但也感受到了与其他庭室的巨大差异，也经受了许多挑战。

访谈人：您的工作中，通过社会调查发现过什么问题吗？

张栋：我们走访未成年被告人的父母，倾听他们对事件的陈述和看法。常常听到的是，他们认为自己的教育方式已经很好了，自己已经尽力了。但是通过其他方面的走访、了解，通过与未成年人本人的接触，我们会发现，事实并非如此，或者父母们自认为的教育方式、教育效果，和实际呈现出来的方法、效果存在比较大的出入。因此，我们从父母的反馈中，要找出他们家庭教育的薄弱环节。

从交流中发现问题，然后才能解决问题。那么如何解决呢？第一是跟未成年被告人、跟父母们诚恳地分析其犯罪原因，既对孩子批评教育，也对父母开展教育、指导。第二，我们也明白，孩子多年来形成的坏习惯不是一朝一夕能改正的，在做好孩子的思想工作之后，我们要对孩子及其家长进行判后回访，开展一些活动，让他们感受到外部世界的正常环境是怎样的，学习其他人是怎么做的，其他父母是怎么教育孩子的，而孩子又该树立什么样的价值观等。

访谈人：您工作中接触到的未成年被告人，有哪些特点？

张栋：很多未成年被告人本性是不坏的，往往是在特殊的年龄阶段，意气用事或者说一念之差，走上了犯罪的道路。我们在工作中跟踪回访这些未成年人，发现如果他们转变了观念、改掉了坏习惯，成长了，思想逐渐成熟了，就不会再犯同样的错误。对这一类被告人，我们要给予特别的、持续的关注，了解他的生活环境、工作环境，避免不良环境对他们产生影响，在回访当中时不时问问情况，发现有什么苗头及时提醒，避免他们冲动犯错。

访谈人：您印象中，少年法庭还有哪些未成年人保护的创新工作机制？

张栋：除了社会调查制度之外，印象比较深的一个是收案以后要及时向未成年被告人及其法定代理人发送诉讼须知，这是长宁法院少年法庭的首创，此前没有的。还有一个就是回访制度，就是案件判后无论未成年被告人是在缓刑期间，还是在监狱里服刑，法官都要跟踪回访，直到他顺利地回归社会。

关于判后跟踪回访工作，估计其他法官都会提到。但是发放"诉讼须知"未必会被提起。对我们书记员来说，诉讼须知是每个案件都要发送的。对其具体内容，我还记得非常清楚。

诉讼须知是以帮助未成年被告人实现诉讼权利为主要内容的告知制度，包括向未成年被告人告知和未成年被告人的法定代理人告知，内容不同。这个我可以介绍介绍，因为值得回顾和推广。

向未成年被告人发放的诉讼须知，我们是根据《中华人民共和国刑事诉讼法》及有关规定，告诉他（她）在法庭审理中有下列诉讼权利与义务，主要内容有：

第一，在开庭十日前收到检察院的起诉书副本。

第二，如对起诉书中被指控的犯罪事实有异议或补充，对有关的法律条款不理解的，可向审判人员提出。

第三，可以书面形式向法院申请取保候审，并提供一至二名保证人。取保候审的条件是：（1）可能判处管制、拘役或者独立适用附加刑的；（2）可能判处有期徒刑以上刑罚，采取取保候审，不致发生社会危险的；（3）应当逮捕的被告人，患有严重疾病的，或者是正在怀孕，哺乳自己不满一周岁婴儿的妇女。保证人的条件是：（1）与本案无牵连；（2）有能力履行保证义务；（3）享有政治权利，人身自由未受到限制；（4）有固定的住处和收入。法院对符合条件的被告人可以批准取保候审。

第四，可以委托下列人员为辩护人：（1）律师；（2）人民团体或者被告人所在单位推荐的人；（3）被告人的监护人、亲友。如果被告人没有委托辩护人的，我院会通过长宁区法律援助中心为其指定辩护人。在审判过程中，被告人可以请辩护人出庭，也可以拒绝辩护人为其辩护，并可以另行委托辩护人。

第五，审判人员、公诉人、书记员、翻译人员和鉴定人有下列情形之一的，被告人有权要求他们回避：（1）是本案的当事人或者是当事人的近亲属的；（2）本人或者他的近亲属和本案有利害关系的；（3）担任过本案的证人、鉴定人、辩护人、诉讼代理人的；（4）接受当事人及其委托的人的请客送礼或违反规定会见当事人及其委托的人的；（5）与本案当事人有其他关系，可能影响公正处理案件的。

第六，可以申请对证人、被害人、鉴定人发问。

第七，对当庭宣读的证言笔录、鉴定结论、勘验笔录和其他证据，如有不同意见，可以提出。

第八，可向法院提供新的证人、证据，申请重新鉴定或勘验、检查。

第九，除自行辩护外，可以委托法定代理人或辩护人辩护。

第十，有最后陈述的权利。

第十一，如不服判决，可于接到判决书的次日起十日内向本院提出上诉状及副本，上诉于上海市第一中级人民法院。第二审人民法院审判被告人或法定代理人、辩护人上诉的案件，法律规定上诉不加刑，但人民检察院提出抗诉，自诉人提出上诉或二审认为原审事实不清，适用法律不当发回重审的除外。

第十二，对终审判决、裁定有提出申诉的权利。

第十三，被告人必须正确对待审判，实事求是地回答公诉人、辩护人、审判人员的讯问并检举揭发他人违法犯罪活动。

第十四，按照审判人员的要求，认真书写个人成长史等有关材料，寻找危害社会行为发生的主客观原因以及应当吸取的教训。

向未成年被告人的法定代理人发放的诉讼须知，与向未成年被告人发放的诉讼须知有所不同。我们首先告诉他们：因你们的孩子作案时未成年，按照法律规定，由你们担任其法定代理人，在法院开庭审理时到庭参与诉讼，以维护其合法权益，并配合法庭对你们的孩子进行教育、感化、挽救。再根据《中华人民共和国刑事诉讼法》及有关规定，告诉他（她）在法庭审理中有下列诉讼权利与义务，主要内容有：

第一，在开庭十日前收到检察院的起诉书副本。

第二，可以书面形式申请对你们的孩子取保候审，并提供一至二名保证人。取保候审的条件是：（1）可能判处管制、拘役或者独立适用附加刑的；（2）可能判处有期徒刑以上刑罚，采取取保候审，不致发生社会危险的；（3）应当逮捕的被告人，患有严重疾病的，或是正在怀孕，哺乳自己不满一周岁婴儿的妇女。保证人的条件是：（1）与本案无牵连；（2）有能力履行保证义务；（3）享有政治权利，人身自由未受到限制；（4）有固定的住处和收入。法院对符合条件的被告人可以批准取保候审。

第三，可以委托并要求下列人员为未成年被告人出庭辩护：（1）律师；（2）人民团体或者被告人所在单位推荐的人；（3）被告人的监护人、亲友。

第四，审判人员、公诉人、书记员、翻译人员和鉴定人有下列情形之一的，法定代理人有权要求他们回避：（1）是本案的当事人或者当事人的近亲属的；（2）本人或者近亲属和本案有利害关系的；（3）担任过本案的证人、鉴定人、辩护人、诉讼代理人的；（4）接受当事人及其委托的人的请客送礼或违反规定会见当事人及其委托的人的；（5）与本案当事人有其他关系，可能影响公正处理案件的。

第五，可以申请对证人、被害人、鉴定人发问。

第六，对当庭宣读的证言笔录、鉴定结论、勘验笔录和其他证据，如有不同意见，可以提出。

第七，可向本院提供新的证人、证据，申请重新鉴定或者勘验、检查。

第八，可为未成年被告人辩护，如申请对被告人适用缓刑的应提供安置、帮教等有关材料。

第九，法庭审理中设"庭审教育"程序，法定代理人可事先准备法庭教育提纲，围绕下列内容对被告人进行教育：（1）犯罪行为对社会的危害和应当受刑罚处罚的必要性；（2）导致犯罪行为发生的主客观原因以及应当吸取的教训；（3）正确对待人民法院的审判。

第十，在最后陈述阶段，经审判长许可，法定代理人可以发言。

第十一，上诉期间，不满十八岁的未成年被告人及其法定代理人，依法均享有上诉权。法院判决后，如不服判决，可于接到判决书的次日起十日内向本院提出上诉状及副本，上诉于上海市第一中级人民法院。被告人已满十八岁的，其原法定代理人、辩护人要求上诉的，必须征得被告人的同意。第二审人民法院审判被告人或者法定代理人、辩护人上诉的案件，法律规定上诉不加刑。但人民检察院提出抗诉、自诉人提出上诉或二审认为原审事实不清，适用法律不当发回重审的除外。

第十二，对终审判决裁定有提出申诉的权利。

第十三，应当如实提供被告人的出生日期、成长情况及家庭教育情况，对少年被告人的成长有不良影响或教育不当的，应寻找原因，吸取教训，进行修正，订出改进措施，不得推卸责任。

第十四，必须依法履行诉讼权利，遵守诉讼秩序，不得干扰未成年被告人的正常回答、陈述和法院的审判。

第十五，在庭审过程中，不得对未成年被告人进行训斥、讽刺和威胁。

第十六，不满十八岁的未成年被告人造成他人损害的，由法定代理人承担民事赔偿责任。

由此可见，少年法庭审理案件，不仅书记员工作内容多，法庭审理时间也要比一般成年人刑事案件长得多。

访谈人： 除了记录之外，还有哪些工作是比较有压力的？

张栋： 书记员还需要归档。不像现在采取电子卷宗，什么都扫描到电脑里，那时候是纸质的，要自己装订。未成年人刑事案件涉及的实体材料、程序材料，比其他案件要多，装订成册往往是好几大本。而归档中心的老师对未成年人案件审核得特别细致。你归档送去十本，可能九本都要退回来改。改的时候就要把装订的册子拆开，改完了重新敲页码，然后重新装订。而且改卷也是有期限的，这些工作都不轻松。另外，少年法庭的工作主要是要教育、挽救未成年人。我当时自己都还年轻，本身也不是一个外向的人，怎么跟那些未成年人接触、怎么谈心、怎么教育，心里是完全没底的。碰到这种工作有时候会心里打鼓，压力很大。但还好我的领导、承办人和其他同事都帮助我、鼓励我，所以我也慢慢克服了心理障碍。最关键的是把握好身份的转换，从一个旁观者、听众，快速转变为一个教育者、宣传者。

访谈人： 除程序性、事务性工作之外，是否还有其他印象比较深刻的工作？

张栋： 当时还需要做一些特色工作。比如我们会到社区、学校去上法治课。尤其是学校，我们是常常去的，给小朋友讲讲典型案例，告诉他们应该注意哪些法律问题、社会现象，如何做好自我保护，寒暑假该如何度过，怎么构建正确的价值观、世界观等，帮助小朋友们更好地成长。我们会组织家长、孩子参观未成年犯监狱，通过参观监狱让他们确实感受到犯罪的严重性危害性。我们会找那些已经教育感化成功的未成年被告人现身说法，把他们的经历分享给正准备接受处罚的未成年被告人。当时我们还跟长宁的一家老年护理医院结对，组织未成年人去老年护理院爱心服务，让他们切身感受社会对他们的一些启示，通过服务这些智障或者是失能的老人，在心灵上得到一些启迪。我们还会撰写一些特别的文书，比如给未成年被告人的教育词。印象很深的是当时长宁法院还举办过教育词大赛，把我们写的教育词拿出来评选。这也体现了我们想要把少年审判每项具体工作做得更完美的一种追求。

访谈人： 少年法庭的工作经历对您后续的工作生活是否有帮助？

张栋： 有很大帮助。做这项工作之前，对它一点儿也不了解。真的做了，而且是深入做下去了以后，感受到这项工作很有意义。我们帮助的是一个个未成年人的个体，对他们来说有微观的意义，而对整个社会来说更是有宏观的意义。当时最高人民法院副院长王景荣就曾说过少年法庭的工作"功在当代、利在千秋"。因为感受到自己的工作很有意义，个人的价值感得到了提升，职业尊荣感增强了。后续我不管做什么工作，这份尊荣感始终在我心中闪耀。另外，前面也提到，少年法庭的工作相对其他庭室程序更多、事务性的工作更多，需要投入的精力和脑力更多，以至于后续我做其他工作，都得益于这种细致、用心。少年法庭教给我专注、认真、严谨地对待每项工作，无论我走到哪里，这种工作态度都会伴随着我。还有很重要的一点是，即使在少年法庭仅仅担任书记员，我也需要不断思考如何办案、如何做好当事人工作、如何教育未成年人等，这项工作不断推动我进行思维上的转变、角色上的转变，这就使得我在后续做助理审判员、审判员甚至管理工作的时候，能够提前作好准备，胜任自己的工作。少年法庭工作对于我的个人生活也是有帮助的，在工作中看到的那些未成年被告人因为家庭教育不当等失足，自己是很痛心的，自己有了小孩以后，更加注意自己的家庭教育，有时候也会把案例分享给孩子，让他也从中吸取教训。

访谈人：您所在的那几年，少年法庭的人员有哪些？工作氛围如何？

张栋：当时少年法庭总共有 5 名审判员（包括庭长、副庭长），2 名书记员，庭长是孙洪娣。我搭档的承办人是虞雅芬。少年法庭的人员是不多的，我们在一起工作，就像一个家庭，彼此间关系很融洽。对于我这样的年轻人，承办人不仅在工作上带教，在生活上也很关心，给我很多帮助。我们的工作氛围是大家都很敬业，虽然或多或少都有生活上的困难，但是为了工作总能自己克服。我印象比较深的是，虞雅芬法官住得离单位比较远，通勤时间单程就要一个多小时，她儿子也比较小，没老人帮忙照顾。我们的工作习惯是今日事今日毕，再晚也要完成。一做起工作来，也没有个时间限制，有时候下班比较晚，她儿子自己在家饿着肚子做作业。我在进入少年法庭工作之后，也面临结婚生子，因为身体不好呕吐很厉害，但我坚持工作没有懈怠。

访谈人：可否描述一下当时少年法庭法官们的工作状态？

张栋：我感觉到法官们对待每一个未成年被告人，都是当作自己的孩子一样来看待，真的就像是他们的爸爸妈妈一样。媒体宣传的时候经常说"法官爸爸""法官妈妈""法官奶奶"，一点都不夸张。即使不是父母对待孩子的感情，那也是老师对待学生，或者医生对待病人的那种感情，是神圣的、无私的、真诚的。虽然我们是法官或者辅助办案人员，但我们从不是高高在上的，与孩子们的接触都是平等交流。因为只有平等，才能得到他们的认同，真正走进他们的内心，这样才能对他们实施教育和挽救。

访谈人： 对当时的同事是何印象？

张栋： 我所搭档的承办人是虞雅芬法官，我先谈谈对她的印象：她对于刑事审判本身就很有经验，而且对未成年人特别有耐心。我跟着她跑了许许多多看守所、社区、学校、家庭……看到她为每个孩子付出的努力。她有一个小本子，上面记录了所有她教育过的未成年被告人的情况。什么时候被羁押的，什么时候服刑的，什么时候刑满出狱的，什么时候社区矫正的……她都一清二楚。她非常善于做社会调查，善于与人沟通，善于做未成年人的思想工作，很多未成年被告人在案件处理完毕之后，仍然跟她保持着联系，感觉情感上跟她很亲近，把她当作自己的家人和长辈。我对她印象很深的还有一点是，她是一个工作极其细致的人。每个案卷刚刚从检察院移送过来的时候，她都要详细阅读查看，一旦发现什么需要补充的材料，她会要求检察院去补充，而且她有自己的一套严格的办案标准，所以我知道检察院的同志对她是比较敬畏的。

我对于庭长孙洪娣的印象是，她特别善于创新。对于未成年人审判的措施、机制，她常常会有新的点子、想法，并且行动力很强，总是很快地将她的点子、想法付诸实践，在实践中去检验可行性和效果。等到检验之后发现效果好的，就会进行总结、提炼，形成一套可复制、可推广的模式。我常常感觉到，她的脑子怎么那么

"活"，怎么能想出那么多的点子。而且她写很多材料，具有比较高的站位。那时候材料都是庭领导自己写，我们主要还是负责办案。当然了，对于我们普通工作人员来说，碰到这样的庭长是比较"累"的，她有想法我们也要跟着干的嘛！但是我们都非常愿意在她的领导下去研究、创新。现在回看过去，仍然能体味到那种积极高涨的工作热情。

访谈人： 当时是否有意识地开展一些创新工作？

张栋： 我觉得"有意识地创新"并不符合我们当时的情况。当然，客观上长宁法院少年法庭是新中国第一个，创新也走在前面，但这个创新并不是刻意为之，而是因为保护未成年人的这种初心，自然而然地形成的。实际上我们并没有刻意地去做宣传。什么做大做强啊、全国领先啊……没有那个功利心。我感受到，法官们是真的为了孩子考虑，真诚地想要挽救他们。我们每天专注于埋头踏踏实实地做工作，也会去学习一些域外的经验，或者在工作中发现怎么做更好，去做一些探索，但是做这些的目的不是搞创新，而是为了挽救孩子。创新只是手段，不是目的。为创新而创新，我觉得就是本末倒置了。我们从来没有这样想过，也没有这样做过。

访谈人： 我们看到，长宁法院少年法庭具有先发优势，这个优势在您看来，对于我们继续前行有什么作用？

张栋： 我们的优势很明显，不管什么时候、什么场合，提起中国少年司法，长宁法院少年法庭一定是绕不过的话题。长宁总结的机制做法，有很多被国家立法所吸收。比如《未成年人保护法》《家庭教育促进法》等法律，都参考了我们的做法。所以说，长宁法院少年法庭具有强大的先发优势。在此基础上，因为我们身在一线，能够深入各种案件，接触不同的未成年人，我们继续推进做未成年人工作，具备一手的条件和资源。我们既有理论基础，又有实践基础，可以说是未来可期。

访谈人： 现在社会发展很快，您认为在新时代背景下，未成年人审判工作有什么注意事项？

张栋： 现在的小孩子视野更加开阔、知识更加丰富、想法也更多，逆反心理强，和他们交流，需要法官们具备更强的共情能力和说服能力。现在未成年人的各项活动，包括犯罪行为的特征都跟我们那个年代不同了，那我们要做到有针对性。应时应事，根据现在青少年的特点开展工作。另外，当下互联网技术高度发展，带来优势却也带来了风险，对于未成年人来说，他们可能会面临隐私泄露等问题。那么从法院的角度，我们需要更加注重未成年人隐私保护，尤其是要做好犯罪记录封存等工作，在对外发布相关案例的时候，一定要注意隐去未成年人的真实信息，帮助他们今后能够顺利回归社会。

访谈人： 对少年法庭未来的发展趋势和方向有什么想法？

张栋： 目前社会方方面面对未成年人更加关心，未成年人保护意识更加普及了，公检法以及妇联、共青团等单位做未成年人工作也是越来越成熟，所以青少年犯罪肯定是会越来越少的。那么我们的工作重心，可以从教育挽救失足未成年人，倾斜到预防未成年人犯罪、全面保护未成年人方面。目前我们开展未成年人案件综合审判，就体现了这种趋势。现在未成年人与家事案件综合审判庭不仅办刑事案件，更多的是办家事案件。关口前移了，从离婚、抚养权等纠纷中，我们把对未成年人的伤害降到最低，提前介入去干预他们价值观的形成，这样对于社会综合治理是更加有帮助的。但我们同时也要注意一点，不能放松了对原来阵地的坚守。如果因为审理家事案件，导致了未成年人刑事审判特色工作的懈怠，也会得不偿失。长宁法院少年法庭走到今天，要跟得上时代的步伐，同时也要不忘初心。

访谈人：作为一个亲历者和贡献者，您对长宁法院少年法庭有什么祝愿？

张栋：青少年是祖国的花朵、未来的希望，我真心希望每个青少年都能够脚踏实地，走出属于自己的精彩人生。对我们来说，保护未成年人的工作，任重而道远。我相信，今后长宁法院在未成年人审判工作上会做得越来越好。我希望长宁法院能多出一些"法官爸爸""法官妈妈"，未成年人审判之路上求索的人，能够不断凝聚力量、聚沙成塔，将这项工作发扬光大。

更多的社会力量参与少年司法的发展

访谈时间： 2023 年 5 月 26 日

访谈人物： 吴寅星，上海市长宁区人民法院民事审判庭副庭长。曾任上海市长宁区人民法院少年审判庭审判员。

访谈人： 首先请您介绍一下，您是什么时候开始在少年法庭工作的？在这之前您的工作经历又是如何？

吴寅星： 我是 1997 年 7 月从华政毕业以后来到长宁法院工作的，当时一进院，就把我分配到少年法庭，直到 2009 年一直在少年法庭工作，按照司法改革前的人员序列，我先后在少年法庭担任书记员、助理审判员以及审判员。然后 2010 年调到其他部门工作。

访谈人： 您如何看待在少年法庭工作的这段时光？

吴寅星： 大家都知道，长宁法院是新中国第一个设立少年犯合议庭的法院，也可以说首创了少年法庭制度。在少年法庭工作，不光是单纯的审理案件，其实还包括追求案件审理之后的一些社会效果，还涉及一些制度培养和创设作用。回想起那段时光，特别是当时的一些老同事，现在他们都退休了，他们当时留下来的一些工作精神和工作方法，还是很值得回忆的。

访谈人： 您在少年法庭工作期间，当时少年法庭都创立了哪些未成年人保护的工作机制？

吴寅星： 1997 年至 2009 年，我们少年法庭开始探索社会组织介入社会调查工作。在长宁法院被最高人民法院确定为贯彻执行修改后《刑事诉讼法》的试点单位后，长宁法院少年法庭就在未成年人刑事审判的方式方法上进行了新一轮的探索。

由于当时法律对于未成年人社会调查工作方法还没有统一明确的规定，各地少年法庭都进行了多种形式的探索。到了 1995 年少年法庭形成社会调查"主体社会化，内容公开化，程序规范化"的设想后，少年法庭一方面不断进行"主体社会化，内容公开化，程序规范化"的实践，另一方面会同区检察院未检科，积极向有关方面提出规范社会调查工作的建议。区委政法委给予了高度重视。

自从长宁法院少年法庭按照上海市高级人民法院的要求实行指定管辖以来，所辖各区有关政法机关也因地制宜，陆续建立了一些社会调查的方法，如上海市卢湾区人民检察院未成年人检察科的未成年人社会调查表、上海市浦东新区公安局未成年犯罪嫌疑人非羁押可行性评估表、上海市浦东新区人民检察院未成年人检察处未成年犯罪嫌疑人心理测试表格。因此当时调查报告的制作形式亦呈现了多样化特征，如长宁区创设的由社会调查员走访调查随后制作书面报告形式，卢湾区采用的检察院向被调查对象及单位发放调查问卷表格形式，浦东新区采用的由公安案件承办人根据掌握的相关证据情况打分评估，还有委托专业心理咨询部门对未成年犯罪嫌疑人、被告人制作心理测试报告等。

记得到了 1999 年 4 月，长宁法院、检察院、司法局联合发文，将长宁区司法局指导下的社区矫正职能部门引入未成年人刑事案件判决前的社会调查机构，社区矫正人员与原先的社会调查员一起参与社会调查工作。记得到了 1999 年 12 月，长宁区综合治理委员会、区青少年保护委员会联合下发了《长宁区未成年人刑事案件社会调查工作若干规定（试行）》，规定长宁区的未成年人刑事案件社会调查工作从 2000 年 1 月开始完全由区青保办独立承担，即调查的主体由原来的法官转为青少年保护工作者，实现了调查主体社会化；调查报告应当在法庭上进行宣读，实现了调查内容公开化；调查的内容包括了未成年被告人的成长情况、家庭情况、社区情况、交友情况、心理生理状况等，实现了调查范围的广域化；调查报告的制作、宣读、采纳等程序性的流程有了明确的规定，比如社会调查报告必须由社会调查员到庭宣读，参与人可以对调查报告发表意见等，实现了程序的规范化。从而标志着我们长宁区基本实现社会调查"主体社会化，内容公开化，程序规范化"。唯一遗憾的是，当时对于外来未成年人犯罪案件，由于各种原因，社会调查难以开展，因此对其非监禁刑的适用也造成了较大困难。

从 2000 年至 2008 年，我们少年法庭审理长宁区人民检察院提起公诉的未成年人刑事案件中，共计对 452 名未成年被告人进行社会调查，占未成年刑事犯罪嫌疑人总数的 78.06%，其中在 2006 年以后，由于基本采用了社会调查员为主，公诉机关为辅的调查补充模式，社会调查报告的比例有较大提高，从 2006 年至 2008 年基本做到对每个未成年被告人均制作社会调查报告，实现了 100% 覆盖。从社会调查报告对少年审判庭量刑的作用看，2000 年至 2008 年长宁法院少年法庭共审判了长宁区户籍未成年被告人 206 名，由于这些案件中均有内容较为完整的社会调查报告，为最终对 123 名未成年被告人适用非监禁刑及免予刑事处罚提供了有力的依据。

访谈人： 您认为在对未成年人进行帮扶和引导时需要注意什么？

吴寅星： 注意工作的方式方法。我印象很深，虽然那个时候进了法院穿上制服，是很严肃的事情，但是在我做书记员的时候，我的带教法官带着我一起走街串巷对未成年人罪犯学校的老师进行访谈、了解情况的时候就像聊家常一样，并不是高高在上的感觉，而是深入群众做工作，让访谈人放下心来，就像家里人之间谈话一样的。因为当时很多案件的被告人的人身危险性大，未成年人都是羁押在看守所，而未成年人因为年龄较小，心智尚不成熟，同时被采取强制措施，心里肯定是比较紧张的，那么这个时候作为法院工作人员要注重营造轻松一点的氛围，通过同未成年人聊聊家里或者他们感兴趣的事情，让他们放松一些，在这种情况下，再进行教育工作，往往效果会比较好。

访谈人： 对于那些从少年法庭走出去的孩子，少年法庭会在未来继续关注这些孩子们的后续发展吗？有没有让您印象深刻的孩子？

吴寅星： 少年审判工作是"刚柔并济"的，准确定罪和恰当量刑固然重要，但给予未成年人治愈心灵的帮教，才能真正挽救迷途少年。我们是始终秉持"教育为主，惩罚为辅"司法理念，持续延伸判后帮扶帮教、家庭教育指导、心理疏导等工作，把"教育、感化、挽救"方针贯穿于未成年人审判工作全过程，为未成年人健康成长营造更好的法治环境与家庭氛围。后续随着我们国家建立了社工制度，在庭前与庭审中都引进社工参与回访帮教的基础上，加强与社工的沟通联系，借助社工在健康心理构建上的优势，与社工共同开展个案回访帮教。针对不同年龄不同心理状态不同思想认识的未成年犯进行单独教育，让每一个孩子都感受到法院与社会对他们的关心，让每一个孩子都能够正确认识到犯罪的危害，努力使回访帮教的效果最大化。

当时有一个制度叫"暂缓判决"，我们长宁法院少年法庭在1993年12月20日首次适用该制度，至今已逾三十年。暂缓判决是指在刑事诉讼活动中，对已构成犯罪并符合一定条件的未成年被告人，经开庭审理后，根据其所犯罪行和悔罪表现，暂不判处刑罚，而是作出延期判决的"决定"，让其在法院设置的考察期内，回到社会上继续就业或者就学，或者司法机关指定社会福利机构对其进行考察帮教，考察期满后，再根据原犯罪事实和情节，结合被告人在考察期间的表现予以判决。暂缓判决改革的动机是让未成年被告人不受到第二次伤害，尽量以社会化的矫正方式来纠正未成年被告人的危害行为，对未成年被告人能用其他的方式进行改造和教育的，尽量不用刑罚的方式来惩罚未成年被告人。

我们当时有个考察点就是长宁区老年护理院。护理院那些老人基本上是丧失部分自理能力和认知能力的人。我记得那个时候被我们送过去的孩子基本上都是1980—1984年出生的，他们很多都是独生子女，可能在家里也不太干活的，护理老人这个工作本身是很辛苦的，这些年轻人去了之后由护理院资深护工和护士手把手地教他们基础的护理知识。这些年轻人因为照顾老人也可以感受到亲情，也觉得自己的付出非常有益，这些适用暂缓判决的青少年大部分表现都很好，最终也为他们获得从轻处罚创造了条件。

当时我记得，有很多经过我们少年法庭改造的年轻人一直到成家立业的时候，还会经常同我联系的。我还收到过案件里面年轻人结婚时寄给我的喜糖。很多青少年犯罪可能就是因为一念之差，随着年龄的增长，他接受的教育和知识越多，对社会的认识越全面，有了正确的世界观、人生观、价值观，了解了自己的社会价值之后，个人发展还是不错的。我觉得我们的回访帮教工作很有意义，看到这些未成年人的生活能够回到正轨，我有时候特别有感触。

访谈人： 当下随着社会的发展和网络的普及，您觉得青少年犯罪的形态是否有所改变？

吴寅星： 因为离开少年法庭十几年了，我对最新的青少年犯罪形态不是最了解，但是据我所知，互联网确实对青少年的思想是有影响的，社会关系和社交方式发生了深刻的变革，让青少年的社交突破了传统的地域限制。我还记得我2009年刚离开法庭的时候，有一个案件就是青少年之间打群架，案件本身并不复杂，但是在调查过程中发现，这些打架的青少年不是在社会上认识的，是在网络上认识的。那个时候，网络刚刚兴起，犯罪团伙的组织拉拢都是通过网络交流或者BBS交流，这个案件引发了上海社科院的关注，当时搞少年司法研究的学者和专家认为这是2009年青少年犯罪的新现象，大家要引起一些重视或者分析，后面在华政组织专家、学者、法官召开研讨会，觉得这是一个新现象。

我自己也看到一些关于青少年犯罪的社会报道。首先，社会网络的普及让信息的传播更加快速和广泛。青少年在社交媒体上发布的一些不良行为可以很快传播到更广泛的受众中，从而使这些行为更加容易被模仿。比如，一些青少年可能会在社交媒体上发布自己参与暴力犯罪的视频，这对其他青少年来说是一种非常危险的示范。他们可能会被激励去模仿这些行为，从而增加犯罪的风险。其次，社会网络的存在使得青少年更容易接触到不良信息和不良群体。以前，青少年在现实生活中与朋友的交流受到一定的限制，他们的社交圈子相对较小。但是，有了社交媒体，他们可以轻松地认识更多的人，包括一些具有犯罪倾向或不良倾向的人。这些人的存在和与之进行的交流，可能会导致青少年受到不良价值观和行为方式的诱导。比如，一些网络诈骗、网贷诈骗等违法行为的推广，给不懂事的青少年提供了不当的经济来源，有些青少年的犯罪手段、犯罪技能从网络上习得。此外，社会网络还增加了青少年沉迷于虚拟世界的风险，使他们对现实生活缺乏实际参与。许多青少年花费大量的时间在社交媒体上，追求虚拟关系和网络活动。他们可能在网络中寻求身份认同和存在感，但这同时也减少了面对面的社交互动和实际参与社会活动的机会。这种虚拟世界的沉迷可能导致他们对现实世界和社会规范的漠视，从而增加参与犯罪行为的可能性。然而，我们也不能完全将社会网络与青少年犯罪行为联系起来，因为社会网络本身并不一定导致犯罪行为。它只是为犯罪行为提供了一个平台。

事实上，我觉得我们国家总体对青少年网络工作做得还是比较好的，对于青少年的游戏或者是网上发布的一些内容，相对来说还是进行监管的，不像有的国家网络特别开放。我觉得在未成年人网络账号管理和实名认证的方面还有待加强，尤其要加强对于青少年网络信息的筛查和屏蔽工作，充分发挥网络在宣传正义、启发创造力和推广健康生活方式等方面的作用，达到正面宣传目的。

访谈人：当下校园欺凌已成为广泛受到社会关注的热点话题，您作为资深的法官，一直从事民事审判工作，对于校园欺凌案件有没有好的建议或意见？

吴寅星：现在随着学校、老师和教育部门、家长的重视及配合相关的反校园欺凌的宣传，校园欺凌这两年我的感觉应该并不严重。我记得原来在长宁区华阳路口有个学校叫现代职业技术学校，很早之前这个学校里面经常会发生校园欺凌。

校园欺凌本质上就是一种简单的恃强凌弱，校园欺凌如果处理不好的话，会对受害者产生很大影响。对于加害人而言，他会觉得这些事是无所谓的，没有产生严重的后果，但是对于被害人而言，会带来心理上的创伤。我们接触过的部分受害者不敢上学，心理产生障碍，家长反应也很大。

我觉得对于校园欺凌来说合适的处理非常重要。学校应当保护学生的合法权益，让学生在学校不受到伤害。因此学生在学校受到欺凌的，可以向老师和学校反映，然后让学校进行处理，也可以向家长反映，让家长去和学校进行协商，学校不处理，可以让教育局投诉，教育局不受理的，可以向警察反映，寻求法律的保护。现在长宁法院少年法庭也以"法治副校长""家庭教育"两项特色工作为抓手，针对学生、家长、老师三类群体，分别开展普法教育、家庭教育、依法治校理念教育的校园暴力预防机制。近年来，长宁法院少年法庭整合主题开放日、网络法治宣传、校园法治课程等普法宣教内容，打造青少年法治共享平台，取得了良好的社会效果。

访谈人：前几天有则新闻上了热搜，说经最高人民法院核准，三名强奸未成年人罪犯被执行死刑，您认为这种严惩性侵未成年犯罪的判决对于未成年人的保护有什么样的重要意义呢？

吴寅星：这个新闻我也关注到了，湖北省孝感市中级人民法院、山东省潍坊市中级人民法院、河南省安阳市中级人民法院分别对强奸未成年人的罪犯倪笃群、王小山、孙保昌依法执行死刑。最高人民法院选择在六一儿童节这个节点，把这个判决结果公布出来，说明了人民法院高度重视未成年人权益保护，未成年人是国家的未来、民族的希望，对未成年人再怎么保护都不为过，对侵害未成年人权益的各类犯罪依法严厉打击。对严重损害未成年人身心健康、严重挑战法律和伦理道德底线的性侵犯罪，始终坚持依法从严惩处，对犯罪情节特别恶劣、罪行极其严重的极少数犯罪分子，坚决依法判处死刑，绝不手软。最高人民法院通过公布判决结果表明了对侵害未成年人权益的各类犯罪零容忍的基本立场，对整个社会都有一种正确的价值导向作用，要共同为未成年人营造清朗、安全的良好环境，让每一个孩子都能在幸福安宁的阳光下健康成长。对任何妄图侵害未成年人权益的行为或者行为人起到警示效果，让他不敢随意触碰社会底线。

访谈人： 结合您自身的工作经历，您认为我们少年法庭的工作还有哪些需要改进的地方吗？

吴寅星： 青少年犯罪好像不再成为一个典型的热点了。随着我们国家的法治建设这么多年的不断推进和发展，其中也包括未成年人司法相关法律和制度的不断完善，至少在上海这个国际化大城市，未成年人的犯罪率确实很低了，这是好事情，说明我国未成年人的法治教育和遵纪守法程度很好，也是一个社会先进程度的表现。至于要改进的，我提几点建议：

一是立足完善审判机制，强化少年审判专业化建设。配齐配强少年审判力量，全面开展涉少案件综合审判及司法延伸工作，健全少年审判制度，打牢少年审判的制度基础。联合妇联、司法等部门力量开展未成年人监护救助、心理干预、纠纷化解等工作，集聚权益保护合力。

二是立足履行审判职能，加强未成年人权益全方位保护。依法严惩侵害未成年人犯罪，妥善审理未成年人犯罪案件，综合采用社会调查、轻罪记录封存等措施推进案件办理。坚持全面优先，依法维护未成年人民事权益。

三是立足坚持依法积极履职，助推未成年人保护综合治理。建立校园安全先议机制预防校园欺凌、校园暴力行为，针对案件审理中发现的社会治理薄弱环节和管理漏洞，精准发送司法建议，助推行业治理。会同妇联、民政等部门签署相关的合作备忘录，构建全市层面未成年人"司法＋N"联合救助体系。

四是立足加强宣教引导，营造未成年人保护浓厚氛围。像少年法庭之前拍过的一些宣传片，都取得了很好的宣传效果，深入开展家庭教育指导，建立"跟踪帮教＋暖心回访"体系，做实心理帮扶回访，打造线上与线下相融合的普法体系，在全社会营造保护未成年人的浓厚氛围。

访谈人：当前正值法治中国建设的关键性阶段，在您看来，少年法庭的发展与完善对于我们法治中国的整体建设有什么影响与意义呢？

吴寅星：新中国第一个少年法庭在上海长宁诞生，三十多年来，少年审判工作被誉为"特殊的希望工程"。目前，全国四级法院均已建立少年审判专门机构或者指定专人审理。少年审判逐步走向专业化道路。少年法庭从最初的合议庭发展到独立建制的审判庭，从只审理未成年人刑事案件发展到综合审理未成年人刑事、民事、行政案件，守护未成年人的持久工程，散发的不仅是法治的光芒，更是人性的光芒。

多年来，少年法庭依法惩治了大量侵害未成年人合法权益的犯罪行为，教育挽救了一大批失足未成年人。作为人民法院的重要审判机构，少年法庭为建立和完善中国特色少年司法制度、保护未成年人合法权益作出了积极贡献，探索形成了具有中国特色的少年审判制度和工作机制，培养锻造了一支高素质少年审判队伍，涌现出尚秀云、"法官爸爸"顾薛磊等一批热心奉献于未成年人事业、具有丰富专业审判经验的少年法庭法官先进典型。我国近十多年来科学事业蓬勃发展，相继建立了与少年犯罪研究相关的学科，改变了由复杂的历史原因所造成的对少年犯罪客观规律研究的空白与无系统性，也逐步形成了少年审判制度的基本思想，即从少年罪犯的特殊生理和心理特点出发，以"教育、感化、挽救"为主，惩罚为辅，凭借社会广泛力量综合治理，教会少年罪犯分清是非，明辨罪错，促使其自我认识、自我发现，唤起悔罪之心，鼓起重新做人的勇气，以达到预防和减少社会犯罪率的根本目的。正是由于少年法庭的率先实践，促成了公、检、法、司相互配套的整个审判制度的变革，随着这一变革的不断深入拓展，我国制定的《中华人民共和国未成年人保护法》《预防未成年人犯罪法》《家庭教育促进法》，让整个少年审判制度乃至整个少年司法制度向专门性和完备性的目标发展。世界各国之所以将少年违法犯罪放在如此重要的地位，既是因为少年这一特殊主体的特殊性，更是出于对国家根本利益和根本目的的考虑，少年审判制度的这些变革充分表明，它已由原先对少年犯罪行为单纯处置、制止的消极预防，转为探究导致少年犯罪原因，从而来揭示如何使之"不再重犯"的规律，这种积极预防的方向，对社会治安综合治理、促进导向决策和整个司法制度的健全完备，起着重要的作用。少年法庭的成立和发展，是一个国家法治进步和司法文明的重要标志，是司法人权保障的重要体现，为中国司法和人权领域作出了重大贡献，在国际上提供了中国少年法庭的经验和范本。

访谈人：当下正值长宁法院少年法庭成立四十周年，对此您有什么祝福呢？

吴寅星：未成年人是国家的未来、民族的希望。1984 年 10 月，长宁法院建立新中国第一个专门审理未成年人刑事案件的合议庭，中国少年司法制度发展由此迈出了里程碑式的一步。现如今，"少年法庭"历经四十载，从开拓探索到深耕实践，从基层首创到蓬勃发展，从单打独斗到同向发力，长宁法院始终坚持最有利于未成年人原则，积极发挥司法延伸职能。其将司法保护融入政府保护、家庭保护、网络保护、学校保护和社会保护，相融相通、相互配合，努力实现"1+5 大于 6"。我希望我们长宁法院少年法庭发展越来越好，涌现出更多像"法官爸爸"顾薛磊这样的先进人物，也希望更多的年轻法官和助理能够投身到少年司法事业中，更多的社会力量能够参与进来助推少年司法的发展，希望长宁法院少年法庭越来越好，中国特色少年审判之路越走越宽广。

毛毛告状案：以理服人，以情感人

访谈时间： 2023 年 6 月 30 日

访谈人物： 陶文杰，曾任上海市长宁区人民法院民事审判庭审判员。

访谈人： 20 世纪 90 年代，上海滩有一部家喻户晓的纪录片《毛毛告状》。它讲述了少年法庭法官帮助幼子争取抚养费，用司法大爱成就一个"大团圆"结局。① 今年刚好是《毛毛告状》这部纪录

---

① 《毛毛告状》案件中，一位湖南来的打工妹谌某某，与上海弄堂里一位残疾青年赵某某未婚生子，这个孩子叫毛毛。但毛毛出生后，赵某某却认为自己的残疾程度不足以生育，不承认毛毛是自己的亲生孩子，遂拒绝承担抚养责任。走投无路之下，谌某某抱着三个月大的小毛毛到长宁法院，起诉赵某某要求支付抚养费。案件从受理到结案仅用了一个月不到的时间。其间，考虑到谌某某独自带孩子不容易、赵某某腿脚残疾等因素，主审法官陶文杰多次冒着酷暑上门和谌某某、赵某某沟通，也在庭后和二人多次长谈，希望能够唤起赵某某的父女亲情。在亲子鉴定遇到阻碍时，也是主审法官陶文杰多方联系，以最快的速度促成了鉴定。通过陶文杰法官的不懈努力，赵某某认识到了自己的愚蠢，流下了悔恨的眼泪，悲喜交加地认了女儿毛毛，并与谌某某喜结连理、给了毛毛一个完整的家。此后，陶文杰法官仍然十分关心毛毛的生活，不定期回访。三十年后，毛毛已经研究生毕业并在美国定居。

片制作播出的第三十个年头。我们了解到您就是这个案件的主审法官,能否请您为我们简要介绍这一案件的时代背景?

陶文杰: 我是 20 世纪 80 年代后期到法院工作的。那时候正是我们国家开始改革开放的时期,人们的工作和生活的意识发生转型,社会新思潮和新观念不断涌现,同样会影响人们的家庭生活。夫妻间的观念以及社会经济地位的变化等因素会让传统的婚姻家庭观念受到一定程度的影响,对于婚姻家庭理念产生新的理想和追求,但一些家庭因受不良的家庭理念影响,导致对待婚姻态度草率、第三者插足、沾染生活恶习等而走向不合,夫妻关系破裂,所以当时出现离婚率较高的情况,那时法院受理的民事案件大部分都是离婚纠纷,以及因为婚姻家庭破裂带来的孩子抚养纠纷。

《毛毛告状》这个案子是我刚担任助理审判员不久审理的案件,当时法院的民事审判工作都在各个街道和地区设立审判站进行,而我工作的北新泾法庭当时集中管辖三个街道和一个镇的民事案件,我主要办理仙霞地区的民事案件。北新泾地区位于长宁区市区和城乡的结合部。在这里有很多的外来人口,他们从农村来到城市打工,和城里人一起工作和相处,有的可能会与本地人结婚、共同生活。由于存在地域文化、生活习惯、性格脾气等各方面的差异,一些外来人员和上海本地居民共同生活后会出现各种各样的矛盾纠纷,相互之间无法调和,便只能够将案件诉到法院。《毛毛告状》只是当时许多案子的一个缩影和代表。

访谈人: 未成年人不同于成年人,他们被无辜卷入父母情感纠纷，也深受父母情感纠葛和矛盾的影响。我们知道，在处理涉及未成年子女的案件时有一个基本原则，那就是最有利于未成年人原则。在办理毛毛这个案件的过程中，您认为最能体现这一基本原则的地方是什么？请您结合这个案件给我们展开讲一讲。

陶文杰： 最有利于未成年人原则要求我们在办案过程中始终以未成年人的权利为出发点和落脚点，要给予未成年人特殊、优先保护。

《毛毛告状》这个案子里最需要关心的就是孩子的抚养问题。赵某某认为自己身体残疾、不可能有生育能力而拒绝承认孩子身份，只有三个月大的小毛毛只能跟着谌某某住在旅馆里，这所谓的旅馆其实就是小区防空洞改建而来的。谌某某没有工作、没有收入，每天只能吃一元钱的饭菜，抚养好小毛毛是一件困难的事情。所以处理好小孩的抚养问题是当务之急。

法官对待每一个当事人都不能带有偏见，要平等地对待每一位当事人，尤其对有困难的当事人，我们更要积极作为。所以我做的第一件事就是去了解谌某某内心真实的想法。为确保案件顺利审理，我们还及时到被告处送达起诉状副本和开庭传票，在第一次庭审结束后，我在法庭里还继续向她做了许多思想安慰工作，稳定好她的情绪，希望她相信法院会秉公执法办好这个案件。

案件中出现的亲子鉴定问题确实让我们碰到难处。首先是关于鉴定费的问题。20世纪八九十年代那会儿，一个人的鉴定费用要300元，这个费用相当于普通人一个月的工资了，三个人的鉴定费就要900元了，一般要求提出鉴定一方先垫付，当时赵某某自己经济拮据，不堪负担，曾问赵某某如何处理，赵某某只能说向他人去借。其次是他们如何到鉴定部门去，第一次，碰巧遇到黄梅雨季，天上下起了暴雨，马路上都是积水，赵某某因为患有小儿麻痹症，腿脚不便，无法到场。第二次，赵某某是来了，鉴定工作可以正常进行，但碰到年仅三个月的孩子，鉴定部门的法医无法抽取血液做鉴定，法医立刻提议到当时的长宁区中心医院去做。当时的电视台工作人员马上用车将孩子送到医院，并联系了儿科主任医生给孩子扎针抽血，终于完成了血液抽样工作，大家才定了心，随后可以等待鉴定报告的结论了。之后，鉴定报告出来后，我们马上进行开庭审理，并当庭宣读了鉴定结论，赵某某似乎还不能接受这个结论，休庭期间一个人在法庭门外想着什么，最终当他抚摸着孩子时流下了后悔的泪水，希望能够尽自己所能补偿这对母女，但也希望法院能够考虑他身体残疾、劳动能力不高的客观情况。考虑到各方面因素，经过调解，赵某某每月支付抚养费 50 元。

案子结束以后，我们还继续做了赵某某的许多思想工作，希望他面对事实，妥善处理好与孩子的关系。之后通过新闻媒体知道，他们通过电视台的工作人员关怀，重新组建了家庭，我为他们感到高兴。

访谈人： 就您个人的办案经验来看，您觉得一段婚姻、一个家庭的破裂，对于未成年孩子来说，会产生什么样的影响？长宁法院有哪些举措可以帮助涉诉父母正确处理好夫妻矛盾，尽量减少给孩子带来的伤害呢？

陶文杰： 孩子对父母的依赖性很强，而且现在独生子女比较多，孩子的家庭关系、生活模式相对而言是比较固定的，一旦家庭破裂，对孩子的影响无疑是最大的。

一方面，父母离婚会给未成年子女的生活福利造成负面影响，尤其是一些家庭的经济状况会因离婚而恶化。比如夫妻双方只有一套共有住房，离婚意味着双方不可能再生活在一个屋檐下，会出现一方拿房子、支付另一方巨额折价款，另一方需自行解决住房问题的情况。有些离异家庭一方是全职母亲，自己没有稳定收入。单亲家庭的子女的直接抚养人要独自负担整个家庭日常事务的管理和日常生活费用的开支，面对较大的生活压力。无论是父母协议离婚还是经由法院程序的诉讼离婚，未成年子女所获得的抚养费数额普遍偏低。并且有些家庭子女的抚养费不能得到及时、充分的支付，常有拖欠，甚至停付的情况。父母离婚后未成年子女与其他近亲属的交往也会因父母亲离异受到一定的影响和限制，这也会造成其他近亲属不能或不愿提供相关的经济支持。

另一方面，在家庭结构和经济状况发生变化之后，离婚后未成年子女的直接抚养人对孩子的照顾和教育也会发生相应变化。有些父母由于经济生活条件、自身品格和素养、离婚后的适应情况等方面原因，致使未成年子女在获得人身照顾、情感教育，以及与父母和其他近亲属保持正常交往等方面均存在诸多问题。一是直接抚养人对子女疏于照顾。如有的父母在离婚过程中双方都表示不愿抚养子女，离婚后被判决直接抚养子女的一方更是将子女视为累赘，对子女不管不问，采取放任态度。也有的直接抚养人在取得孩子的监护权后，就把子女交给自己的父母，或者雇用保姆来照顾子女的生活起居。虽然未成年子女在祖父母或保姆的照顾下，物质生活质量没有降低，人身照顾也不缺少，但在父母离异这一特殊情况下，却缺少了父母的照顾和指引，这使子女在父母离异后，不能得到正确的思想的引导，也没有得到更多的关注，而是使"被父母遗弃了"的想法变得更加强烈，未成年子女在心理上缺乏父母的管束，在未成年这个特别的心理敏感时期，容易产生自暴自弃的想法，从而导致沉溺玩乐、结交不良朋友等放纵行为，甚至进一步导致走上犯罪道路的恶果。二是直接抚养人对未成年子女的照顾方式不当。与上述情况恰恰相反，有的直接抚养人在离婚后将子女看作生活的唯一寄托、精神的支柱，引导和教育子女的方式可能有些偏执、偏激。子女直接抚养人会阻碍非直接抚养一方对孩子的正常探望。父母离婚后，为继续履行其父母这一角色在子女生活中的重要责任，起到帮助未成年子女健康成长的作用，离异后父母双方均应该与子女保持健康积极的交往、沟通关系，使子女能够顺利度过父母离婚、生活发生巨大变化带来的心理调适时期。然而现实生活中非直接抚养子女的父母与其子女的交往情况经常并不乐观。

还有，许多离婚案件中当事人本身缺乏维系家庭、抚养子女的能力，对子女缺乏爱与责任感，加之离婚诉讼同时涉及情感纠纷和财产处置，双方矛盾激烈，导致很多当事人会对子女言行不当，或是将子女当作"出气筒"，恶语相向、拳脚相加，或是将子女作为"筹码"，斤斤计较，这都严重干扰了未成年人正常的学习和生活，不利于子女的身心健康。据统计，当时长宁区违法犯罪的未成年犯中，父母离异、家庭破裂的占到 30% 左右之高。

为了破解这些问题，最大限度降低离婚给孩子造成的伤害，1989 年，长宁法院与区妇联、区民政、区青保办、区司法局、周家桥街道等单位创办了"为孩子父母学校"，办学主题就是"为了孩子，请慎重作出你的选择；为了孩子，请切实履行你的职责"。呼吁离婚诉讼中的父母将未成年子女置于核心位置，用亲子之情唤醒他们对子女的爱和责任，告诫他们要充分认识自身对子女的法定义务和道德义务。那时候还不像现在有大量的媒体宣传途径，全靠各个街道大家一起来参加会议，但这个影响面却非常广。因为我们这些做审判工作的法官都是面向街道的，不定期会到街道走访或者开展巡回法庭、法律咨询等活动。这样也就能够更早发现潜在的婚姻家庭矛盾问题。街道、乡镇也很配合我们，他们会将发现的问题家庭跟我们及时沟通，邀请我们一起帮助解决。我们也会邀请这些家庭的父母参与"为孩子父母学校"，挽救在危机边缘的婚姻家庭。

访谈人：您提到在毛毛抚养费案审结后还继续跟进了毛毛一家三口后续的生活情况，关心毛毛的成长。据我们了解，长宁法院少年法庭在办理未成年人刑事案件中首创了判后回访，并早在 1988年，长宁法院就已经在全国首个《未成年人刑事审判工作细则（试行）》中对此项工作予以了明确规定。能否请您结合个人民事案件的经验给我们讲讲判后回访的意义？

陶文杰：确实，判后回访考察是我们长宁法院首创，在刑事案件中开展判后回访有助于教育引导失足未成年人健康成长、改过自新、回归社会，预防和减少重新犯罪，巩固刑事审判的教育成效。

但其实在涉及未成年人的民事案件，尤其是家事案件中，跟进判后情况也是非常重要的。做好涉未成年人民事审判，可以使未成年人权益的保护更加立体、全面，具有浓厚的关怀色彩。

正如前面说的，孩子是父母婚姻关系破裂最大的受害者，而且可能因为父母之间的情感纠葛、财产分割等各种原因而多次无辜被牵连，未成年人民事审判不仅仅是一项依法断案的法律工作，更是一项消除矛盾、营造未成年人和谐健康成长环境的重要社会工作。因此在案件审理的全过程里，我们要尽最大可能维护好孩子的利益。

我认为，案结后的回访有助于我们跟进孩子的生活情况，了解他们是不是真正得到了妥善的照顾、是否健康成长，能够及时发现侵害孩子权益的情况从而及早介入。那时候的案件量也不像现在这么多，我经常就是下了班、踩着自行车到孩子家里看看、了解孩子的生活近况，也算是对父母的一种监督。

访谈人：听了您对《毛毛告状》办案过程的介绍，我们对您能如此细致处理案件感到十分钦佩。您在这么多年的办案过程中，在让案件办理取得良好的效果方面，有什么特别的经验与我们分享吗？

陶文杰：其实我从事审判工作的时候还很年轻，也没有结婚，对于很多审理的婚姻问题、情感问题，我也是有点发怵的。但随着办案经验的积累，我慢慢总结出了一句话，那就是"以理服人、以情动人"。法官在办理家事案件时一方面要会讲感情，善于调和矛盾，劝说父母共同为孩子的健康成长争取稳定和谐的家庭关系、父母子女关系。婚姻关系的破裂，其实受伤害最深的是无辜的孩子。所以我们在处理婚姻家庭矛盾时要引导矛盾双方冷静下来，将孩子的利益摆在第一位，正确处理婚姻关系。

另一方面，要学会跳出案件本身，舍得花时间去了解案件背后的故事，从而抓住解决问题的症结所在。要多和当事人拉家常、谈心，走到当事人的心里去，了解婚姻家庭矛盾背后深层次的原因，从根上解决问题，从而实现真正的案结事了。

另外，法官在办案过程中不能过多地带有个人的主观色彩、先入为主，就像我前面说的要平等对待每一位当事人，尤其是对特别困难的普通群众，更要特别关心，对急事、要事不能拖延，碰到事情要及时解决。

最后，法官办案要做到全方位的考虑，既要考虑个案本身，也要考虑案件审理可能带来的社会影响，要把每个案子当作大案、要案来审理。每个案件、每次审理，都会产生社会影响。法官不能光就案论案，观察的面还要广，考虑的问题还要深。这也就是政治效果、法律效果、社会效果的统一。像《毛毛告状》这个案子，我们并不是因为电视台报道了才给予这个案子格外关注、特殊照顾。我们关心的不是案子本身，而是年幼的孩子毛毛。孩子尚年幼，需要生存、生活，如果没有生活保障，将来怎么办。这涉及一个孩子的健康成长，我们不能让无辜孩子受到对她不利的影响。

访谈人：司法案例大多发生在群众身边，具体、直观、可感，人民群众更容易从中体会到行为规范、价值判断。《毛毛告状》从播放至今已经三十年了，但仍然能在人们心中产生共鸣，让人们了解少年审判工作，您认为这样的传播影响是否能够推动我们的少年审判工作走向更好的未来？对于当下少年审判的发展工作，您觉得还有什么样的新要求？

陶文杰：我认为对于未成年人保护、少年审判，我们应该多多宣传。对妇女、儿童等弱势群体的保护程度，体现了一个国家的文明发展程度。一个进步的、文明的社会，对于妇女、儿童的法律保护是显著且充分的。国家制度层面对于未成年人的保护，需要以一种更直观、更实在的方式让每个人能够真切地感受和认识到。通过每个司法个案的宣传，人们可以更确实地看到少年法庭的各项工作，这也有助于扩大少年审判的影响范围。

我本人现在在立案庭工作，基本不做审判工作了。在立案庭，我接触的工作面更广了，各种案子看到的更多，涉及未成年人的案子是有增无减，而且比以前更加复杂。比如抚养费纠纷，以前的法律关系很简单，就是单纯要求给付或增加抚养费的事，但现在不是了，还夹带着孩子探望、对子女财产赠与等多重问题，还有继父母子女抚养问题、非婚生子女的抚养问题等随着社会发展涌现出的新问题。那么这就对于少年法庭法官提出了新的更高要求。少年法庭法官首先必须提高自身的审判业务能力以及各项综合能力，"打铁还需自身硬"。少年司法、少年审判必须与时俱进，必须朝前走，积极顺应新时代、迎接新挑战、应对新问题。在办案时少年审判法官要始终秉持最有利于未成年人的基本原则，未成年人是国家的未来、民族的希望，怎样在不同案件纠纷中让未成年人的利益最大化是每一位少年审判法官所要思考的问题。

访谈人： 在 2024 年少年法庭成立四十周年之际，您有什么祝福和寄语吗？

陶文杰： 2024 年是长宁法院少年法庭成立的四十周年，很遗憾，那时候我已经退休。我希望少年法庭、少年审判工作的前途和未来更加光明，前景越来越广阔，为我们国家开拓一个更加新的少年审判领域。也希望我们国家的少年审判能够走出国门，增进与其他国家的沟通联系，让世界看到具有中国特色的少年审判。

我希望少年法庭的保护面能够更加拓宽，能够涵盖到孩子的方方面面，多维度、多角度、多层次维护好孩子的权益，让孩子能够沐浴在温暖和阳光里健康成长。

不忘初心、开拓创新，为青少年保护工作积极作为

访谈时间： 2023 年 7 月 21 日

访谈人物： 王南燕，曾担任上海市长宁区人民法院少年法庭陪审员。

访谈人： 我们知道您长期以来一直关心着青少年群体、关注着青少年法庭的发展和建设。我们非常荣幸能与您进行对话，和您聊聊这不平凡的四十年。在和您一起串联这段旅程之前，我们想先与您聊聊个人经历。请问您在正式进入少年法庭工作之前，即在您的学生时代中，学习的专业是什么？是否和少年法庭有所关联？

王南燕： 应该说没有关系，我是 1973 年的时候被安排到了第六师范学校，我们那个时候的专业是英语。但你们都知道，那个时

候，学习不是什么很重要的事情。三年以后，1976 年毕业了，被分配到长宁区万六小学做老师，一做就做到了 1999 年，在学校里，我从事教育教学、行政管理工作。1999 年 7 月，在教育局安排下，我们学校并到了天一小学，我原是副校长，而那个学校这个位置已经有人了，我就调到了天山街道青保办。青保办是小学的校长级别和中学的教导主任级别才能去的，而前任正好要退休，所以 1999 年 7 月，我就到了天山街道做了青保老师，兼任社区教育和关心下一代这一块工作，当初还不叫关心下一代工作委员会，是叫"关协"，后来才改名了。这一部门的工作都是围绕青少年教育的，我也就从一个有围墙的青少年教育，来到了没有围墙的青少年教育，教育的对象更广，教育的舞台更宽了。我就是这样做了青保工作以及跟所有青少年有关的一系列工作。

访谈人：相比于在学校里的教育工作，在社会上的教育工作在内容上发生了什么样的改变呢？

王南燕：那是发生了很大的转变的。在学校里循规蹈矩，像我们做行政的，早晨 6 点半到校，然后站在门口执勤，安排教学工作，中午要检查学生吃饭午睡，下午放学要清场，因为是小学生嘛，吃喝拉撒等所有的一切，我们都要管。虽然很辛苦，但是学生都是很乖很听话的，跑进跑出都会跟你说"王老师早""王老师好""王老师再见"，都很亲切。但到了社区就不同了，教育服务的对象各种各样，特别是青保工作，它所面对的对象都是有些问题的。你想 1999 年的时候，有打群架的，还有所谓偷砸抢的，就是不上学、失学的这些社会青少年，你要去做这些工作。而且你不仅是对着这样一个对象去做工作，而是先要和居委干部联系，由居委干部陪你到他们家去。我记得最开始的时候，给我印象最深的，有一个学生，他不上学，在家里，学校反馈了情况，我跟居委干部一起上门，居委干部走了以后，这个学生家长拿了一把刀，把刀放在这个茶几上面一拍，说：你以后不要来了，我的孩子就是不上学，你看看，现在不上学的，摆摊的，不是照样赚钱？我当时心里很寒，但是我没有放弃，一次、两次、几次上门做工作，那个学生后来还是去上学了，这个家长也被感动到了。特殊的孩子都有特殊的家庭，有特殊的家长，知识文化水平比较低的、家庭比较混乱的、单亲的……像这种事例是很多很多的。我在那段时间里接触了一百多个这样的例子。有放火的，有精神不正常的，有砸公物的，有到工读学校跳楼的，把被子撕碎了从窗户扔出去的，有脑瘫的，各种各样都有。我在工作中运用了我们在法庭里学到的一些知识，成功化解了许多问题。现在想想，艰难的时间都过去了，我也走出来了。后来几年，大环境发生了变化，社会治安比较好了，没有打群架什么的了。

访谈人：作为一名老师，是什么契机让您进入少年法庭工作的呢？您是什么时候进入长宁法院少年法庭担任陪审员的呢？

王南燕：我是在 1999 年 7 月调到街道担任青保办老师的，大概就在当年的 8 月，时任长宁法院少年法庭庭长陈建明法官邀请我担任少年法庭的陪审员。可能是机缘巧合，陈庭长从我们区青保老师那里得知，我从学校出来做青保工作了，他了解我是做教育工作的，就聘请我。到了 2005 年 5 月，全国人大常委会出了一个关于完善人民陪审员制度的文件，自 2005 年 5 月 1 日开始实施。我则是在 5 月 1 日之前，收到了一封很隆重的邀请函。这是最高人民法院向我发出的邀请函，邀请我到北京参加一个关于人民陪审员制度的座谈会。我拿了这个邀请函给陈庭长看，他大力支持我去参加。在去之前，我认真思考，为这次座谈我要做点什么呢，要谈点什么呢。我想，长宁法院的少年法庭，创造出了那么多优秀成绩，探索出了那么多有关未成年人司法保护的工作机制，很值得在全国大力宣传推广。因此，我在我的演讲稿件中特地制作了 PPT，介绍了我们长宁法院少年法庭的一些经验做法，比如圆桌法庭审判，比如合适成年人制度。合适成年人制度最早是从英国引进的，我是长宁法院最早一批十个合适成年人之一。这次陪审员座谈会的与会者全国仅十二名，大多是各地的专家、学者，只有我是从事青保教师工作的陪审员。在会上，我详细介绍了长宁法院少年法庭关于未成年人保护的做法后，他们在大为感动的同时，盛赞我们先进的少年法庭，感叹我们的少年法庭工作做得那么好。这是第一次全国性的陪审员座谈会，我印象十分深刻。座谈会结束后，我第一时间飞回上海，又来到我们长宁法院人民陪审员培训会场，传达了全国陪审员座谈会的精神。

访谈人： 我们知道您获评过全国优秀人民陪审员，您有什么心得体会可以和我们分享一下吗？

王南燕： 我是在 2007 年被评为全国优秀陪审员的。前面提到，

2005 年我参加第一次全国人民陪审员座谈会。后来，在 2006 年 5 月，我再次收到了最高人民法院发来的邀请函，邀请我参加第二次全国人民陪审员座谈会。此次座谈会在扬州召开，与会者是来自全国各地的二十余位陪审员，其中没有一个是我第一届见过的，来自上海的只有我和另一位浦东新区人民法院的陪审员。到了 2007 年 1 月，在山东召开了第三次全国人民陪审员座谈会以及民事审判的工作会议，这一次我是跟上海市高级人民法院四位民事审判庭庭长以及政治部的高主任等，一起到山东去的，其中有一位你们都熟悉，就是邹碧华，后来担任长宁法院的院长。我在这个会上听了他们的发言、其他省市领导的发言，对民事审判或者其他的条线工作有了一些了解。前面我接触的都是少年法庭的案件，自此我也增加了一些不同的知识储备。

访谈人： 在担任陪审员期间，您是如何与少年法庭法官合作或者开展少年审判工作的，有没有什么让您印象深刻的案例，可以与我们分享一下吗？这些案例中的孩子在行为上有什么不同呢？

王南燕： 当时我们少年法庭审理的大多是刑事案件，也有部分离婚案件，但刑事案件中的未成年被告人更触动我，令我印象尤其深刻。这些案件中，作为未成年人的他们都是心智不成熟的，知识量很少的，不是高智商犯罪，大多是一时冲动型的。我就举个例子吧，有一个入室抢劫案，这个孩子是外地的，从小学一年级就开始酗酒了，他没有妈妈，只有爸爸，爸爸也不管他的，他们老家吉林，天冷嘛总是喝点酒，大人喝，小孩也跟着喝，人家给他他也喝，没事就酗酒。他到上海来刚一个礼拜，就被抓进去了。这是什么原因呢？他是进入了一个所谓的老乡群，实际上是一个集团的讨债公司。他进了老乡群以后，想想我怎么没钱的，心里不舒服，要去搞点钱。于是晚上就从租的房子翻墙进入他人家中，拿着刀要钱，就是一个很冲动的犯罪。被害人呢是一个画家，他听到声音以后，就跟这个孩子说，你快走吧。结果他不走，还拿刀把这个画家砍伤了，导致眼睛都不能闭了，手也伤得很严重，今后可能再也不能画画了。就这么一个案子，这个孩子你问他什么，他说都不知道，判了六年半，我很不理解，我认为他没拿到钱，而我之前接触过一个例子，也是入室抢劫，把一个老太太打伤，她没有那么重的，只判了三年，然后还缓了三年。然后，我就跟钱晓峰庭长表达了我的不理解，他向我解释，因为被害人一直不肯出面与被告人和解、出具谅解书，他不出具谅解书，根据法律规定像这种情形本来要判十三年，而这个被告人是判六年半。通过他讲解，我也表示理解了，这应该是要判这些时间的。这个孩子太不懂事了，你问他他都是冲动呀，不知道呀，他伤人之后就回到自己床上睡觉去了，等他醒来就已身在公安局。像这种孩子大多数是冲动型犯罪，没有法律常识的。

访谈人：合适成年人制度是长宁法院少年法庭积极探索出的一项保护未成年人的工作机制。那我们想请问一下这个合适成年人制度是什么样的呢？

王南燕：合适成年人制度最初是从英国借鉴引入的。所谓合适成年人制度，就是指在未成年人刑事诉讼中，其法定代理人不能或不愿意到场的情况下，为保障未成年人的合法权益，为未成年人挑选符合一定条件的人，作为其合适成年人行使刑事诉讼中的相关权利。简言之，就是在讯问未成年被害人或者讯问未成年犯罪嫌疑人、被告人时，其监护人不能或者不愿到场，就要为未成年人指定一个合适的成年人，代替其监护人，对其进行疏导，以充分保障未成年人的合法权益。我最开始担任合适成年人，是长宁区人民检察院指定的，是长宁区乃至上海市最早的一批合适成年人之一。人民检察院办理涉未成年人刑事案件，需要讯问未成年人时，如果法定代理人不能到场或者无法指定代理人的，需要第一时间请合适成年人到场。合适成年人对这个孩子进行心理疏导，就是跟他很亲切地说，等会儿叔叔或者阿姨问你什么，你就把你知道的、你做过的，都说出来，不能隐瞒。后来合适成年人又延伸适用到公安机关。公安机关在侦查阶段，拘留或者逮捕了人，他们也要第一时间为未成年人指定合适成年人。我记得最清楚的是有一次，雨下得特别大，他们要审问一个很小的孩子。案件是他的父亲侮辱了他的姐姐，他跟他姐姐睡在一张床上，做了什么他知道的，但是要怎么跟这个孩子说呢，他还很小的，公安部门同志就让我去跟这个孩子沟通。合适成年人制度后来再引进长宁法院少年法庭，合适成年人庭前了解情况，庭中对未成年人进行教育，庭后落实对未成年人的帮教关爱。正如前述的小孩盗窃案中，检察院在起诉这个孩子的时候，办案人员通知他的家长来上海，他父亲不愿意来，法院开庭审判的时候，他父亲也没过来。然后，在整个刑事诉讼过程中，我被指定做了他的合适成年人。

访谈人： 您作为教师出身，传道授业教书育人，而后又被聘为人民陪审员，转到少年司法工作一线辛勤付出多年，您觉得在少年法庭这么多年的工作经历对您来说有什么特殊意义吗？

王南燕： 首先我是一名老师，古语有云：师者，所以传道授业解惑也。有教无类，师者之心，都是为了孩子，我自己有个女儿，但我没有把女儿当作自己唯一的孩子，而是把我所教的那些孩子都当成我的孩子。我在学校当老师教书的时候，我会给学生们补缺补差，那个时候人家都在外面补课，但我都是无偿为功课稍不理想的学生补课，不让一个孩子掉队，我觉得这是师者的责任。后来做了人民陪审员，我也在庭外、在大墙内为失足青少年实施帮教。有十几个孩子，通过我的帮教，都提前释放，回归社会。在社区，一些矫正对象完成矫正以后，都表现良好。每当有一个孩子转变过来，我都很欣慰的。我刚才跟你说的那个把画家砍伤的小孩子，他被判刑以后，进了长宁区未成年人管教所，我作为合适成年人，跟他们长宁区未成年人管教所签订了合约，由我对他定期进行帮教，他一开始还不服气的，到后来他服气了。在大墙里，他过生日，我精心准备了礼物带去看他，我还基本上每个月跟他来回通信，关心他在里面的生活情况和心理健康。我跟孩子们的往来信件有厚厚一沓，每个孩子我们都要通信，每个月通信，他不写来我们也要写过去问问。这个孩子后来变好了，参加了管教所里的艺术团，我也很高兴，但是，一场疾病又把他打垮了。他不晓得犯什么毛病，反正就是晕过去了，到了监狱的总医院去看了，住院住了几个月。他出院后我也十分关心他，跟管教所联系，告知这个孩子应该要补充什么。等孩子刚刚稳定没多少时间，少管所要接受女监管的一部分人到他们那边去，然后就把一些超过十八岁的犯人，调到了宝山监狱，其中就包括这个孩子。你知道，宝山监狱是成年监狱，这孩子去了，又思想不稳定了，在那边哭，说他没有能够很好表现，没有提前释放的可能了怎么办。我知道了这种情况，就给素不相识的宝山监狱监狱长写了一封信，把这个情况告诉他，希望我能继续对这个孩子帮教下去。没多久宝山监狱那边给我们回信了，和我们约好时间进去帮教。狱警带我们进去以后，孩子看到我们，感动地哭道："王老师啊，我没想到你还没有放弃我。"我就鼓励他，我也跟监狱里他的管所狱警说他生了什么病，能不能带给他菜啊或者是药啊，狱警也很通情达理就同意了。后来他也提前释放了，他释放的时候正好是大冷天，12 月，我去接他的。他犯罪进去是 5 月，出来穿的是自己在里面做的一套薄薄的西装、一条裤子，没别的衣服。我马上拿出我之前给他准备的羽绒服、羽绒裤、棉皮鞋、帽子、手套送给他。他回家了以后，还长期跟我保持联系。所以说，任何一个孩子感化回来，我们都是很高兴的，即使让我自费为他们花钱买东西，我也是愿意的。我这个故事还被长宁区关工委当作演讲素材，到几个街道都去演讲过了。像这种孩子有十几个。我们一开始只是未管所的社会监督员，监督他们的警纪警风的，后来受长宁法院少年法庭帮教之风的带动，我也逐渐学会帮教少年犯。从 1999 年开始，有的孩子判几年我就帮教几年，刑满释放一个我再继续帮教另一个，最短的一个大概帮教了三个月，最长的是六年不到，其中有十几个孩子都是提前释放的。每次看到帮教的孩子好好接受教育改造、早日回归家庭和社会，就觉得此前的一切努力都没白费，这也就是我们这么多年工作的特殊意义和真正价值所在。

访谈人：作为长期奉献在少年法庭工作一线的老前辈和探路人，您有着十分丰富的少年审判工作经验，您觉得如何才能做好少年审判工作？对于从事少年司法工作的后来者，您有何建议？

王南燕：我在我们一任一任的人民陪审员培训会上都会给新任人民陪审员做些培训，也会做某一个组的小组长，我会把我的一些做法、提议跟人民陪审员分享，也会跟长宁法院从事少年审判的法官分享。对于分管陪审员队伍建设的长宁法院立案庭，他们定期会开展培训会，我也会把我三次参加全国座谈会的学习心得体会和会议精神，经过认真思考梳理，形成书面汇报材料呈现给大家，这是对大人来说的。对小孩来说，我不单单是个人民陪审员，在法庭上陪审完事了就行，更为重要的是我要防患于未然，要把我们社区的青少年法制教育搞好。我在 2004 年在社区创办了一个社区学校，叫育蕾学校。这个学校在街道层面是学校，各居委会叫班级，我们十八个居委会就有十八个班级。我为什么这么做，因为这样我的教育面更广了，不然的话你搞一次活动街道里面就只有十几个人参加。而创办学校后，居委会是一个个班级来，邀请孩子们一起参加，所以参加活动的人数大大增加。我这个学校也是上海市的一个优秀案例，一个组织，一个品牌。还有一点，我针对孩子开展"治未病"工作，不是等"有病"了才去治疗，而是实时干预。我跟长宁法院少年法庭建立了良好的合作，钱晓峰副庭长一直跟我联系的。长宁法院少年法庭制作的法制教育展板，需要到全区各个中小学校巡展。我作为区青保联络员，积极与各学校沟通联系，每个学校安排，按顺序轮流开展。我们长宁区整个中小学一轮一轮排下来，展板巡回展，教育面扩大了。作为人民陪审员，我还实际担当了连接着区法院和区各街道社区的纽带，也是凭着我陪审员跟他们较为熟悉，社区里面有需要法治讲座或者法制报告的，我都会邀请长宁法院的法官们帮忙开展送法进社区进校园活动。放暑假之前，他们都会定期到我们学校或者社区做法制安全宣传报告讲座，我觉得做这些都是很有意义的，也是"治未病"的指导。

访谈人： 2024 年正值长宁法院少年法庭成立四十周年，结合您自身工作经历，对于长宁法院少年法庭的未来之路您又有什么样的祝福呢？

王南燕： 长宁法院少年法庭走过了四十年风风雨雨，确实十分不易，其间获得的荣誉也是蛮多的，创新了有二三十个工作机制向全国推广，这些我都亲身经历了。长宁法院的合适成年人、帮教员、观护员我也做过，社会调查员我也做过，我的调查报告还被我们陈建明庭长作为样本发到全国各地来学习。长宁法院开拓探索出来一个新的机制，初心都是为了失足未成年人能够有一个很好的改过自新的机会。我想，四十年过去了，未来的长宁法院少年法庭，一定会始终关心关怀少年儿童的健康成长，努力为孩子们健康成长创造更好的环境，切实做好与儿童事业发展有关的各项工作，在全社会形成护航青少年健康成长的合力。我认为，为了青少年幸福成长，全社会都要作出努力。长宁法院作为中国少年司法的发源地，也要勇于担当、积极作为，少年法庭也要继往开来、守正创新。在传承好少年法庭四十年的优良传统的基础上，在社会不断发展进步、科技不断创新的环境当中，进一步适应新时代新形势的要求，把我们的少年法庭做得更好。我也希望他们今后能有用得着我的地方，我还会出力。我就这么一点希望，不忘初心、开拓创新。长宁法院少年法庭四十年走来，已经是在一步步创新，但创新是无止境的，这就是我的祝愿。

图书在版编目（CIP）数据

口述历史：中国少年司法长宁法院求索之路 / 孙培
江主编. -- 上海 ：上海人民出版社，2024. -- ISBN
978-7-208-19074-0

Ⅰ. D926.8

中国国家版本馆 CIP 数据核字第 2024L5R786 号

责任编辑 伍安洁
封面设计 苗庆东

口述历史

——中国少年司法长宁法院求索之路

孙培江 主编

王　飞　副主编

出　　版	上海人民出版社	
	（201101　上海市闵行区号景路 159 弄 C 座）	
发　　行	上海人民出版社发行中心	
印　　刷	上海新华印刷有限公司	
开　　本	720×1000　1/16	
印　　张	25.5	
字　　数	263,000	
版　　次	2024 年 10 月第 1 版	
印　　次	2025 年 4 月第 2 次印刷	

ISBN 978 - 7 - 208 - 19074 - 0/D·4378

定　　价　178.00 元